主题图书馆的

杭州模式

应晖　主编

柯平　副主编

国家图书馆出版社

图书在版编目（CIP）数据

主题图书馆的杭州模式 / 应晖主编 . — 北京 : 国家图书馆出版社 , 2019.11
（YUE 杭图·阅）

ISBN 978-7-5013-6856-3

Ⅰ.①主…　Ⅱ.①应…　Ⅲ.①杭州图书馆—图书馆工作—研究
Ⅳ.① G259.25

中国版本图书馆 CIP 数据核字（2019）第 197816 号

书　　名　主题图书馆的杭州模式
编　　者　应　晖　主编　柯　平　副主编
责任编辑　高　爽　张　顾　唐　澈　王炳乾
装帧设计　麒麟轩

出版发行　国家图书馆出版社（北京市西城区文津街 7 号　　100034）
　　　　　（原书目文献出版社　北京图书馆出版社）
　　　　　010-66114536　63802249　nlcpress@nlc.cn（邮购）
网　　址　http://www.nlcpress.com
排　　版　九章文化
印　　装　北京鲁汇荣彩印刷有限公司
版次印次　2019 年 11 月第 1 版　2019 年 11 月第 1 次印刷

开　　本　710×1000（毫米）　1/16
印　　张　16.25
字　　数　280 千字

书　　号　ISBN 978-7-5013-6856-3
定　　价　80.00 元

《YUE 杭图·阅》系列丛书编辑委员会

《主题图书馆的杭州模式》编辑委员会

序

　　探索有中国特色的公共图书馆发展道路，需要热情、勇气和智慧，杭州图书馆的主题图书馆建设，就是这样一次有益的尝试。

　　主题图书馆是通过特定领域（某一领域或数个领域）的专藏和服务来满足人们对专类知识和专门主题信息需求的图书馆。在公共图书馆服务体系中，主题图书馆因其馆藏和服务的特殊性有着重要且不可替代的作用。在图书馆事业较为发达的欧美国家，有着众多主题图书馆建设的成功案例，纽约公共图书馆系统中就有表演艺术图书馆、黑人文化图书馆、人文和社会科学图书馆、工商图书馆4个主题图书馆。我国各地也有一些主题图书馆建设的探索和实践，比如温州图书馆的服装图书馆、东莞图书馆的动漫图书馆、佛山图书馆的金属图书馆、深圳市盐田区图书馆的海洋图书馆等。其中，杭州图书馆的主题图书馆建设，可以说是起步较早、规模较大，比较具有代表性。

　　从筹建印学分馆开始，杭州图书馆通过社会化合作和自建方式，陆续建成了盲文分馆、音乐分馆、棋院分馆、佛学分馆、生活分馆、科技分馆、电影分馆、运动分馆、环保分馆、东洲国际港分馆、城市学分馆、江南健康分馆、自然分馆、南宋序集（艺术）分馆、宪法和法律分馆、诗歌空间分馆、茶文化分馆、李白诗词文化分馆和钢琴分馆等。截至目前，杭州图书馆共建成了20余家主题图书馆，已经形成了一定的规模和较为完整的体系，呈现了良好的服务效益。

　　在这些主题图书馆的建设过程中，杭州图书馆综合考虑了地方文化特色和市民实际需求，将图书馆建设与政府城市发展规划和相关政策紧密结合；建馆模式灵活多样，通过多种形式的社会合作有效实现了资源互补；选址上充分考虑环境和主题的契合度以及目标用户的需求，不断拓展了图书馆的服务空间；构建独特的馆藏体系和开展体验式的主题活动，为用户提供有吸引力的特色服务；制定《杭州图书馆主题分馆建设与管理规范》，以标准化和制度化建设推动主题图书馆的可持续发展。

杭州主题图书馆的建设，从萌芽到遍地开花，这是一个实践、思考、修正、再实践的不断探索和不断完善的过程。由杭州图书馆和南开大学联合编写的《主题图书馆的杭州模式》一书，正是对其多年经验和智慧的总结。书中系统梳理了杭州图书馆在主题图书馆建设中的做法和经验，提出了许多有价值的意见和建议，为其他地区的主题图书馆建设提供了重要启示，在全国具有示范意义。

希望杭州图书馆再接再厉，继往开来，不断推陈出新，为公共图书馆建设的"杭州模式"再绘新篇。

国家图书馆馆长

2019 年 10 月

目　录

理论篇

实践篇

理论篇

第一章　主题图书馆的时代背景与政策分析

第一节　文化自信与公共图书馆事业发展

一、什么是文化自信

中华上下五千年的社会发展逐渐形成了中国的文化，在几千年的历史变迁中，每一个时代都为中华民族留下了丰富的文化财富。文化是各个民族沟通生存的精神纽带，各民族的融合究其根本是各民族文化的深度融合。作为拥有五十六个民族的多民族国家，中国将各民族的特色文化凝聚成了优秀的中华文化。文化是一个国家、一个民族的灵魂，文化兴则国兴。中华优秀传统文化在漫长的发展历程中滋养着中国人的身体，孕育了中国人民最深沉的精神品格和价值追求，更加成为中华民族繁衍生息、发展进步的精神标识。源远流长、博大精深的五千年中国传统的优秀文化是中华民族发展的突出优势，是我们内在发展的深厚文化软实力，是我们文化发展的重要源泉。

文化自信是一个民族、一个国家以及一个政党对自身文化价值的充分肯定和积极践行，并对其文化的生命力持有的坚定信心[①]。传承、创新与发展中国优秀传统文化基因，能够使我们中国人获得深厚的文化自信。文化自信能够涵养社会主义核心价值观，助力中国在世界文化激荡中站稳脚跟，因而铸就文化自信事关中华民族精气神的凝聚与中华民族精神命脉的延续。

我国对于文化自信非常重视，十八大报告指出，"我们一定要坚持社会主义先进文化前进方向，树立高度的文化自觉和文化自信，向着建设社会主义文化强国宏伟目标阔步前进"。自党的十八大以来，习近平总书记反复提及文

---

① 新华网. 文化自信——习近平提出的时代课题[EB/OL]. [2019-06-05]. http://www.xinhua-net.com//politics/2016-08/05/c_1119330939.htm.

化自信，从中国特色社会主义事业全局的高度对文化自信做出深刻阐述，彰显着我国领导人的文化理念和文化观。在2014年2月24日的中央政治局第十三次集体学习中，习近平同志提出要"增强文化自信和价值观自信"。2014年10月15日习近平总书记在文艺工作座谈会上指出"中华优秀传统文化是中华民族的精神命脉，是涵养社会主义核心价值观的重要源泉，也是我们在世界文化激荡中站稳脚跟的坚实根基。增强文化自觉和文化自信，是坚定道路自信、理论自信、制度自信的题中应有之义"。2016年5月17日，在哲学社会科学工作座谈会上，习近平同志提出"我们说要坚定中国特色社会主义道路自信、理论自信、制度自信，说到底是要坚定文化自信。文化自信是更基本、更深沉、更持久的力量"。2016年7月，在庆祝中国共产党成立95周年大会的讲话上，习近平总书记对文化自信特别加以阐释，指出"文化自信，是更基础、更广泛、更深厚的自信"，要求"全党要坚定道路自信、理论自信、制度自信、文化自信"，观点鲜明，态度坚决，传递出这既是文化理念又是指导思想。文化自信成为党的十八大之后继道路自信、理论自信和制度自信后，中国特色社会主义的"第四个自信"。国家领导人对于文化自信的高度重视，掀起了弘扬文化自信的热潮，相关的地方与国家政策法规出台。2016年陕西省为认真贯彻落实习近平总书记关于坚定文化自信的重要论述和中央有关精神，出台了《中共陕西省委关于坚定文化自信的意见》，2017年1月，中共中央办公厅、国务院办公厅印发了《关于实施中华优秀传统文化传承发展工程的意见》，旨在建设社会主义文化强国，增强国家文化软实力，实现中华民族伟大复兴的中国梦。

　　2017年10月18日，中国共产党第十九次全国代表大会在北京隆重召开，习近平代表第十八届中央委员会向大会做报告。十九大报告①肯定了过去五年我国"文化自信得到彰显，国家文化软实力和中华文化影响力大幅提升，全党全社会思想上的团结统一更加巩固"，提出"全党要更加自觉地增强道路自信、理论自信、制度自信、文化自信，既不走封闭僵化的老路，也不走改旗易帜的邪路，保持政治定力，坚持实干兴邦，始终坚持和发展中国特色社会主义"，并阐述了"坚定文化自信，推动社会主义文化繁荣兴盛"，报告指出"文

---

　　① 人民网.权威发布:十九大报告全文[EB/OL].[2019-06-05].http://sh.people.com.cn/n2/2018/0313/c134768-31338145.html.

化自信是一个国家、一个民族发展中更基本、更深沉、更持久的力量"，要求"推动中华优秀传统文化创造性转化、创新性发展，继承革命文化，发展社会主义先进文化"，十九大报告将"文化自信"提到了前所未有的新高度①。

文化兴国运兴，文化强民族强。没有高度的文化自信，没有文化的繁荣兴盛，就没有中华民族伟大复兴。我国已经进入了实现中华民族伟大复兴的攻坚时期，文化是实现中华民族伟大复兴的根本，是实现中华民族伟大复兴中国梦的坚实后盾。文化自信可以带来整个社会的进步发展以及巨大的创新能力，坚定文化自信至关重要。

二、文化自信与公共图书馆事业

十九大从国家层面进一步坚定了对文化自信的高度重视，此后文化自信成为文化领域发展的关键词，国家对于文化的重视，振奋文化工作者的心灵。实现文化自信的根源在于我国的优秀传统文化，在倡导文化自信的新时期，与中国优秀传统文化息息相关的事业迎来了发展的崭新时代。公共图书馆保存着中华民族传承千年的珍贵文化遗产，拥有大量能够增强公民文化自信的图书文献资源，是坚定文化自信、弘扬文化自信的重要阵地，能够承担起坚定全社会文化自信的重任。显然国家层面的重视以及全社会对建立文化自信的新要求，对于我国公共图书馆事业的发展具有重要的历史推动作用。

公共图书馆向社会公众免费开放，具有收集、整理、保存文献信息并提供查询、借阅等相关服务以及开展社会教育的职能。"公共图书馆应当坚持社会主义先进文化前进方向，坚持以人民为中心，坚持以社会主义核心价值观为引领，传承发展中华优秀传统文化，继承革命文化，发展社会主义先进文化。"②推动、引导、服务全民阅读是公共图书馆的重要任务，公共图书馆的性质、职能、宗旨以及重要任务决定了公共图书馆自觉向全社会弘扬文化自信，培育公民文化自信，这是公共图书馆发展的隐含之义，并且公共图书馆也具备优秀的践行条件。

---

① 人民网.权威发布：十九大报告全文[EB/OL].[2019-11-05].http://sh.people.com.cn/n2/2018/0313/c134768-31338145.html.

② 文化和旅游部.中华人民共和国公共图书馆法[EB/OL].[2019-11-05].https://zwfw.mct.gov.cn/zcfg/zcfgDetail?uuid=21.

公共图书馆承担培育全社会公民的文化自信的重任也具有坚实的法理依据。2016年颁布的《中华人民共和国公共文化服务保障法》①（以下简称《公共文化服务保障法》）的第一条指出"为了加强公共文化服务体系建设，丰富人民群众精神文化生活，传承中华优秀传统文化，弘扬社会主义核心价值观，增强文化自信，促进中国特色社会主义文化繁荣发展，提高全民族文明素质，制定本法"。《公共文化服务保障法》作为文化领域的普通法，将"增强文化自信"确定为我国公共文化服务体系建设的目标之一，明确了"文化自信"之于文化事业建设的重要性。公共图书馆作为我国公共文化服务的重要提供者之一，须积极响应《公共文化服务保障法》的号召，将"增强文化自信"作为事业发展的宗旨。随后，2017年11月4日，《中华人民共和国公共图书馆法》（以下简称《公共图书馆法》）正式出台，作为十九大报告之后首部出台的文化领域的专门法，《公共图书馆法》是弘扬十九大精神的重要文化法律，其第一条便明确指出，"为了促进公共图书馆事业发展，发挥公共图书馆功能，保障公民基本文化权益，提高公民科学文化素质和社会文明程度，传承人类文明，坚定文化自信，制定本法"。作为我国首部图书馆领域的专门法律，《公共图书馆法》是对《公共文化服务保障法》的细化与延伸，对于整个公共图书馆事业的发展具有重要的规范与引导作用。《公共图书馆法》将《公共文化服务保障法》中所提及的"增强文化自信"发展为"坚定文化自信"，表明了《公共图书馆法》对于文化自信的高度认可与重视，也为公共图书馆事业发展承担坚定文化自信的责任与作用提供了法律依据。两部与公共图书馆事业紧密相连的文化法律都强调了文化自信的重要性，将公共图书馆事业的发展与文化自信紧密联结。

文化自信成为国家治国理政的新理念之后，能够助力公共图书馆事业的发展，这意味着公共图书馆迎来了事业繁荣发展的新时期；同时文化自信也是新时代对图书馆提出的新任务、新挑战。公共图书馆要积极理解文化自信的内涵，吸纳国家与社会对其弘扬文化自信的新要求，以增强文化自信的意识形态领域为切入点，积极开展社会主义核心价值观和中华传统文化教育。公共图书馆要充分尊重和保护文化瑰宝，结合社会公众的多样化文化需求，

---

① 中国政府网.中华人民共和国公共文化服务保障法[EB/OL].[2019-11-05].http://www.gov.cn/xinwen/2016-12/26/content_5152772.htm.

创新发展公共图书馆提供服务的形式，有效转化其所承载的优秀传统文化，利用其优秀的馆藏、特色的资源为公众提供提升文化自信的平台。公共图书馆可以充分利用这一机会，将其所蕴含的优秀传统文化向全社会传播，为建立全社会范围内的文化自信贡献力量，并在这个过程中提高公共图书馆的社会地位，实现公共图书馆事业的腾飞。

第二节　文旅融合与公共图书馆的新机遇

一、文旅融合背景

为增强和彰显文化自信，统筹文化事业、文化产业发展和旅游资源开发，推动文化事业、文化产业和旅游业融合发展，提高国家文化软实力和中华文化影响力，《深化党和国家机构改革方案》，将文化部和国家旅游局的职责整合，组建成立文化和旅游部[①]。2018年4月8日，文化和旅游部正式挂牌[②]，其主要职责包括："贯彻落实党的文化工作方针政策，研究拟订文化和旅游政策措施，起草文化和旅游法律法规草案。统筹规划文化事业、文化产业和旅游业发展，拟订发展规划并组织实施，推进文化和旅游融合发展，推进文化和旅游体制机制改革。管理全国性重大文化活动，指导国家重点文化设施建设，组织国家旅游整体形象推广，促进文化产业和旅游产业对外合作和国际市场推广，制定旅游市场开发战略并组织实施，指导、推进全域旅游。指导、管理文艺事业，指导艺术创作生产，扶持体现社会主义核心价值观、具有导向性代表性示范性的文艺作品，推动各门类艺术、各艺术品种发展。负责公共文化事业发展，推进国家公共文化服务体系建设和旅游公共服务建设，深入实施文化惠民工程，统筹推进基本公共文化服务标准化、均等化……"[③]文化和旅游部的成立，表明文旅融合观念和文旅运营思维具有国家层面的战略意

①　中国政府网.中共中央印发《深化党和国家机构改革方案》[EB/OL].[2019-11-05].http://www.gov.cn/zhengce/2018-03/21/content_5276191.htm#1.

②　文化和旅游部.文化和旅游部正式挂牌[EB/OL].[2019-11-05].https://www.mct.gov.cn/whzx/whyw/201804/t20180408_831748.htm.

③　文化和旅游部.主要职责[EB/OL].[2019-11-05].https://www.mct.gov.cn/gywhb/zyzz/201705/t20170502_493564.htm.

义，标志着我国在文化体制上的进一步纵深改革，也标志着新时代中国特色社会主义思想在文化和旅游领域的具体实践即文化和旅游融合发展时代的开启。

国家战略转向也促使地方政府的机构调整和职能优化。自文化和旅游部挂牌成立以来，浙江省政府、杭州市政府接连整合其文化和旅游部门，以机构改革为契机，优化地方内部机构设置和职能配置，以便顺利开展对文化产业和旅游产业的有效管理，实现现有资源的最佳配置，充分发挥文化和旅游融合的双重效用。

2018年10月，浙江省政府将原浙江省文化厅、省旅游局的职责整合，组建成立浙江省文化和旅游厅，其内设公共服务处、科技与教育处、非物质文化遗产处、资源开发处、产业发展处、艺术处等，其中，公共服务处负有"拟订全省文化和旅游公共服务政策及公共文化事业发展专项规划并组织实施。承担全省公共文化服务和旅游公共服务指导、协调、推动工作。拟订并组织实施文化和旅游基本公共服务标准化、均等化等政策措施。指导实施文化和旅游重点惠民项目。指导全省图书馆、文化馆（站）事业和社会文化工作。指导基层文化和旅游设施建设。指导古籍保护工作"①。2019年1月，根据中央备案通过、省委省政府批复的《杭州市机构改革方案》和市委市政府机构改革动员大会精神，将杭州市文化广电新闻出版局（市版权局）的文化和广播电视管理职责、市旅游委员会的职责整合，组建成立杭州市文化广电旅游局。其主要职责包括："拟定全市文化、广播电视和旅游发展规划并组织实施、促进文化和旅游融合发展，推进文化广电旅游体制机制改革。负责全市文化、广播电视和旅游公共事业发展，推进全市公共文化服务体系建设和旅游公共服务建设，深入实施文化和旅游惠民工程，统筹推进基本公共文化服务标准化、均等化……"②

国家、地方文化和旅游部门的机构改革，形成了多部门联合推动文化与旅游的全面融合发展的格局，这将会减少文化和旅游产业进一步发展的机制障碍，推动文化与旅游原有产业边界及其交叉点的相融和互相渗透，助推两

---

① 浙江省文化和旅游厅. 公共服务处[EB/OL].［2019-06-07］. http://ct.zj.gov.cn/News Info.aspx? CID=24140.

② 杭州市文化广电旅游局. 机构概况[EB/OL].［2019-06-07］. http://wgly.hangzhou.gov.cn/zwgk/gkml/zzjg/jggk2/201905/t20190510_172381.html.

大产业的转型升级。一方面，为旅游产业注入丰厚的文化底蕴和文化内涵，形成新的文化旅游发展业态，另一方面，为文化事业的发展传承塑造充满活力的产业新形态，借力旅游活动深入挖掘和弘扬红色文化、历史文化、民俗文化、地域文化、山水文化、建筑文化、名人文化、科技文化等多层次多视角的文化内涵，拓展文化市场空间，促进文化消费和文化传播。

文化和旅游部部长雒树刚曾提到，"文化是旅游的灵魂，旅游是文化的载体。文化使旅游的品质得到提升，旅游使文化得以广泛传播。通过文化和旅游的融合发展，文化可以更加有活力，旅游也会更加富有魅力"。旅游作为提高生活品质和增强幸福指数的一部分，已然成了人们生活中的一项重要内容。中国旅游研究院（文化和旅游部数据中心）发布的《中国旅游消费大数据报告2018》显示，2018年国内旅游人数约为55.4亿人次，预计2019年国内旅游人数将超过60亿人次，国内旅游收入5.6万亿元。当前公众的旅游行为也越发多元化，游客的出游动机、组织方式、消费内容与消费模式有所改变，从一般意义上的观光游览正在转向对高品质生活方式的享受和分享，追求质量、个性、自由的需求不断增长，在旅途中进行文化陶冶或探寻知识提升逐渐成为游客旅游活动的重要内容。2019年春节期间，中国旅游研究院发布的《中国城乡居民出游意愿调查》显示，2019年第一季度我国居民出游意愿为85.95%，春节期间，超过90%的受访游客参加了文化活动，参观博物馆、美术馆、图书馆和科技馆、历史文化街区的游客比例分别达40.5%、44.2%、40.6%和18.4%，观看各类文化演出的游客达34.8%[①]。把更多更好的文化资源转化为优质旅游资源，为游客提供文化特色突出、内容丰富优质、功能体系完善的旅游产品和服务已成为文化和旅游两大产业的下一个增长点。

二、公共图书馆发展新机遇

"文化是旅游的灵魂，旅游是文化的载体"。"诗与远方"的结合既开启了文化事业的新局面，也为公共图书馆发展提供了有利的条件和环境，公共图书馆要在文旅背景下积极完善现有服务形式和内容，并不断开拓新的服务形式。

---

① 人民网. 报告:文旅融合年味更浓　主客共享美好生活[EB/OL]. [2019-06-07]. http://hlj. people.com.cn/n2/2019/0212/c338545-32628878.html.

1.文旅政策的要求与支持

近些年来国家层面陆续出台了一系列促进文旅发展的政策，而且，"文化和旅游部"成立后，将会在用地政策、金融政策、补贴政策等方面实现文化产业和旅游产业的对接，改变现有文化与旅游政策互相割裂和交叉的现象，有助于政策制定的一体化和政策实施的高效化。公共图书馆是公共文化事业的重要组成部分，推动文旅发展的政策文件中多次提到公共图书馆的建设发展，要求公共图书馆最大限度满足人们的现实需求。如2018年3月9日，《国务院办公厅关于促进全域旅游发展的指导意见》第23条中提到要"加强旅游惠民便民服务，推动博物馆、纪念馆、全国爱国主义教育示范基地、美术馆、公共图书馆、文化馆、科技馆等免费开放。加强对老年人、残疾人等特殊群体的旅游服务"。政策意见的相继提出，为公共图书馆在文旅融合背景下的进一步发展提供了行政支持和建设方向的引导。

2.旅游产业资本的投入与推动

文旅融合既能强化旅游中的文化体验，同时也能利用旅游来推动文化产业的发展，推动激活文化事业的内生动力，增强文化机构的主体活力，实现良性发展的目的。随着文化和旅游的融合局面不断扩大，旅游产业的投资格局将发生调整，不仅文化领域的机构和人员跨界投资旅游产业，旅游领域的机构也在积极寻求与文化产业之间的交流合作。资本融合将带来旅游产业和文化产业的机构之间更多联动发展、协同发展的可能性。

公共图书馆通过总分馆建设和服务点、流动站等馆外建设以扩大服务半径，不断丰富和开拓馆外各种类型的文化服务和活动，公共图书馆积极探索馆外发展的行为与旅游产业寻求合作具有形式上的相似性。旅游领域的企业和机构通过与公共图书馆开展合作来提高自身及其旅游目的地的文化内涵，以文化附加值作为吸引游客的其中一个因素；公共图书馆则得以借助旅游业机构的环境、场地、资本、人员来建设更多的公共图书馆分馆或服务点，开展更为丰富多样的服务活动，最终扩大公共图书馆服务的覆盖范围，增强服务的多元化和优质化。同时，旅游目的地为吸引游客势必要突出自身的独特性和品牌性。依据不同旅游目的地的文化特色，建设能够反映相应文化内涵的分馆，这就使得分馆建设也要以能突显所在地文化特质，分馆之间建设的规范性和标准化与建设内容特色化相结合，形成公共图书馆总分馆体系"和而不同"的发展局面。

3.旅游理念的引入与融合

文旅融合要求要以更为开放的眼光看待文化与旅游产业，破除文化产业和旅游产业原本有的边界，采用适用于文化产业的旅游理论和实践来发展文化事业，新思想和新理念的引入为公共图书馆事业建设提供了新的发展思路。

2018年，国务院办公厅印发的《关于促进全域旅游发展的指导意见》要求："发展全域旅游，将一定区域作为完整旅游目的地，以旅游业为优势产业，统一规划布局、优化公共服务、推进产业融合、加强综合管理、实施系统营销，有利于不断提升旅游业现代化、集约化、品质化、国际化水平，更好满足旅游消费需求。"① "全域旅游"提出了一种新的发展导向和发展路径。在资源方面，以"任何资源都可以成为旅游资源"的理念要求将一定区域内的资源看作一个整体，脱离原有的旅游资源的局限，强调整合区域内的各种资源，加强同其他类型资源如文化资源的统筹规划利用。以"全域化"思想引导公共图书馆事业建设，表明既要深挖地方文化内涵，开发文化产品，增加城市公共休闲空间供给，完善公共图书馆服务和活动。同时，也要积极同其他产业如旅游产业的交流，探寻可资开发的旅游场景，赋予其相辅相成的文化内涵，将单一的旅游资源丰富为文化资源和知识资源。在产业方面，要积极推进旅游产业和相关产业的共生共兴。文化产业同样具备综合性的特质，推进文化产业与旅游、游乐、演艺、动漫等各领域产业融合，公共图书馆联合博物馆、美术馆、艺术馆、遗址公园、传统村落等发展文化体验旅游，以图书馆等文化场所为节点开发多类型、多功能的文化旅游线路。

研学旅游延续和发展了"读万卷书，行万里路"的教育理念和人文精神，是"旅游+"的新型发展模式，公共图书馆社会教育和阅读推广的职能符合研学旅游的目标。公共图书馆开展研学旅游服务既可以完善单一旅游市场存在的不足、为公众提供更加多元的研学旅游产品，又可以开拓公共图书馆服务的新领域②。公共图书馆不仅具备丰富的文献信息资源，且拥有讲座、培训、阅读活动等多种活动内容和专家资源，同时具备适宜开展研学旅游的文化氛

① 文化和旅游部.国务院办公厅关于促进全域旅游发展的指导意见[EB/OL].[2019-11-05]. http://zwgk.mct.gov.cn/auto255/201803/t20180322_832568.html?keywords=.

② 金龙.文旅融合背景下公共图书馆研学旅游服务创新策略[J].图书馆工作与研究,2019（5）:123-128.

围和环境，具有进行研学旅游的优势和特色。国家图书馆已于2018年8月在北京市海滨区旅游发展委员会支持下举办了"文旅·融合·创新——首届海淀区研学旅游季"系列活动[①]。可见公共图书馆开展研学旅游将逐渐成为图书馆服务的趋势。

公共图书馆作为一个地区的文化地标，其丰富的文化资源如文献、人文、建筑、氛围等对游客来说是具有吸引力的，从"滨海之眼"的天津滨海新区图书馆到杭州"最美读书地"杭州图书馆佛学分馆，这些以独特造型和优美环境著称的图书馆已经成为著名的网红打卡地。公共图书馆和旅游相互发展促进，是在公共图书馆不断发展的进程中的有机融合，尤其是"第三空间"理念的提倡，要将公共图书馆建设成为集文化休闲、购物观光、社会教育等多种功能于一体的公共文化空间，这与追求品质的旅游方式不谋而合。公共图书馆与旅游的融合既体现公共图书馆的开放思维和锐意进取的信念，而且也将成为公共图书馆事业进一步发展的方向。

第三节　主题图书馆的政策依据

国家和地方层面制定发布的政策文件为公共图书馆事业提供了重要的依据和支持，也为主题图书馆的建设发展提供了重要保障，引导主题图书馆建设的持续推进和功能的丰富完善。

近年来，我国制定发布了一系列法律和政策文化要求建设标准化、均等化、专业化的公共文化服务和产品，重视公共文化服务效能，充分保障人民群众的文化权利。2012年党的十八大报告要求"完善公共文化服务体系，提高服务效能"[②]，公共文化服务的效能提升问题被提上议程。2013年党的十八届三中全会将构建现代公共文化服务体系写入了工作报告，将其作为全面深化改革的重点任务之一。2015年中共中央办公厅、国务院办公厅联合印发《关于加快构建现代公共文化服务体系的意见》，明确提出要"提供多样化产品和

---

① 中国社会科学网.国家图书馆启动首届海淀区研学旅游季系列活动[EB/OL].[2019-11-05]. http://ex.cssn.cn/zx/bwyc/201808/t20180804_4523785.shtml.

② 人民网.胡锦涛在中国共产党第十八次全国代表大会上的报告（全文）[EB/OL].[2019-11-05].http://politics.people.com.cn/n/2012/1118/c1001-19612670-6.html.

服务，增强发展活力，积极培育和引导群众文化消费需求""在公共文化服务体系建设中统筹考虑群众的基本文化需求和多样化文化需求，推动公共文化服务向优质服务转变，实现标准化和个性化服务的有机统一"①，国务院办公厅印发的《关于推进基层综合性文化服务中心建设的指导意见》也提出要创新基层公共文化服务的内容和形式。2016年我国颁布的第一部公共文化服务领域的法律《公共文化服务保障法》，从法律层面要求"加强公共文化设施建设，完善公共文化服务体系，提高公共文化服务效能"②。2017年我国发布《"十三五"时期全国公共图书馆事业发展规划》，要"打造一批专业化服务水平较高的公共图书馆"③。

法律政策要求不断完善公共图书馆设施服务网络，给予地方政府及图书馆建设的自主性，要求因地制宜地开展具体建设和兴建多种类型的服务设施，以均等化视角合理布局公共图书馆实体建筑及相关设施设备。2017年《"十三五"时期全国公共图书馆事业发展规划》要求要加强对公共图书馆布局的统筹规划，"按照均衡配置、规模适当、经济适用、节能环保等要求，根据城乡发展和人口分布，推动地方建成比较完备的公共图书馆设施网络"。2017年出台的《公共图书馆法》作为我国第一部图书馆领域的法律，为促进公共图书馆事业发展起到了重要作用，在有关公共图书服务网络及公共图书馆布局方面，鼓励"县级以上地方人民政府应当根据本行政区域内人口数量、人口分布、环境和交通条件等因素，因地制宜确定公共图书馆的数量、规模、结构和分布，加强固定馆舍和流动服务设施、自助服务设施建设"。在坚持以均等化服务为导向的公共图书馆服务体系网络构建的同时，还要求创新服务形式和内容，为不同社会群体提供针对性的图书馆服务。2011年的《公共图书馆服务规范》强调要"为个人、企事业机构及政府部门提供多样化的、灵

---

①　中国政府网.中共中央办公厅、国务院办公厅印发《关于加快构建现代公共文化服务体系的意见》（全文）[EB/OL].[2019-11-05].http://www.gov.cn/xinwen/2015-01/14/content_2804250.htm.

②　中国政府网.中华人民共和国公共文化服务保障法[EB/OL].[2019-11-05].http://www.gov.cn/xinwen/2016-12/26/content_5152772.htm.

③　文化部."十三五"时期全国公共图书馆事业发展规划[EB/OL].[2019-06-06].http://www.gov.cn/xinwen/2017-07/07/content_5230578.htm.

活的、有针对性的服务"①，明确提出公共图书馆要开展具有个性化形式的服务。2015年颁发的《关于加快构建现代公共文化服务体系的意见》要求"在公共文化服务体系建设中统筹考虑群众的基本文化需求和多样化文化需求，推动公共文化服务向优质服务转变，实现标准化和个性化服务的有机统一"。《公共图书馆法》进一步地将以人为本的理念实行法律化，根据不同人群需求特点开展针对性服务，针对未成年人要开展针对性的阅读指导和社会教育活动，针对老年人、残疾人等群体行动不便的特点，要"提供适合其需要的文献信息、无障碍设施设备和服务等"。虽然一系列法律和政策文件并未明确提到主题图书馆建设，但无一不是促进和推动公共图书馆事业发展，要求提供均等且高效的公共图书馆服务和产品，在此基础上，支持提供多样化的公共图书馆服务和产品，这为寻求特色主题内容和专业化服务产品的形式之一，即主题图书馆建设，并将其涵盖进公共图书馆服务体系提供了参考。

政策文件中也多次强调支持社会力量参与公共图书馆建设，支持公共图书馆与其他单位、社会团体和组织合作和联合兴办。《公共文化服务保障法》明确提出公共文化服务是"政府主导、社会力量参与，以满足公民基本文化需求为主要目的而提供的公共文化设施、文化产品、文化活动以及其他相关服务"。《"十三五"时期全国公共图书馆事业发展规划》中规定"鼓励和支持公民、企事业单位、社会团体以及其他组织兴建、捐建或与政府部门合作建设公共图书馆。"《公共图书馆法》要求建立覆盖城乡、便捷实用的公共图书馆服务网络，"公共图书馆服务网络建设坚持政府主导，鼓励社会参与"。政府主导、社会参与的合作办馆能够带来诸多益处，达到多方共赢的目的：一是为公共文化服务体系建设中存在的不平衡问题提供了应对措施，二是更好地满足了人民群众日益增长的精神文化需求，三是发挥了企事业单位和社会组织参与公共文化服务的自主性和积极性，提高其社会影响力和知名度。这些规定为公共图书馆寻求社会合作进行联合办馆提供了法律和政策依据。

在国家政策的号召下，浙江省结合本省公共文化事业发展实际出台了一系列政策法规指导公共图书馆事业及主题图书馆的发展。2015年浙江省委办

---

① 中华人民共和国国家质量监督检验检疫总局,中国国家标准化管理委员会.公共图书馆服务规范[EB/OL].[2019-06-06]. http://www.gb688.cn/bzgk/gb/newGbInfo?hcno=6ECDC3A0A8D2237C20565737620DFE86.

公厅、省政府办公厅印发的《关于加快构建现代公共文化服务体系的实施意见》①鼓励全省公共图书馆"创新公共文化服务内容和形式""提升公共文化服务效能""文化产品和文化服务更加丰富，按需供给水平明显提高""推进公共图书馆、文化馆总分馆建设"。2017年《浙江省公共文化服务保障条例》倡导"公共文化设施的种类、数量、规模和布局，应当符合当地经济社会发展实际，满足人民群众基本文化需求"②。2018年浙江省《关于进一步完善全省公共图书馆服务体系建设的指导意见》明确提出全省公共图书馆应"探索文旅结合新路径、新方法、新经验，推进主题图书馆建设"，同时将主题图书馆纳入公共图书馆服务网络，提到"到2022年基本建成以浙江图书馆为省级中心馆，地市级图书馆为区域中心馆，县（市、区）级图书馆为总馆，乡镇（街道）图书馆为分馆，村（社区）图书室为服务点，各类主题图书馆和'城市书房'为补充的公共图书馆服务体系"③。

杭州市政府针对本市的公共图书馆事业确立了更为详细的主题图书馆发展方向与目标。2016年杭州市出台《关于加快构建现代公共文化服务体系的实施意见》及附件《杭州市基本公共文化服务标准2016—2020年》，在坚持"创新公共文化服务内容和形式，提升公共文化服务效能"④的基础上，明确提出杭州图书馆建有主题图书馆不少于10个。2019年《杭州市公共文化服务体系发展"十三五"规划》⑤规定"确立政府的主体定位，强化公共财政支撑。着力提高人民群众文化参与度，激发各类社会主体参与公共文化服务的积极性，提供多样化的产品和服务"。同时，还要促进公共文化事业与文化产业互联互通，推动公共文化与其他领域融合发展，坚持政府主导，社会参与以及融合

---

① 中共浙江省委办公厅，浙江省人民政府办公厅.关于加快构建现代公共文化服务体系的实施意见[EB/OL].[2019-06-06].http://www.ce.cn/culture/gd/201710/18/t20171018_26571756.shtml.

② 浙江省第十二届人民代表大会常务委员会.浙江省公共文化服务保障条例[EB/OL].[2019-06-06].http://ct.zj.gov.cn/NewsInfo.aspx?CID=348180.shtml.

③ 浙江省文化和旅游厅.关于进一步完善全省公共图书馆服务体系建设的指导意见[EB/OL].[2019-06-06].http://ct.zj.gov.cn/NewsInfo.aspx?CID=348181.

④ 杭州市委，杭州市政府.关于加快构建现代公共文化服务体系的实施意见[EB/OL].[2019-06-06].http://www.cacanet.cn/article_policies_regulations.aspx?lawid=10243&xin=1.

⑤ 杭州市文广新局.杭州市公共文化服务体系发展"十三五"规划[EB/OL].[2019-06-06].http://www.hangzhou.gov.cn/art/2017/8/24/art_1256297_9961024.html.

发展的原则为建设主题图书馆提供了合作途径。而且，再次强调在提高公共文化服务效能的基础上，要求提供更为细致深入的图书馆服务，计划到2020年，市图书馆新建两座主题图书馆，为杭州市主题图书馆制定了明确的发展指标。

从我国公共图书馆政策法规的发展历程来看，我国公共图书馆的发展走上了从"覆盖全社会"到"提供专业化服务"的转型之路，从全国到地方的政策法规都越来越重视公民的个性化文化需求，强调公共图书馆个性化服务、专业化服务水平的提升。主题图书馆的建设与发展既有坚实的政策基础，又适应了崇尚个性、尊重个体的时代背景，是公共图书馆提高自身服务水平的重要手段。

第二章 主题图书馆的思想来源和理论依据

近年来，"主题图书馆"建设是我国公共图书馆服务深化的重要举措，本章通过溯源主题图书馆概念，回看主题图书馆发展。汇总国内外相关研究，总结主题图书馆的理论研究成果，重点讨论历次影响图书馆发展的外部环境与技术变革对主题图书馆的影响，从而为图书馆转型时期的主题图书馆发展、公共图书馆总分馆建设提供理论支撑。

第一节 主题图书馆思想溯源

一、国外主题图书馆发展源流

主题图书馆的对应外文是Special Library，与此英文相对应的中文也可译成专门图书馆或专业图书馆。纵观外国主题图书馆的发展历史，欧洲的中世纪修道院是世界上最早的主题图书馆，它们以神学文献的集合为基础。在17世纪和18世纪，欧洲的专业图书馆数量有所增加，特别是在19世纪中后期到20世纪初，科学研究得到进一步完善和发展，读者对知识信息的需求变得更加专业化，促进了各类专业图书馆的发展。美国为了适应专业图书馆的发展，特地于1909年建立了一个专业图书馆协会，英国也于1924年建立了专业图书和情报机构协会。1976年，国际图书馆协会联合会（International Federation of Library Associations and Institutions，以下简称"国际图联"）将原设立的专业图书馆组升级为专业图书馆部（Division of Special Libraries），其中包括行政图书馆、艺术图书馆、生物医学图书馆、地理地图图书馆、科学技术图书馆、社会科学图书馆等6个组。在世界图书馆事业较为发达的欧美国家，有许多历史悠久、馆藏丰富的主题图书馆，例如，在美国纽约，纽约公共图书馆系统有87个图书馆总分馆，包括4个主题图书馆：人文社会学科图书馆（纽约中央研究图书馆），表演艺术研究中心主题图书馆，黑人文化研究档案中心主题图书馆，科学、工业和商业图书馆。法国国家图书馆中的手稿部、印刷品和照片部、钱币证章和古董部、地图和图表部、音乐部以及以表演艺术为专藏的阿桑那尔图书馆都是具有鲜明特色和一定规模的主题图书馆。新加坡国家图书馆及其图书馆系统是亚洲地区发展较快也较为成熟的图书馆，其中的艾斯普尔图书馆即以舞蹈、音乐、戏剧和电影四个领域作为馆藏和服务特色，成为主题图书馆建设的成功案例[①]。

二、我国主题图书馆发展源流与背景

1.我国主题图书馆发展源流

我国对于主题图书馆的定义与专业图书馆有所不同，早期虽也有对于主题图书馆的研究，但主题图书馆的定义为业界普遍接受还是在2009年王世伟于《主题图书馆述略》中提出的概念：主题图书馆是通过特定领域（某一或多个领域）的专藏和服务来满足人们对专类知识和信息需求的图书馆[②]。虽然主题图书馆与专业图书馆有关，比如宗教图书馆是专门图书馆但也属于主题图书馆，但两者也有所不同，主题图书馆的本质特征在于"特定领域的专藏"，这些特定领域的专藏可以在国家图书馆，也可以在其他公共图书馆；可以在大学图书馆，也可以在专业图书馆。主题图书馆的逻辑起点是"专藏"，而不是按照机构性质进行区分的图书馆，虽然医院的医学图书馆、军事机构的军事图书馆、美术馆的艺术图书馆等是按机构性质分类的图书馆，但也属于主题图书馆的范畴。

从主题图书馆"通过特定领域的专藏和服务"的定义出发，我国主题图书馆的发展历史悠久。中国较早的主题图书馆出现在中国清代乾隆年间，当时《四库全书》共有七部，分别收藏在内廷之文津阁、文源阁、文渊阁、文溯阁以及江南的文汇阁、文宗阁和文澜阁，并提供知识分子到阁抄阅。1847年3月，法国耶稣会士南格禄等在上海徐家汇创办了徐家汇藏书楼，以耶稣会传教士进入中国时所携带的图书为基础，以后形成了旧西文的馆藏特色。

---

① 王世伟.世界著名城市图书馆述略[M].上海:上海科学技术文献出版社,2006:135,168-170,218-219.

② 王世伟.主题图书馆述略[J].山东图书馆学报,2009（4）:36-38.

1956年11月，徐家汇藏书楼被正式并入上海图书馆，并作为上海图书馆的一个分支，但对外仍保留徐家汇藏书楼名义。这是19世纪中叶在中国对外开放过程中形成的由外国人创办的主题图书馆。1939年，叶景葵（1874—1949）、张元济（1867—1959）、顾廷龙（1904—1998）由于国内公立图书馆基础薄弱，朝政暗淡，从保护古籍的角度出发，发愿建立一个合众图书馆，决定"取众擎易举之义，各出所藏为创，谋国故之保存，用维民族之精神"。1939年7月18日，顾廷龙先生应叶景葵和张元济先生之邀来到上海后的第二天，即草拟了创办合众图书馆的意见书，意见书中提到了主题图书馆的建设："为保存固有文化而办之图书馆，当以专门为范围，集中力量，成效易著。且叶揆初先生首捐之书及蒋仰卮先生拟捐之书，多属于人文科学，故可即从此基础，而建设一专门国学之图书馆，凡新出羽翼国学图书附属之。至近代自然科学书籍及西文书籍则均别存，以清眉目。否则各种书籍兼收并蓄，成普通图书馆，卒至汗漫无归。观于目前国内情形，此种图书馆虽甚需求，但在上海区域之中，普通者有东方图书馆，专于近代史料者有鸿英图书馆，专于自然科学者有明复图书馆，专于经济问题者有海关图书馆，至于中学程度所需要参考者有市立图书馆。他地亦各有普通图书馆在焉，本馆自当别树一帜。"[①]顾先生的这一意见书中，论述了主题图书馆建设的一些思想，介绍了20世纪上半叶上海的一些主题图书馆，特别是提出了"建设一专门国学之图书馆"的创意，并在1939至1953年的合众图书馆建设发展中进行了实践探索。1949年以后，随着中国各类研究机构的不断增多，相应的主题图书馆也应运而生，数量颇为可观。20世纪80年代之后，许多图书馆在探索特色服务的过程中，或建设主题图书馆，如国家图书馆的古籍馆、上海图书馆的中国文化名人手稿馆、甘肃省馆的四库馆，以及首都图书馆二期中正在建设的方志馆等，或将馆藏特色集中于某一特定领域，形成馆中馆，如浙江省温州图书馆中的服装馆、上海杨浦区馆中的近代文献馆，有的馆还建设成为独立建制的主题图书馆，如上海虹口区馆中形成了与区馆并行的独立建制的曲阳影视馆等。许多主题图书馆的建设都走出了资源共知、社会共建、网络共连、资源共享、读者共推的服务与管理新路。

我国港澳台地区对主题图书馆发展也较为重视。2000年12月12日，香港

---

① 顾廷龙.顾廷龙文集[M].上海:上海科学技术文献出版社,2002:559-560.

康乐及文化事务署署长梁世华表示:"香港中央图书馆启用后,其他地区主要图书馆的角色亦会因应做出配合,就各地区的需求,渐次强化其馆藏和资讯设施,几间主要公共图书馆会分别发展为不同专科的主题图书馆。"2001年7月30日,澳门中央图书馆馆长邓美莲表示:"图书馆在重新整修的过程中,考虑采用分设主题图书馆的方式,在望厦儿童图书馆的试点后,会陆续为其他图书馆的主题定位。"2005年4月15日,《民众日报》发表议员建议,认为"高雄县内的图书馆均以综合性的图书类为主……没有明确的主题性图书馆。高雄县希望就本身的特色与需求,在未来设立反映地方特色的主题性图书馆,以满足县民需求,像台北市、台湾地区以外著名城市的主题图书馆"[①]。

2.我国主题图书馆发展背景

(1)我国经济的发展激活了公共图书馆发展的潜力

20世纪80年代,我国的经济快速发展,为公共文化机构的图书馆注入了新的发展活力。从20世纪90年代中期开始,特别是21世纪初,随着经济的进一步发展,我国图书馆事业更是有了长足的发展,在经济比较发达的地区(如珠江三角洲和长江三角洲地区),公共图书馆迎来了发展的黄金时期。这个时期的公共图书馆在加大基础业务建设的同时,更加专注于图书馆的社会服务,开拓思路,积极参与社会经济和文化建设,开辟了灵活多样的服务方式,促进了主题图书馆的发展。

(2)公共图书馆灵活的服务方式和求变的思路为主题图书馆的发展提供了舞台

经济的发展推动了公共图书馆的进步,也成为公共图书馆不断探索和创新服务方式的动力源泉。主题图书馆最早出现在公共图书馆而不是专业优势明显的高校图书馆,而且从其发展趋势来看,公共图书馆的主题图书馆大有风生水起之势,其中一个重要原因是公共图书馆直接面对着社会经济发展的大潮,面对更广泛的服务群体,这需要公共图书馆在工作中不断求变、在服务上不断创新,以便更好地为社会经济发展服务,满足最广泛的读者的文献需要。而高校图书馆服务对象和服务任务相对单一,其服务的社会化程度不如公共图书馆。

---

① 丁沫.我国主题图书馆建设现状的调查分析[J].河南图书馆学刊,2015,35(5):102-104.

（3）出版事业的繁荣和出版物种类的增多为主题图书馆的发展提供了现实条件

改革开放不仅推动了我国经济的发展，也带来了文化的繁荣，其中一个重要的方面就是出版物的数量和种类日益丰富，文献数量成几何级数增长。从20世纪90年代后期至今，我国每年新出版的文献都在10万种以上，已成为文献出版大国。出版事业的繁荣为主题图书馆文献的入藏提供了条件，使主题图书馆能快速地完成主题文献的积累，达到一定的发展规模。

第二节　主题图书馆理论研究评述

一、主题图书馆理念研究

在公共图书馆领域，主题图书馆是一种特别的类型，通过特定领域（学科、主题、地域、事件等）的专藏和服务来满足人们对专类知识和信息需求的图书馆服务。相较于综合性的图书馆，主题图书馆的服务更加偏向于专业化，在图书馆普通服务的基础上，还要针对该主题进行特色服务等[①]。以"主题"为范畴开展服务的图书馆古已有之，中国古代的寺院图书馆、欧洲中世纪的修道院图书馆都可以看作是早期的主题图书馆。

主题图书馆作为一种新型的图书馆理论及建设实践，以及综合性图书馆的补充，能弥补综合性图书馆在服务对象、文献资源、服务内容、服务方式等方面同质化的缺陷，是满足公众多样性需求的积极探索和实践，是公共图书馆服务体系的重要组成部分[②]。主题图书馆研究兴起于2007年。从"主题图书馆的定义"出发，国内现有的许多图书馆都属于主题图书馆的范围，但在其名称或简介描述上并不使用"主题图书馆"的名称，而使用"专题图书馆""特色图书馆"等。从建设、服务实践以及现有研究来看，有些图书馆属于主题图书馆，但在研究或表述上使用了"专题图书馆"等说法。比如福田区图书馆影像主题图书馆，也有专家将其称为"福田区图书馆影像专题图书馆"。

本章利用CNKI数据库进行数据统计，限定为"期刊""博硕士论文"，检

---

①　王世伟.主题图书馆述略[J].山东图书馆学刊,2009（4）:36-38.

②　许慧颖.我国主题图书馆的发展分析[J].图书馆学研究,2013（7）:23-27.

索式为"主题＝主题图书馆""主题＝专题图书馆""主题＝特色图书馆"，对2007年至2019年6月近12年的文献进行检索，剔除消息类文献、重复性文献和与主题无关的文献之后，获得期刊论文、会议论文、新闻和学位论文共62篇。其中开馆新闻23篇；总论主题或专题图书馆的要素概念研究、综述研究，或者主题资源建构、信息服务等研究17篇；针对沿海及经济发达地区某一单馆，或者某一地区主题图书馆的实证建设研究，或其资源及服务的介绍性研究的论文有22篇。如《公共图书馆主题图书馆建设探索——以广州图书馆立法分馆为例》《总分馆体制下基层主题图书馆建设与发展要素分析——以深圳市福田区图书馆实践为例》和《公共图书馆特色服务建设的实践与探讨——以杭州图书馆运动分馆为例》等。

从所获文献来看，国内最早以主题图书馆为专门研究对象的论文始见于裴世荷在2007年《科技情报与经济》发表的《构建主题图书馆的要素》一文，该文提出"在构建主题图书馆的过程中，特色馆藏、人本理念和个性化信息服务是3个不可缺少的基本要素"[1]。但该文对主题图书馆的概念描述并不十分准确。因此，该文观点并没有得到业界普遍认可与接受。

直到2009年，王世伟在《主题图书馆述略》一文中首次提出了图书馆业界普遍接受的主题图书馆概念，即"主题图书馆是通过特定领域（某一或数个领域）的专藏和服务来满足人们对专类知识和信息需求的图书馆"[2]。许慧颖在《我国主题图书馆的发展分析》一文中也是直接使用王世伟所提出的定义来描述主题图书馆，并将其作为所研究"主题图书馆"的概念基点。

对于主题图书馆与特色图书馆和专业图书馆在概念辨析上的异同，王世伟认为，主题图书馆与专门图书馆在概念与实践上同中有异。在概念上，如宗教图书馆可以列入主题图书馆的范畴，但二者是有区别的。主题图书馆的本质特征在于"特定领域的专藏"，其逻辑出发点在"专藏"，而不在于按机构性质区分的图书馆类型。在实践上，主题图书馆所收集和组织的专藏及其服务是"特定领域"的，这种"特定领域"可以是某一专业、某一文献类别、某一主题，也可以是某一范围，甚至是某几个主题的综合。主题图书馆较之专门图书馆在特定领域专藏的确定、内容的组织、服务的对象、活动推广等

①　裴世荷.构建主题图书馆的要素[J].科技情报开发与经济,2007,17(23):14-16.

②　王世伟.主题图书馆述略[J].山东图书馆学刊,2009(4):36-38.

方面更具有专指性、直观性和灵活性[1]。例如，温州设有鞋都图书馆，佛山建设有陶瓷图书馆，这些都是为本地区的经济发展服务的。在北京市原宣武区由北京市文化局和首都图书馆共同成立的首都图书馆宣南文化资料分馆，是对老北京文化包括非遗文化的积极保护，也是研究宣南文化的资料重地。随着北京市原西城区、宣武区的撤销，新的北京市西城区设立，这一职能也由北京市西城区第二图书馆所替代。该类型主题图书馆的建立带有鲜明的地方经济文化发展的色彩。

许慧颖认为，我国主题图书馆历史悠久，从20世纪90年代全国图书馆学界对"特色图书馆"的概念达成共识，主题图书馆的适用范畴大于特色图书馆，既可以指公共图书馆的主题图书馆，也可以指高校图书馆和科技图书馆的主题图书馆。如果某一图书馆的"特色馆藏"达到一定的数量，并且在图书馆中另辟一角，就可以称其为主题图书馆[2]。

《中国大百科全书·图书馆学　情报学　档案学》中有"专门图书馆"的条目，其解释为：收集和组织专门领域（某一领域或数领域）的文献，主要为特定读者服务的图书馆。一般按其从属机构的类别分为机关图书馆（包括立法机关和政府机关）、研究机构图书馆、公司企业图书馆、事业单位图书馆、军事单位图书馆、大众传播图书馆、群众团体图书馆、医院图书馆、宗教图书馆等[3]。

二、主题图书馆服务研究

目前我国主题图书馆服务方面的研究主要包括以下几个方面：

1.主题图书馆的基本服务

李正祥、马英、苏静芹在《公共图书馆专题图书馆的管理与服务》中提出，专题图书馆是图书馆的一个组成部分，因此也需要开展公共图书馆常规的、基础性的服务项目，即"专题图书馆的立足点仍是常规服务，在此基础

---

[1]　王世伟.主题图书馆述略[J].山东图书馆学刊,2009(4):36-38.

[2]　许慧颖.我国主题图书馆的发展分析[J].图书馆学研究,2013(7):23-27.

[3]　中国大百科全书总编辑委员会《图书馆学、情报学、档案学》编辑委员会,中国大百科全书出版社编辑部.中国大百科全书·图书馆学　情报学　档案学[M].北京:中国大百科全书出版社,1993:616-617.

上逐步形成以传统常规服务为主、特色服务为亮点的多层次服务体系"①。许慧颖的论文《我国主题图书馆的发展分析》将温州的服装图书馆、佛山联合图书馆的澜石金属图书馆作为主题图书馆研究，苏静芹、马英等的论文《我国公共图书馆专题图书馆建设与发展简述》将两馆作为专题图书馆研究。

2. 主题图书馆的研究服务

主题图书馆的服务是满足人们对专类知识和信息的需求。这里的读者，可以是专业的读者，也可以是一般的读者，主题图书馆的服务如王一鸣的《关于特色图书馆为研究型读者服务的思考》，分析了特色图书馆的性质及其特点、读者类型特点，阐述了特色图书馆为研究型读者服务的优势，提出了特色图书馆为研究型读者服务的一些构想②。以上海新建成的傅雷主题图书馆为例，该馆围绕"傅雷特色"谋篇布局，到访的读者，既有来自翻译研究院所的研究人员和来自各艺术院校大学的教授学者，也有来自受《傅雷家书》等著作影响的社会各方的公众，他们来到图书馆的目的是要获取与傅雷有关的知识与文献③。

3. 主题图书馆的个性化服务

裴世荷的《构建主题图书馆的要素》认为个性化信息服务可以展现主题图书馆的核心能力，主题图书馆的个性化信息服务是基于信息用户的信息使用行为、习惯、偏好和特点，向用户提供满足其个性化需求的一种服务，是图书馆实现人本理念的集中体现，是适应社会环境发展的有效方式。2013年谢雨的硕士学位论文《论专题图书馆建设与图书馆核心竞争力》关于专题图书馆的社会认知率统计将上海的主题图书馆作为专题图书馆研究；王一宁、王惠惠的《公共图书馆专题馆建设研究》将专题图书馆界定为"一种依托于专题资源收藏开展专题服务的图书馆"，专题资源扩大到包括非文献资源的范畴。目前，我国的主题图书馆大多以丰富的文化信息资源、优雅的阅览场所、先进的技术设施为读者提供方便、舒适的文化信息共享空间。很多主题图书馆不仅开通了网上联合知识导航站等网上服务和数据库查询，还将文献信息、

①　熊军,李英,方玲,等.主题图书馆发展趋势[J].四川图书馆学报,2017(6):32-36.

②　王一宁,王惠惠.公共图书馆专题馆建设研究[J].晋图学刊,2015(6):41-44.

③　国内唯一的傅雷主题图书馆开馆[EB/OL].[2019-07-06].https://www.jfdaily.com/news/detail?id=161932.

数字资源、视频点播、展览讲座、网络服务等各种读者服务方式融为一体，实现了传统与现代并存的信息共享，真正实现了以人为本的服务理念[①]。

三、主题图书馆研究现状评述

近年来，"主题图书馆"建设是我国公共图书馆服务深化的重要举措，世界上一些发达国家和地区在社区图书馆建设上都因地制宜，即依据本地区产业、环境、科技和其他人文特色的资源来构建具有属于当地特色的"主题图书馆"。比如，纽约以表演艺术为主题的表演艺术图书馆、新加坡艾斯普尔图书馆（以舞蹈、音乐、戏剧、电影为主题）[②]。我国也有许多成功的典范，上海浦东陆家嘴的金融主题图书馆、佛山联合图书馆澜石金属图书馆、温州市服装图书馆、杭州佛学分馆以及印学分馆等多种主题图书馆，有效地满足了读者对专类知识与信息的需求，推动了区域公共文化服务的发展。

当今世界图书馆事业发展中，日本是发展较为完善的国家之一。在日本，主题图书馆、专题图书馆、特色图书馆等统称为专门图书馆。日本的主题图书馆较之我国的主题图书馆事业起步较早，经过更长时间的发展，在各项服务工作中所用的方式方法有很多独到之处，也意味着在很多方面可以为我们提供研究的借鉴，可以让我国主题图书馆事业在以后的发展过程中少走一些弯路。

通过上述分析可以看出，主题图书馆在我国有较长的发展历史。近年来，我国的图书馆事业在逐步上升，目前，主题图书馆被纳入公共文化服务体系的范畴，因其专藏特色而成为大型城市文化服务体系中的有益补充，服务内容更多元、形式更多样。主题图书馆在我国虽尚未普及，我国主题图书馆的服务水平与发达国家也存在一定的差距，但是随着我国经济的逐渐发展，也会逐渐繁荣。我国的主题图书馆事业已经有了一定的发展，但是还没有引起学者足够多的关注，关于主题图书馆服务方面的研究还有待进一步完善。而且，虽然起步较晚，但是在信息发达的今天，我们有很多的可借鉴经验，并不是真正的零起步，我国的主题图书馆服务事业也在逐渐缩小与发达国家之间的距离。

---

① 丁沫.我国主题图书馆建设现状的调查分析[J].河南图书馆学刊,2015(5):102-104.

② 苏静芹,马英,等.我国公共图书馆专题图书馆建设与发展简述[J].图书馆建设,2011(10):80-82.

第三节　主题图书馆发展前瞻

一、变革与转型：新时期主题图书馆发展趋势

2018年8月，第84届国际图联（IFLA）大会以"图书馆转型，社会转型"为主题[①]，转型发展成为全球图书馆事业的主要特征[②]，第三代图书馆[③]、后图书馆时代[④]的提出，都预示着转型将成为新时期图书馆发展的主轴。当创新成为常态，转型成为时代议题。今天的图书馆处于转型期，主题图书馆的发展也是如此。

21世纪初，英国国家图书馆以"重新定义图书馆"（Redefining the Library）作为核心主题开展战略规划[⑤]，这正是图书馆变革的开始。所谓重新定义图书馆，对于图书馆是各个要素转型的开始。受社会环境和行业环境深刻影响的图书馆，不能被动等待时代与技术的裹挟，图书馆需要主动转型。图书馆转型由空间、资源、服务、管理四大要素构成，整体转型是四大要素转型共同作用的结果[⑥]。主题图书馆因其主题特色一贯在整合主题文献资源、提供特色服务方面具有优势，但也总有受困于这一特色缺乏未来扩展途径的担忧。新时期，主题图书馆可以通过对前述四大图书馆转型要素的变革，实现图书馆转型，引领主题图书馆未来发展趋势。

韩国有一系列彰显空间、资源、服务、管理等转型要素的主题图书馆。只是它们并非我们认为的传统公共图书馆，它们由韩国最大信用卡公司现代信用卡（Hyundai Card）建设并管理，目前已打造有烹饪图书馆（Cooking Library）、设计图书馆（Design Library）、音乐图书馆（Music Library）和旅

---

① 国际图联."图书馆转型，社会转型"——IFLA世界图书馆与信息大会在吉隆坡盛大开幕[EB/OL].[2019-07-02]. https://www.ifla.org/node/72673.

② 陈传夫,冯昌扬,陈一.面向全面小康的图书馆常态化转型发展模式探索[J].中国图书馆学报,2016（1）:4-20.

③ 吴建中.再议图书馆发展的十个热门话题[J].中国图书馆学报,2017（4）:4-17.

④ 张晓林.颠覆性变革与后图书馆时代——推动知识服务的供给侧结构性改革[J].中国图书馆学报,2018,44（1）:4-16.

⑤ British Library. Redefining the Library：Overview of the British library's strategy 2005-2008[EB/OL].[2019-07-10]. http://www.bl.uk/about/strategy.html.

⑥ 柯平,邹金汇.后知识服务时代的图书馆转型[J].中国图书馆学报,2019,45（1）:4-17.

行图书馆（Travel Library）四家主题图书馆[①]。图书馆每天于12：00—21：00开放，因为是由信用卡公司投资建设，故图书馆的部分服务需要持有该公司信用卡才可以使用。

其中烹饪图书馆的室内空间共有五层，气味、声音和视觉来让每一层的空间都极具体验感。一楼有一个熟食店，售卖面包、香料、奶酪和咖啡，烘焙食品的香气引人入内。另一侧则是模拟烹饪的体验式图书馆，设有"食材屋"，陈列着来自世界各地的数百种食材，供读者探索烹饪书籍和具体烹调材料。这是一个平静和周到的地方，直观的设计和有趣的手势鼓励客人浏览超过10 000本烹饪书籍的巨大收藏。图书馆的三楼是"配方室"，收集展示各类烹调食谱及相关图书。这家餐饮主题的图书馆整合了烹饪相关资源，提供更为立体化的体验式服务，为快节奏的城市生活构建了更多元体验的阅读休憩之所。

设计图书馆则是目前世界上最大的设计图书馆之一，临近韩国著名景点景福宫与文物保护区，馆内藏有万余本由国际评论家、设计师精选的设计类图书和杂志。整体建筑分为三层，采用传统韩屋结构，同时融合现代设计风格，与文化景区相辅相成，将现代设计和传统建筑交汇之美作为设计图书馆文献资源之外的展示资源。

音乐图书馆在贮藏有超过1万张黑胶唱片之外，还存有1967年创刊至今的所有《滚石》（*Rolling Stone*）杂志，同时设有可供乐队和音乐人使用的演出场地，将图书馆作为城市第三空间的功能优势淋漓尽致地展现出来。音乐图书馆不远处就是三星集团投资建设的美术馆。

大型商业集团通过公共文化服务设施及场馆的建设回馈社会，提升自身品牌形象，更是为公共文化服务场馆主题化建设提供了丰富的实践参考。如上述主题图书馆在空间、资源、服务等要素上都有所创新，一定程度上可以为未来主题图书馆转型发展提供了一定借鉴。

二、均等与特色：总分馆模式下的主题图书馆

《国家"十一五"时期文化发展规划纲要》第一次确立了"公共服务普遍

---

① HYUNDAI CARD CORP. 현대카드 LIBRARY[EB/OL]. [2019-07-10]. http://library.hyundaicard. com/.

均等原则"。随后《中共中央关于构建社会主义和谐社会若干重大问题的决定》提出"基本公共服务均等化"与"惠及全民原则",有学者将之称为我国公共图书馆发展前所未有的最重大的划时代里程碑[①]。普遍均等成为公共图书馆服务建设的重要要求,但大部分基层并不能支撑公共图书馆的建设和运行。受服务距离的限制,再大型的图书馆的实体服务范围也存在局限,传统意义上的公共文化服务场馆无法服务于全民。更多宛若毛细血管的公共文化服务站点可以更好地促进公共服务的"血液循环",图书馆总分馆制正可以通过这种方式落实社会公众对公共文化服务普遍均等的建设期待。

《公共图书馆法》从国家立法层面明确了公共图书馆总分馆制建设,明确了总分馆管理机制、建设目标和职能分工。为各地公共图书馆总分馆制建设提供多角度的支持和保障,以标准化促进均等化,在全国范围内有序推动公共图书馆总分馆制建设。公共图书馆总分馆模式为读者提供更加多元与便捷的服务,读者能够就近使用图书馆服务。

由于总分馆模式面向的读者群更加多元和分散,因而总分馆之间还存在协调与统一的问题,总分馆模式下文献资源整合流转、读者服务工作的多元化建设和改进途径都很值得讨论。读者对公共文化服务的期待不单单是统一的标准,更要符合具体地区、社区的具体文化需求。主题图书馆以其"通过特定领域的专藏和服务"的特点成为总分馆模式下兼顾均等与特色发展的合理选择,让读者在简单的借还书之外,也可以探索到更多不同主题图书馆分馆的独特之处。

公共图书馆总分馆模式为区域内文献资源整合与共享提供了保障,主题图书馆则可将整合的特点发挥到极致。如2019年7月6日,傅雷图书馆正式开馆。该馆建筑面积5500平方米,是浦东新区第二大图书馆,同时也是国内唯一的傅雷文献馆。该馆以"傅雷特色明显,馆藏内容齐全,传播介质多样,展示手段新潮"为发展目标[②]。图书馆二楼的傅雷文献馆陈列着有关傅雷先生的图片、手稿、出版物以及傅雷故居、旧居的资料。该馆与一并开放的傅雷

---

① 程焕文.普遍均等　惠及全民——关于公共服务普遍均等原则的阐释[J].图书与情报,2007(5):4-7.

② 施晨露,王志彦.国内唯一傅雷主题图书馆开馆　开辟上海首家图书馆"深夜书房"[N].解放日报,2019-07-07(01).

故居，共同成为周浦地区的新的文化和旅游中心。

在目前我国主题图书馆多为地区图书馆分馆的具体实践中，保证主题图书馆分馆面向社区开展服务，实现公共服务普遍均等是基础，同时主题图书馆更要把握其"主题"，强化自身特色。除了资源的整合，主题图书馆更有提供针对主题的服务，如上面提到的傅雷图书馆，该馆将举办一月一次的"傅雷读书会"，力争打造沪上第一流的阅读品牌。傅雷先生是学贯中西的通才，也是上海浦东新区重要的文化名片。浦东新区通过傅雷图书馆可以在周浦镇进一步完善公共文化服务场馆布局，同时也强化了文旅融合建设。这样在保障图书馆基本公共文化服务职能同时围绕主题特色不断开拓创新，进一步繁荣发展服务于区域文旅事业的主题图书馆，无疑是未来发展的重要趋势。

第三章 杭州图书馆的探索与实践

从古至今，杭州一直都是文人墨客、迁客骚人的汇集之地，也是书香雅集的归属之地。作为中国当代的著名学习型城市，杭州图书馆在图书馆管理运营、特色化建设及人性化关怀等方面都有诸多积极的探索和实践，成为各地图书馆建设效仿的典范。本章从杭州图书馆进行主题图书馆建设的缘起和发展过程出发，对现状进行描述，总结主题图书馆发展取得的主要成绩，对探索中出现的问题进行分析。

第一节 时代的选择：杭州图书馆创建主题图书馆的缘起

主题图书馆是为民众在某一领域的特殊知识需求而提供专有的馆藏及服务供给的图书馆，对公共图书馆的服务体系有着极大的补充作用。近年来，杭州图书馆中的主题图书馆取得较大突破，再次成为图书馆探索与实践中的标杆。

在微观层面，就杭州图书馆自身来讲，其发展到了瓶颈期，需拓展生存空间；就服务来讲，图书馆的时代需求也由过去广而全到现如今不仅要广而全，更要细而精，以发展特色服务做到服务深化；就每座主题图书馆自身来讲，每座主题图书馆也均有其独特的建立背景与理念（见表1-3-1）。在宏观层面，杭州主题图书馆的建立自然与历史的发展和时代的选择分不开。

表1-3-1 杭州市主题图书馆的建馆缘起

序号	主题图书馆	建馆缘起及主题特色
1	盲文分馆	建在盲人学校，直接面向目标服务，覆盖浙江省所有盲童
2	棋院分馆	大力普及棋文化，把杭州建设成为中国围棋运动副中心
3	音乐分馆	打造杭州音乐之都
4	佛学分馆	佛教文化基础；正值世界佛教大会在杭召开

续表

序号	主题图书馆	建馆缘起及主题特色
5	生活分馆	打造生活品质之城；地理位置优越，居民人数较多，生活氛围浓厚
6	运动分馆	全民健康；运动与读书结合，吸引读者
7	电影分馆	视听语言，仅次于文字口头语言抽象意思；浙江打造的第一个纯公益艺术影院 中国电影资料馆
8	科技分馆	地处高新技术区；与政府合作双赢；滨江区缺乏公共图书馆
9	环保分馆	传播环保文化，普及环保知识，增强环保意识
10	自然分馆	位置优越，贴合自然主题且便于主题活动开展
11	健康分馆	立足健康文化、普及健康生活知识，助力"健康杭州"建设
12	东洲国际港分馆	服务往来船员与码头区域工业园
13	南宋序集（艺术）分馆	商业+公益，相互补充促进
14	城市学分馆	致力服务于城市学一流智库建设和城市学杭州学派打造
15	宪法和法律分馆	图书馆、博物馆、展览馆三馆融合理念
16	诗歌空间分馆	区域缺少图书馆；与杭州图书馆有过愉快合作
17	茶文化分馆	区域缺少图书馆；普及茶知识、宣传茶文化
18	李白诗词文化分馆	文旅结合背景；避免与诗歌空间分馆同质化
19	钢琴分馆	名人、名城、名河结合；名人效应

一、需求多元的时代

1.社会知识需求状态变化

在人类社会早期，人们对于知识尚未形成一个固定的概念，社会中的绝大多数个体对知识并没有很大的需求，甚至认为其有神秘感。随着社会的进步与时代的发展，社会知识不断累积，图书馆也应运而生。作为对人类文明与社会知识的保存与管理者，图书馆长期以综合化的形式呈现，并为读者大众提供均等化的服务[①]。但是，这种传统图书馆的模式往往不具有自身特性，

---

① 徐珊珊.图书馆的"变"与"不变"——浅议社会知识需求变化对图书馆服务的影响[J].大学图书情报学刊,2015,33（3）:35-39.

千篇一律，甚至有"在多不在精"的嫌疑。随着现代互联网、电子阅读等新兴科技的发展，传统图书馆管理模式受到挑战，读者大众更倾向于特色化、专业化的阅读，社会对知识的需求更加专业、多元化，由此主题图书馆应运而生。

杭州图书馆主题图书馆的建设便解决了普遍均等服务与满足个性需求服务的这一矛盾，为读者提供了专业化的主题文献服务及阅读活动，构建了特色鲜明及内涵丰富的公共图书馆体系。杭州图书馆以总分馆制与社会化结合的管理方法，巧妙地将十几座主题图书馆分布在杭州市的各个地方，既扩大了图书馆的受众范围，又满足了不同人群的不同需要。这些不同主题的特色图书馆让读者更有倾向、更专业地去阅读。事实上，这种主题图书馆的设立是将读者在传统图书馆分类检索的步骤提前，不仅方便了读者，更便于图书馆的进一步管理。

2.社会知识需求结构变化

社会知识需求分为"记忆需求"与"利用需求"，前者促使图书馆纵向留存和继承人类迄今为止的文化遗产，后者驱使图书馆横向连接和贯通知识的获取和创造。在当代信息社会中，人们对信息和知识利用的需求不断膨胀，但恶劣的信息环境给信息需求造成了极大的障碍。社会个体所需求的不仅是获取知识，更重要的是内化知识，将知识的利用和理解不断深化于实践中，并进一步创造出新的知识。在这种形势下，图书馆从浩瀚的信息中进行有选择的收集、评价、保存、组织等工作成为一项挑战。

基于此，杭州图书馆分主题、分类别的做法有效应对了这一挑战。将各类知识信息分主题归类，分特色珍藏，既满足了读者的个性化需求，又将人类文明的成果进行了保存和传承。除此以外，杭州主题图书馆积极举办各类主题活动，让读者亲自体验、亲身实践，这种从实践中获取知识的体验方式更有助于读者的"知识记忆"，为信息化时代知识和文化的传承打下了坚实基础。

二、全民共享的时代

1."平等、免费、无障碍"

"平等、免费、无障碍"是杭州图书馆一直以来坚持的服务理念。在共享时代的发展下，"全民共建、全民共享"逐渐深入人心。这就要求图书馆在做公共服务的同时，要将平等、共享的理念贯彻始终。公共图书馆最大的特点就是公共性，不因为读者的身份、地位、受教育程度或者户口所在地而有所区分①。杭州图书馆在全国同行中率先推出了"免证阅览制度"，任何人进杭州图书馆阅览书籍都不需要证件和费用。图书馆文化不能仅仅成为精英学者的文化，还应该平等地向所有人传播文化。这一理念不仅在总馆得到体现，而且在其他分馆亦是如此。

无障碍还表现在杭州市民与外来务工人员都能享受免费的借阅服务、语音续借、网上续借、网上十几个数字资源共享、点菜式图书借阅快递、无线网络的全覆盖。自主借还机可以自主借还书，可以24小时自助还书。自2008年9月30日起，杭州图书馆实行市民免押金借阅。也正因为对所有的读者免费开放，因此便有了乞丐和拾荒者进门阅览的现象，这才真正将"全民共享"理念在图书馆建设中发扬下去。

无论是否识字，是否受过教育，人们都能看影像，这是文字语言所不能达到的。杭州主题图书馆电影分馆、音乐分馆的建设，扩展了图书馆的服务对象，使更多有视听障碍的读者用户可以走进图书馆，享用图书馆资源，使图书馆的服务真真正正地服务到每一位用户，更好地满足社会弱势群体的需求，弥合用户群体间信息获取不均等的鸿沟，做到真正的全民共享。

2. "平民图书馆，市民大书房"

图书馆服务全民共享，在杭州图书馆新馆建设中体现尤其突出。杭州图书馆更愿意把新馆称为"平民图书馆，市民大书房"。"大书房"是针对过去人们认为到图书馆读书规章制度多，很不方便，宁愿去书店站着看书，也不愿意到图书馆来而言的。如果图书馆是"自家的书房"的话，读者的感觉就不一样了。图书馆的书是纳税人的钱买的，是属于全社会的，他们有权利去享受这些藏书。工作人员不是管理者，而是受市民委托来管理这些图书的书童，应该好好地为读者服务。正是这样一种先进舒适的图书馆服务理念，使得杭州主题图书馆受众群体越来越多、影响力越来越大。

---

① 方晨光. 杭州图书馆模式的形成与发展[EB/OL]. [2019-06-04]. https://www.docin.com/p-369587216.html.

三、文化自信的时代

1.传承与弘扬中国传统文化

坚持文化自信，是新时代增强国家文化软实力，大力弘扬中国传统文化的"冲锋号"。杭州主题图书馆以特色主题为分类标准，以传统文化为精神内涵，以服务大众的核心理念，真正展现了中国传统文化的魅力和闪光点。在杭州主题图书馆中，佛学分馆、围棋分馆、茶文化分馆、南宋序集（艺术）分馆、诗歌空间分馆、李白诗词文化分馆等带有明显中国传统文化特色的图书馆引人注目，也正是中国文化自信的体现。如佛学分馆融通一千六百年"东南佛国"的人文传统，传播多元文化，为佛学文化爱好者及杭州地域史文化史爱好者提供了一个公共交流和研究平台。

传统文化源远流长、历久弥新。在"文化自信"的时代，更要求图书馆做好传统文化的保存者和传承者，将中国传统文化发扬光大，并在实践中推陈出新。

2.厚植杭州地域文化根基

杭州自古以来是吴越文化的交汇地，也是各种宗教文明的熔炉。杭州城市文化的融合要求杭州图书馆有更好的服务不同民族、不同宗教信仰与不同文化水平的服务理念，以满足不同层次多元读者的需求。除此以外，杭州的历史文化特征也与其独特的地理位置和自然景观密切相关，长期影响着杭州人的性格特征和审美情趣。

融合是当今世界发展的大趋势。杭州主题图书馆的出现也是符合世界发展大趋势，符合杭州文化融合、文化交流的地域特征。"上有天堂，下有苏杭"，杭州主题图书馆的建立与发展不仅厚植了杭州地域文化的根基，做好了杭州文化的宣传，未来也更将成为杭州一道亮丽的风景线，成为杭州人的精神依托。

第二节　杭州主题图书馆发展现状

一、杭州主题图书馆情况简介

1.基本情况

杭州图书馆在全市公共图书馆服务体系建设取得积极进展、"全覆盖、均等化"初见成效的基础上，结合地方文化特色和市民的实际需求，充分挖掘公共图书馆的专业服务能力，依靠政府支持和社会力量，积极推进主题图书馆建设。杭州图书馆自2007年第一座主题图书馆建设以来，贯彻开放融合思维，截至2019年6月，已建成主题图书馆19家，有自建形式的生活分馆、音乐分馆、电影分馆，与社会合作建设的佛学分馆、盲文分馆、围棋分馆、运动分馆、科技分馆、城市学分馆、环保分馆、东洲国际港分馆、自然分馆、健康分馆、南宋序集（艺术）分馆、诗歌空间分馆、茶文化分馆、宪法和法律分馆、李白诗词文化分馆、钢琴分馆，另有4个主题图书馆正在筹备中，各主题图书馆的基本状况见表1-3-2。

从地理位置来看，杭州市有10个区，分别是：上城区、下城区、江干区、拱墅区、西湖区、滨江区、萧山区、余杭区、富阳区、临安区。这些主题图书馆除临安区因新开发的行政区未建设有主题图书馆以外，其余杭州市每个行政区均遍布主题图书馆，覆盖面极其广泛，健康分馆甚至还覆盖到了区级以下的县。广域的覆盖面使杭州市民更易获得图书资源，享受主题图书馆的便捷服务。

从建筑面积来看，科技分馆和生活分馆的面积位居前列。科技分馆因需陈列大量科学技术体验与展览设备故场馆可使用面积有6500平方米；生活分馆因沿用杭州图书馆旧馆地址且将生活中的吃喝玩乐搬进图书馆故其面积也比较大。相比之下自然分馆的面积较小，仅有30平方米，但小而精，自然体验活动极为丰富，时刻秉持着"让自然成为生活"的宗旨。

从馆藏量来看，馆藏量与主题图书馆的建筑面积有一定的正向比例关系。多则45万册，少则近1000册，但每个主题图书馆的馆藏均各具特色，切合每个馆的主题。如棋院分馆多藏有多语言的棋类图书、报刊及棋类珍贵文献；电影分馆多藏有影视作品、戏剧及电影数字资源和国内外影视期刊等，每个主题图书馆均形成了以该主题为主要领域的信息资源聚集地。

就开放时长来看，李白诗词文化分馆是全天24小时开放，全年无休，这与其建在浙江书苑酒店管理有限公司旗下的李白餐厅有很大关系，是所有主题图书馆里面开放时长唯一一个无限制的。音乐分馆、电影分馆、生活分馆、科技分馆每天开放时长12小时，开放时长也比较长。主题图书馆虽说是杭州图书馆分馆，是公共文化服务体系和总分馆的有益补充，但是由于社会力量的参与和部分跨行业的性质，与传统意义上的分馆还有诸多不同，如在目前的开放时间方面，大多还无法做到像传统分馆一样开放较长的时间。诸如城市学分馆、环保分馆、自然分馆、诗歌空间分馆、茶文化分馆、宪法和法律分馆等主题图书馆一般在下午4点至5点闭馆。东洲国际港分馆一般只在周一至周五上午12点至下午1点半之间开放，由于其独特的地理位置与实际情况，相对于其他主题图书馆开放时间较短。此外，东洲国际港分馆通过两艘航线稳定的集装箱船，为往来东洲港的船员和锚泊区其他船公司船员提供借阅服务，是"东洲国际港水上流动图书馆"。

2.活动举办

19家主题图书馆围绕不同主题开展服务，形式多样，各具特色（见表1-3-3）。如音乐分馆举办各种音乐赏析、音乐会的活动；健康分馆开展面向市民的个人健康免费检测服务和健康指导服务；自然分馆桃源讲堂定期邀请大咖或网红，为公众带来自然故事、科普知识或自身传奇经历；茶文化分馆请日本茶道千利休传人里千家做中日茶艺交流等。这些内容丰富、形式多样的体验活动，使得图书馆对于民众更具有新鲜感与吸引力，有利于促进读者间的分享交流，充分体现了图书馆的使用价值，活动举办及特色服务也为杭州这座城市增添温情、温度与更深的人文韵味。

此外，为体现主题图书馆独特的服务价值，杭州图书馆提供了内容丰富、形式多样、互动性强的主题活动体验，如运动分馆建立馆外体验点，生活分馆等在服务方面推出"体验式"阅读模式，这些体验式的活动都使读者获得了更高层次的满足，拓宽了图书馆服务，十分具有特色。且大多数主题图书馆均配备有特色设备方便读者体验与使用，如科技分馆配有八大行星体验展台、智能机器人、全息金字塔等科技设备，盲文分馆配有盲文刻印机、盲文点显器、供视弱人员使用的放大器等设备，这些特色设备为图书馆的用户更好地体验主题图书馆的特色做出了不可忽视的贡献，主题图书馆的建设已经成为公共文化服务体系建设的新高地。

表1-3-2 杭州市主题图书馆基本情况简介

序号	主题图书馆	开馆时间	馆舍地址	建筑面积（平方米）	开放时间	周开放时长（时）	人员配备情况（人）	地区常住人口（人）	阅览座席数量（个）	馆藏（册）
1	盲文分馆	2007-06	富阳区高尔夫路585号浙江省盲人学校	500	周一至周六，春夏8：00—16：30，秋冬9：00—15：30	51.39	2	主要服务盲人学校师生387	40	8000
2	棋院分馆	2011-10	江干区钱潮路2号天元大厦一楼	200	周一至周日9：00—17：30	59.5	3	不详	30	4000
3	音乐分馆	2008-09	江干区钱江新城杭州图书馆北二楼	1100	周二至周日9：00—21：00	72	6	不详	170	不详
4	佛学分馆	2012-09	西湖区天竺路317号	400	周二至周日9：00—17：30	51	4	120.2万	60	10 000
5	生活分馆	2013-07	上城区浣纱路254号	5228	周二至周日9：00—21：00	72	13	34万	520	450 000
6	运动分馆	2015-09	余杭区文一西路荆长路西溪八方城内	1000	周二至周日9：00—17：30	51	3	该片户约2万—3万	120	不详
7	电影分馆	2015-11	江干区钱江新城杭州图书馆北二楼	不详	周二至周日9：00—21：00	72	2	不详	90，报告厅350	16 000

续表

序号	主题图书馆	开馆时间	馆舍地址	建筑面积（平方米）	开放时间	周开放时长（时）	人员配备情况（人）	地区常住人口（人）	阅览座席数量（个）	馆藏（册）
8	科技分馆	2015-12	滨江区文化中心6—8楼	6500	周二至周日9：00—21：00（8楼为9：00—17：30）	72	14	滨江区常住人口39.2万	787	385 433
9	环保分馆	2016-06	拱墅区临半路90号	750	周二至周五9：00—16：00	42	4	不详	40	10万
10	自然分馆	2017-04	西湖区桃源岭1号植物园	30	周二至周五9：00—17：00，周六周日9：00—18：00，周一闭馆	50	杭州图书馆1，自然中心4，植物园2	西湖区常住人口86万	20	不详
11	健康分馆	2017-08	桐庐县环城南路599号江南养生文化村	300	周一至周日，春夏8：30—11：30，13：00—21：00；秋冬8：30—12：00，13：00—21：00	77、80.5	1	41.14万	50	20 000
12	东洲国际港分馆	2017-08	富阳区东洲街道东桥路58号	480	周一至周五12：00—13：30	7.5	15	主要是码头城区域企业工业园的工作人员	70	16 564
13	南宋序集（艺术）分馆	2017-06	上城区中山中路59—69号	2000	周一至周日10：00—21：30	80.5	2	34万	2	10 000

续表

序号	主题图书馆	开馆时间	馆舍地址	建筑面积（平方米）	开放时间	周开放时长（时）	人员配备情况（人）	地区常住人口（人）	阅览座席数量（个）	馆藏（册）
14	城市学分馆	2017-10	杭区余杭塘路2318号杭州国际城市学研究中心仓前大楼	130	周一至周五，9：00—12：00，14：00—17：00（双休日闭馆）	30	不详	不详	80	130 000
15	宪法和法律分馆	2017-12	西湖区栖霞岭54号	400	周二至周日9：00—16：30	51	不详	不详	132	10 000
16	诗歌空间分馆	2018-04	余杭区良渚文化村玉鸟流苏创意园5幢	400	周一至周三，9：30—12：00，13：00—16：30	18	6	主要服务社区人群约3万	30	798
17	茶文化分馆	2018-10	西湖区龙坞茶镇腹地	2000	周二至周日9：00—16：30（周一闭馆）	45	2	西湖区常住人口86万	80	50 000
18	李白诗词文化分馆	2019-03	余杭区良渚古墩道路1878号欧文大厦	1000	全天24小时开放，全年无休	168	5	不详	30	20 000
19	钢琴分馆	2019-05	大兜路206号杭州朗朗艺术世界	1250	周三至周五12：00—20：30周六至周日9：00—21：00	49.5	不详	不详	30，音乐厅60	不详

表1-3-3　杭州主题图书馆活动举办及特色服务情况

序号	主题图书馆	活动举办及特色服务情况
1	盲文分馆	组织参与社会各界文艺活动；故事会、报告会
2	棋院分馆	定期举办围棋甲A全国联赛
3	音乐分馆	定期开展音乐赏析、讲座、音乐会、沙龙等活动
4	佛学分馆	研习翰墨金石或禅修禅茶，举办各类茶艺、书画交流展示活动，如书画沙龙、天竺茶社、"天竺书香"的系列国学主题讲座
5	生活分馆	品酒、养生、旅游、摄影、版画、京剧表演等20余个主题系列活动
6	运动分馆	专题讲座、沙龙；户外体验运动；人文走读系列活动
7	电影分馆	"天堂电影院"电影沙龙系列导赏；敬老院读者送电影；市民剧社
8	科技分馆	玩具借阅、科技咨询、STEAM创客空间；"为地球朗读""杭州市创客节"；"企业书房"创新项目
9	环保分馆	环保体验活动，垃圾分类、绘画、手工、科普
10	自然分馆	新书分享会；采访定制；保护地研学；绿马甲文明公益行动；"小河长"青少年护水；社区植物挂名牌；自然嘉年华；桃源讲堂
11	健康分馆	开展面向市民的个人健康免费检测服务和健康指导服务
12	东洲国际港分馆	水上图书馆，送书上船；交流、展评；读书月、沙龙分享
13	南宋序集（艺术）分馆	二十四节气相关活动；"愈分享愈热爱"沙龙阅读分享；艺术展览
14	城市学分馆	以城市研究中心的特定阶层管理者、专家学者、培训班为主要服务对象，仅提供文献借阅
15	宪法和法律分馆	党团活动；法治大讲堂
16	诗歌空间分馆	沙龙、讲座、分享会、诗歌录音；线上读诗发声
17	茶文化分馆	"梅龙亲子读书会"；茶礼、品茗、茶园观光、茶制作体验、培训等
18	李白诗词文化分馆	亲子活动、国学培训、诗词赏析、茶道表演
19	钢琴分馆	读书沙龙、公益音乐会、读书分享会

二、杭州主题图书馆发展特点

1.主题鲜明

主题图书馆的本质在于主题、特有的文献资源及利用特有文献资源开展服务，使其成为全市公共图书馆服务体系中最有特色的组成部分，并满足特定服务对象的需要[①]。杭州图书馆根据地方文化特色和市民实际需求，综合考虑历史人文、环境风貌、区域特色等各个因素，并将之与政府的城市发展规划及相关政策相结合，寻找最适合的建设主题。比如杭州建设音乐、佛学、棋院、茶文化分馆，一方面是因为这些文化在杭州城市形成和发展中的深远影响；另一方面也是因为杭州市政府对这些文化的政策扶持。

主题图书馆鲜明的主题特色，在公共图书馆领域、杭州市、全国乃至全球中都具有重要的意义。

在杭州主题图书馆建设过程中出现了多个全市、全国甚至全球第一：如运动分馆是杭州市首家与社会企业合作的分馆，李白诗词文化分馆是全市首家24小时开放、文旅融合的分馆；城市学分馆是国内首家城市生活分馆，茶文化分馆是全国首家市级茶文化的分馆；电影分馆、佛学分馆和环保分馆则分别是国内第一家电影主题的公共图书馆、公共图书馆中第一个佛学专题的图书馆以及全球第一座在垃圾场上建造的图书馆。

2.位置优越

主题图书馆的选址，不仅要考虑交通、环境卫生、市政配套等通用要素，最重要的是与服务主题、对象相契合，以便实现服务的衔接、延伸，节省读者时间和缩短服务距离。如杭州图书馆将盲文分馆设在浙江省盲人学校内，将城市生活分馆设在居民聚集的中心城区，将科技分馆设在滨江高新技术园区，就是为了使这些分馆的目标人群、特定用户可以最方便地利用图书馆的服务。此外，佛学分馆的选址在毗邻三天竺、灵隐寺的佛教圣地，有着和佛教文化非常契合的"天竺山房金经藏，流虹桥畔妙莲香"意境，被读者称为"最美读书地"，给读者一种文化与环境合为一体的感受。

---

① 屠淑敏.试论公共图书馆服务体系中主题图书馆建设——基于杭州主题图书馆建设实践的思考[J].图书馆工作与研究,2016(3):77-81.

3.模式新颖

杭州图书馆通过创新合作模式，充分发挥了主题图书馆的纽带作用，实现服务与效能的最大化。公共图书馆开展主题图书馆服务，难免会因为对相关领域了解不够深入或自身经费、场地等资源的限制而遇到一些障碍。杭州图书馆在筹划建立主题图书馆时采用了灵活多元的建馆模式，除了自建的三个主题图书馆外，更多是采用社会化合作的方式进行，以实现资源的互补（各主题图书馆建设合作详情见表1-3-4）。

表1-3-4 杭州主题图书馆建设合作详情

主题图书馆	办馆形式	合作单位	负责人	杭州图书馆负责内容	合作单位负责内容	合作对象
盲文分馆	与学校共同建设	浙江省盲人学校	杨文广	馆藏、设备与培训	场地、维护	—
音乐分馆	和专业机构共同建设	自建 杭州图书馆编制内部门		馆藏、人员	—	电台
电影分馆	和专业机构共同建设		朱峻薇	直管人、财、物	—	中国电影资料馆、电影艺术研究中心及浙江传媒学院电影学院和图书馆
城市学分馆	和专业机构共同建设	国际城市学研究中心	刘丽东	馆藏、人员与培训	场地、设施设备、运营	—
棋院分馆	和专业机构共同建设	中国棋院杭州分院	陈静	馆藏、培训	场地、设备维护	—
佛学分馆	自建	无	陈亚强	直管人、财、物	—	企业单位、社区服务中心、媒体等
生活分馆		无	方瑛		—	市医院、口腔医院等健康养生的专业机构、手工机构、老年大学、社区学院等
科技分馆	和政府合作	滨江区政府	冯继强	人员，购书、派遣人员经费、培训	运营	北京天文馆、杭州市天文学会、绿色浙江自然学校、科技公司、民间阅读组织联盟等
宪法和法律分馆		五四宪法历史资料陈列馆	陈韬	馆藏、培训	场地、部分馆藏、人员	—

续表

主题图书馆	办馆形式	合作单位	负责人	杭州图书馆负责内容	合作单位负责内容	合作对象
运动分馆	和企业、机构合作	杭州辉望实业有限公司	石璞	馆藏、人员、部分设备	场所、设施设备、经费	杭州市历史建筑保护管理中心、杭州师范大学图书馆、云文武杰太极禅、摄影工作室及中影尼康佳能摄影俱乐部、省青少年发展基金会、中国阅读、移动"咪咕阅读"等
环保分馆		杭州市环境集团有限公司	吴玉玲	人员、购书经费，部分设施设备	场地、设施设备、运营	绘画机构、企业、海洋馆、大学等
自然分馆		桃源里自然中心	陈川	馆藏、培训	人员、场地、运营	万科、海塘、弥陀寺、东山弄、各类保护地等
健康分馆		江南养生文化村开发有限公司	方建华	馆藏、培训	人员、场地、运营	—
东洲国际港分馆		东州国际港	俞宙	馆藏、培训	人员、场地、运营	杭州交投集团、杭州图书馆、富阳港航管理处、海关、老年公寓、一些入驻企业、村连香节村、千岛湖村
南宋序集（艺术）分馆		都市快报社	周滟	馆藏、培训	人员、场地、运营	—
诗歌空间分馆		我们读诗文化传播有限公司	陈智博	馆藏、培训	场地、运营	—
茶文化分馆		杭州梅龙茶文化有限公司	鲁华芳	馆藏、培训	场地、运营	浙江博物馆、中国美术学院、浙江大学城市学院、FM968电台、西湖区朗读协会等
李白诗词文化分馆		杭州丽城酒店管理有限公司	邹波	馆藏、培训	场地、人员、运营	—
钢琴分馆		杭州郎朗艺术世界交流中心	方竹君	馆藏、人员	场地、设备、运营	—

4.馆藏独特

特色馆藏体系建设是主题图书馆服务的基础，没有馆藏支撑便不能成为真正意义上的主题图书馆。杭州主题图书馆独特的馆藏体系是其重点工作之一。比如音乐分馆引进原版蓝光光碟，棋院分馆直接从日本、韩国等国家采购原版图书，科技分馆侧重科技类图书馆藏建设，环保分馆集中突出环保主题图书等。这些各具特色的馆藏体系已经成为杭州乃至全国相关领域的重要信息中心，也为主题图书馆开展多样化的服务奠定了良好的基础。

5.以总馆为中心

浙江大学李超平在《社会合作：双赢的选择》中指出"从选址、馆舍大小、装修风格与品质、馆藏量、服务规模、服务内容、管理模式等等，但凡图书馆能在上述问题上起主导作用的，所建成的分支机构往往能取得很好的社会效益；如果不能，所建成的分支机构，要么服务水准低下民众不待见，要么就不具备图书馆应有的功能"[①]。主题图书馆在建设实践中能否达到预期目标，能否持续有效地发展下去，关键取决于图书馆在整个建设发展过程中是否始终处于主导地位[②]。杭州主题图书馆采用总—分馆模式建立，但杭州图书馆始终占据主导地位。例如，运动分馆场馆从设计装修阶段开始到施工建成运营，图书馆全面介入其中；杭州图书馆派驻专门的工作人员指导科技分馆的业务工作等。图书馆的主导力确保了服务与活动的专业性、主题性和持续性。

三、杭州主题图书馆发展问题

1.与合作单位的双重管理

由于主题图书馆基本上大多都为社会化合作办馆，所以存在双重管理问题。如果对主题图书馆管理过少，容易导致合作不深入，关系过于松散，结果便是没法形成有效、系统、有力的管理机制，影响主题图书馆作用的发挥，其公共图书馆的属性最终名存实亡；如果管理过紧过严，又不利于合作健康、长效地开展与推进，处理不当双方便容易形成矛盾，最终危及

---

① 李超平.社会合作：双赢的选择[J].公共图书馆,2017(1):2.

② 朱峻薇.公共图书馆特色服务建设的实践与探讨——以杭州图书馆运动分馆为例[J].图书馆杂志,2019,38(4):56-60.

合作关系。所以如何处理好与合作单位的"松"与"紧"的问题，协调双方的利害关系，尊重、平衡好杭州图书馆与合作方的利益诉求，推进社会化合作健康、有效、可持续的发展，是杭州图书馆人未来主题图书馆建设过程中一个很重要的问题。

2.自上而下易，自下而上难

主题图书馆的建设自上而下建设容易，但是自下而上却存在很大困难。现在的采购、运营经费和十多年前一样，然而未来现代化的、智能化设施设备的引入等，都需要一定财力支持，而且随着各主题图书馆纷纷建成，杭州图书馆的建设经费满足不了需求。虽然杭州图书馆人在推动杭州图书馆事业进一步发展、推动主题图书馆的建设规模不断扩大的过程中，是敢创新、有智慧、有热情、有干劲的，但巧妇难为无米之炊。而且随着人才队伍专业化程度的不断提升，对馆员自身素质要求的提升，对馆员的培训程度的加强也是个问题。这些问题推动着杭州图书馆人集思广益，积极创新，更大程度上，也希望政府在政策、经费、人员保障方面能够给予更多的支持和肯定。

3.服务辐射范围有限

部分主题图书馆由于位置问题，如主题图书馆建设位置较偏或因处闹市环境嘈杂等，这些均对图书馆公共属性、作用的发挥有一定的局限。如建在健康小镇核心项目江南养生文化村内的健康分馆，建在天子岭静脉小镇的环保分馆，均因位置较偏导致到馆用户和馆藏外借不是很多，服务辐射范围有限。而城市学分馆也因建在大学校园内而局限了其功能的发挥。还有建在闹市的运动分馆和南宋序集（艺术）分馆，如何最大限度地减少甚至消解由于环境因素给主题图书馆发展造成的不利影响，这些都是需要引起我们深思的问题。针对不同主题图书馆存在的不同问题，具体问题具体分析。

4.合作程度尚需进一步加强

此外，由于部分主题图书馆自建立至今时间尚短，大部分主题图书馆都是近几年陆陆续续建立起来的，故和杭州图书馆还存在合作不够深入，合作范围不够广泛的问题。在主题图书馆以后的建设发展过程中，杭州图书馆人还要坚持尽可能不偏不倚，一个都不落下的原则，积极创新，集思广益，增强与主题图书馆合作方的合作深度与广度。

第三节　杭州主题图书馆效果分析

作为现代城市图书馆，杭州图书馆紧紧把握图书馆发展潮流和方向，将主题图书馆的建设和服务工作列入核心业务和工作重点，经过多年探索、实践、积累与发展，运营模式逐渐受到业内外的广泛关注。图书馆服务手段及跨界跨行业社会合作能力得到显著提高，取得一定的社会成效。

一、完善服务体系，扩展服务半径

杭州主题图书馆的建设是新时期构建公共文化服务体系、实现文化大发展大繁荣的有效举措。杭州主题图书馆的建设成为服务体系的组成部分和亮点，充分拓展了公共图书馆的服务半径。目前杭州已经形成以杭州图书馆为中心馆，区、县（市）图书馆为总馆，乡图书馆为分馆，村图书室为亚分馆，结合地方文化、产业、地域等特色主题图书馆的以点带面、覆盖全城的公共图书馆网络服务体系，多途径、多层次、多角度地介入当地的社会文化生活，促进了主题特色资源的建设，丰富了公共图书馆服务体系建设的内容与模式，整个服务资源的建设与提供更加完整、系统。

作为综合性图书馆的一种补充，主题图书馆拓展了总馆的服务深度和广度，丰富了图书馆总分馆服务特色与内涵，提高和扩大了服务的覆盖率和辐射面，在人员不增加的同时，服务内容和范围大大增加，各项服务效果都在开放中体现和提升，无形中增强了图书馆的服务实力，提高了服务水平和增大了服务能量，把服务的触角延伸到社会生活的各个层面，最大限度地实现了文献资源的共享共建双赢。

相较于大而全的综合图书馆，主题图书馆细化受众群体，在构建区域型图书馆网络布局中起到关键的节点作用，有效地满足了读者不断增长的专类知识、信息服务的个性化、差异化需求。杭州市各主题图书馆近几年读者服务基本情况及活动开展、读者参与情况详情参见表1-3-5。

表1-3-5　杭州市主题图书馆读者服务与活动开展基本情况

主题图书馆	年份	到馆人次	借阅数量（册）	借阅（人）	举办活动（场）	参与人次
盲文分馆	2007-06—2019	62 608	25 802	4429	—	—

续表

主题图书馆	年份	到馆人次	借阅数量（册）	借阅（人）	举办活动（场）	参与人次
佛学分馆	2017—2019	45 487	4438	1523	237	16 761
音乐分馆	2009-09—2019	无门禁统计				
自然分馆	2017-04—2019	11 500	不外借		100	2000
钢琴分馆	2019-05—2019	992			2	500
运动分馆	2015-09—2019	302 462	81 099	7094	252	102 677
科技分馆	2017—2018	1 508 338	2 152 423	492 507	543	70 958
环保分馆	2017—2019	86 423	13 004	—	123	553 798
健康分馆	2017-08—2019	—	624	71	200	—
东洲国际港分馆	2017-08—2019	1196	7469	894	10	500
城市学分馆	2017-10—2019	37 714	84	—	1	2678
棋院分馆	2008-03—2019	5550			—	
宪法和法律分馆	2017-12—2019	605 000（展览馆）	—	—	26	2500
生活分馆	2017—2019	1 090 204		290 763	347	14 943
诗歌空间分馆	2018-04—2019	2000	9	9	20	1000
茶文化分馆	2018-10—2019	5680	3588	842	—	2040
李白诗词文化分馆	2019-03—2019	4312	2385	1300	5	120
棋院分馆						
南宋序集（艺术）分馆		—			97	—

注：①"—"表示数据不详；

②2019年数据均截至5月31日。

二、弘扬区域文化，带动经济发展

图书馆本身就有传播文化的功能，而这些主题图书馆的服务十分符合现代人们的需求，比起传统图书馆，主题图书馆更加吸引读者。主题图书馆挖掘、收集、开发、保存特色和地方文献资源，实现公共图书馆的社会教育、倡导社会阅读等功能，而其服务具有直观性，服务对象又具有针对性，因此，对于传承与弘扬区域文化发挥着重要作用，为地方社会经济发展提供着源源不断的智力支持，其建设会对一个城市的文化底蕴的发掘和文明程度的提高产生积极影响，扩大了图书馆的文化传播能力。

杭州主题图书馆的建设与发展不但有提升文化素质之功，还有促进特定行业、产业和学科发展之效，主题图书馆发挥着其他类型图书馆服务无法取代的作用。杭州主题图书馆以其丰富的主题图书馆藏、专业的主题咨询服务以及多姿多彩的主题活动吸引着大量用户，主题图书馆无论文献收集，还是文献记录、整理、提供和保管，都具备专业化的水准和服务，其丰富的馆藏为用户提供更新更全的专业信息知识。佛学分馆结合寺院资源、民间资源、高校资源建设一个具有合法性、便利性的、能在主流渠道上传播的常态运转机制，不单研究佛教文化，更主要的是挖掘佛教对杭州城市的影响，挖掘佛教对杭州城市人群生活的影响，挖掘佛教对杭州整个城市发展包括民俗、政治、经济等概念的整体性影响。

聚合集中的专题文献体系可为科研课题提供强大的文献信息支撑，专题馆员可为相应的专题开展科研活动，随时满足用户对专业主题信息需求，为相关领域的专业人士提供更加全面、细致的信息，也为相关企业提供更新、更全的咨询与技术支持，整体相辅相成，共同更快更好地推动杭州地方社会经济发展。与杭州梅龙茶文化有限公司合作共建的茶文化分馆，坐落在慈母桥村——属于有着深厚人文历史文化底蕴的龙坞茶镇，带动了周边的教育和经济，如带动了周边茶博城和实验一中的建设。

三、创新服务手段，满足特色需求

杭州主题图书馆特色服务效果显著，具有开拓和主动性的读者服务活动，吸引着大量的专业与非专业用户，富有特色的个性化服务、新的服务方式和服务理念、物理空间的扩展和开放带来读者的多样性，进而带来服务内容和服务层次的多样性。相对独立和特色的现代阅读空间让用户能够拥有不一样的阅读体验，更多优秀的特色资源以及更加专业、直观和更具专指性和灵活性的服务拉近了主题图书馆与读者的距离。

整合主题专藏、人力和服务等有利于缩短空间距离和节约用户时间，主题图书馆的个性化信息服务可以及时、准确、方便地帮助读者检索到所需的知识，提供随时随地、高效、精准、全面、深入的信息、知识服务，解决了读者与信息、知识的供需矛盾，打造实体、虚拟相结合，主题化、对象化的空间交流平台，拓展了图书馆信息服务深度，泛在化图书馆服务边界。以个性化细分服务融合特定知识与群体，将专业化、特色化的优质服务带到市民身边，取得良好的社会成效，促进图书馆可持续发展服务体系的建构。

专题馆发挥专业、资源优势，通过实现服务的对象化、个性化、专业化，创新服务方式，突出主题内涵，培育和树立图书馆品牌，既满足了用户特定的知识信息需求，又为图书馆营造了良好的政策社会环境，提升了专业服务水平和深度。如杭州图书馆通过开展"工具图书馆"活动，向全社会展示了主题图书馆的建设模式。在其建设初期采用社会众筹的方法，让政府机构、新闻媒体、企业甚至个人参与到图书馆的建设推广中来，最后在政府的支持、市民的关注、企业的合作、媒体的宣传下，将"工具图书馆"建成，建设中结合各方面的力量，满足各方面的需求，具有极高的推广价值。再如城市生活分馆的"达人分享会"是一个运作良好的公众之间互相学习、共同成长的典范。

四、跨界社会协作，共建共享共赢

主题图书馆创造了一种社会合作多赢的模式，吸收社会丰富的专业资源，突破了图书馆传统服务局限，实现跨界服务，促进公众与产业之间的良好互动，主题图书馆已经成为产业推广的重要阵地。主题图书馆借助社会力量的跨行业背景和社会影响力，促进了图书馆与政府、社会以及国际同行的沟通交流，加强了图书馆的社会化协作。图书馆通过与企业等建立长期合作关系，形成一种优势互补、互通有无、资源共享的共赢机制，扩大影响力，带动了产业的发展繁荣。图书馆服务手段及跨界跨行业社会合作能力得到显著提高，目前已形成一定规模（见表1-3-4合作对象一栏）。

在我国经济社会快速发展的背景下，除了民间隐藏的巨大资本潜力，群众中也有着各种各样的专业人才。充分发挥公众力量，通过志愿者等形式鼓励公众参与图书馆工作，对图书馆资源可以起到很好的补充作用。随着志愿者管理工作的不断深化，大量社会志愿者的加入，极大缓解了图书馆人力资源不足的短板。来自不同行业、不同专业的志愿者们与图书馆工作人员知识互补，可以为图书馆创新发展提供更多、更好的思路、方法和动力，给图书馆文化活动创造足够的社会空间，使志愿者、图书馆工作人员、读者三方都能获益。此外，志愿者的加入还能实现公众对图书馆工作的监督，形成政府、图书馆工作人员和用户等多方利益相关者共同影响公共图书馆服务的良性态势。

主题图书馆志愿服务的开展严格按照《杭州图书馆志愿者工作规范》对志愿者进行管理。激励政策与人文关怀方面，环保分馆由杭州市环境集团有限公司集团给志愿者提供免费午饭和每日50元的补贴，自然分馆对志愿者组织专业的课程培训，优秀的志愿者可免费参加户外活动等。管理运营方面，环保分馆、自然分馆等部分主题图书馆有专门的"绿马甲"志愿者，统一穿绿马甲，运营较好。志愿者的参与人数与服务时长的情况受多种因素的影响，如办馆理念、馆舍大小、活动开展数量等。从累计服务来看，生活分馆学生志愿服务1711余人次、12 516余小时，社会志愿服务147名、2710余小时；环保分馆志愿服务1623人次、14 954小时；运动分馆志愿服务521人次、4021小时。各主题图书馆的志愿者遴选渠道也不尽相同，各有特点。如运动分馆通过与周边学校和志愿汇联系招募志愿者；茶文化分馆在村街文化爱好者及单位、街道推送的社会工作者中选取志愿者；佛学分馆志愿者部分是分馆招聘，部分是总馆招聘；音乐分馆志愿者则主要来源于市民合唱团等。

随着社会发展，主题图书馆社会化程度越来越高，更多优秀的社会力量、新鲜血液的不断流入使主题图书馆在以后的建设发展中甚至不再需要杭州图书馆再派遣专人驻守，但这不意味着杭州主题图书馆应该被彻底放手，越是到主题图书馆发展的成熟阶段越是到了考验杭州图书馆、杭州图书馆人真本领的时候，杭州图书馆人应加强对主题图书馆非图书馆专业人士相关专业知识、业务技能的培训指导等，使有生力量效能得以最大限度的发挥。

五、提升行业地位，扩大社会影响

作为延伸图书馆服务功能的重要举措，主题图书馆的建设发展优化了资源的配置，增强了馆藏合力，在很大程度上推动了区域公共文化服务和社会文化的发展，满足了更大限度、不同层次、不同地域读者专而精的阅读需求，扩大、深化了原有图书馆的服务范畴与手段，整合社会各方资源，实现了多方的共建共享共赢，其发挥的重要作用极大提升了图书馆的专业竞争优势与图书馆在整个行业中的地位。

杭州主题图书馆整合当地的政治、经济及人文环境等资源，权衡当地的社会文化发展以及读者的不同需求，有计划、有目的地构建适合本地区政治文化经济发展的主题图书馆，因馆制宜地开展主题图书馆服务，提升图书馆的社会价值，扩大图书馆的社会影响力。主题图书馆自身取得的诸多成绩和荣誉，以及受到的各种媒体报道，也是主题图书馆行业地位和社会影响力提升的一种体现。

获奖方面，如：2017年，杭州图书馆科技分馆获杭州市城市品牌促进会年度最具品质体验点称号，浙江省图书馆学会阅读推广创意策划大赛一等奖等；运动分馆"杭州市小学生读者空竹队"获第二届IDF国际空竹邀请赛团队表演金奖，"读者射箭队获"杭州市民射箭联赛女子30米反曲弓团体第一名等。2018年，诗歌空间分馆获"书香良渚全民阅读"最美阅读空间荣誉称号，运动分馆荣获全国"发现图书馆阅读推广特色人文空间"一等奖等。

媒体报道方面，科技分馆、环保分馆于2018年分别获得媒体报道55次、27次。有关主题图书馆活动的报道具有影响范围广、辐射人群广、媒体形式多的特点，如《杭州日报》《青年时报》《中华合作时报》《都市快报》等多家纸媒，网络媒体包括搜狐、浙江在线、华北新闻、浙江教育新闻网、杭州网、中国教育在线、健康杭州网、浙江旅游在线、浙江24小时等，电视台包括浙江电视台、杭州电视台、桐庐电视台等。

第四节　杭州图书馆人的追求

杭州图书馆从十年前的新馆开始就步入了创新发展的新旅程，经历了从开放服务、提高服务质量到服务创新、服务全面升级，从中心馆建设、打造文化空间到体系化建设、着力增强文化影响力的发展道路，一跃成为享誉中华、闻名全球的"明星图书馆"。这些，都离不开杭州图书馆人（以下简称"杭图人"）的巨大努力与卓越贡献。杭图人从来不满足于已有的成就，敢为人先、勇挑重任、善于创新是杭图人的性格，而主题图书馆正是杭图人在新时代发展图书馆的新的追求。

一、持续高效的团队组织与创新

有力的组织领导、团队自身的凝聚和协作力是提升效率和成效的有效保障。主题图书馆的创始与发展，经历了两任馆长的精心策划与努力。前任褚树青馆长在建设总分馆过程中着手试验主题图书馆，为今天主题图书馆的发展积累了经验。现任馆长应晖有胆有识，开始了主题图书馆新的探索，自2017年12月到杭州图书馆任馆长后，便把将主题图书馆的建设和服务工作列入核心业务和工作重点。课题成立后，杭州图书馆在应晖馆长带领下，迅速组建团队，基于目标，合理分工，小组成员各尽所长。通过明确职责和团队密切协作，充分发挥集体智慧和力量。

南开大学柯平教授在项目启动之初，便多次前往杭州对杭州主题图书馆的建设和发展情况进行考察和指导。接着项目组成员又于2019年6月12至14日对杭州主题图书馆做进一步走访调研。6月14日上午，应晖馆长组织了杭州图书馆与南开大学课题组成员的座谈，编纂团队就主要问题进行了意见交换与有效沟通。返程后，调研团队依据上述材料进一步对书稿进行撰写、补充与修改。2019年9月初，柯平教授再次前往杭州图书馆与应晖馆长会面，并与杭州图书馆团队进行交流。在柯平教授调研团队调研启程前，杭州图书馆办公室主任唐晴，杭州主题图书馆建设的主要负责人冯继强、汪琪琪等便与调研团队进行多次沟通，并对调研行程做出周详安排。课题组抵达杭州之初，双方便建立了"杭州图书馆南开手拉手"微信群，以保障信息交流的有效、畅通。应晖馆长曾提到："我希望我们的团队是年轻、有活力的，精诚团结，追求卓越，杭州图书馆是个大家庭，希望对内是个家，对外是创新性的，具有强大凝聚力、执行力的一个团队。"

讲到杭图人的创新精神，从杭州主题图书馆的组织管理者汪琪琪身上便可映射出广大杭图人一直在践行的创新，他一路见证着杭州各主题图书馆的建设与发展。作为最早参与建设的核心成员之一，在图书馆面临困境、急需转型之际，他积极转变观念、开阔思维，敢想敢干；作为环保分馆的筹建人，他创新性开展众筹管理、众筹活动、众筹书籍的办馆形式，积极寻求合作伙伴，为杭州图书馆的发展赢得更加广阔的生存、发展空间。在现有体制下，杭图人突破了总分馆的瓶颈，升级总分馆建设体系，扩展了公共文化服务，开辟出具有中国特色的建设图书馆分馆的模式。未来在挑战与机遇并存的新时代，杭图人更是坚持人无我有、人有我优理念，积极创新，推动杭州图书馆进一步转型、升级与再造，促进杭州图书馆事业的创新、均衡与智慧发展。

二、全心践行职业使命与价值观

在调研过程中，杭图人具备的诸多品质给调研团队留下了深刻的印象，例如，在图书馆事业发展和主题图书馆建设过程中具备高度责任感、进取心与使命感，面对严峻考验时利用自身优势，迎难而上，自我超越。下面我们继续来走近杭图人、走进杭图事，由微观的个人、事件来感受杭图人的追求包括的那些内容。

2012年入职杭州图书馆，2018年调职环保分馆的朱敏华在起初被调去环保分馆之际，是有诸多顾虑的，然而在应晖馆长的鼓励和环保分馆主要筹建人汪琪琪的帮助下，临危受命，迅速转换心态，明确自我角色定位，苦下功夫熟悉工作环境与内容，积极寻找潜在合作对象，如与诸小学建立合作关系、开展垃圾分类等环保主题教育活动等。他热爱自己的职业，并认为图书馆员应该要有责任心。他觉得自己的工作特别有意义，尤其在听到家长反馈时。如，有的家长说："孩子参加了环保分馆垃圾分类活动后，在家里都要管着我们大人了，水果皮要投到厨余垃圾桶，孩子参加有收获。""一棵树摇动另一棵树，一朵云推动另一朵云，一个灵魂唤醒另一个灵魂"，这句话很好地说明了馆员影响读者，社会教育是杭图人目前在践行的，也是以后要一直坚持的。

调研组走访佛学分馆时，正值佛学图书馆在开展活动，只见空间不算很大的图书馆内部坐满了人，走近细细观察，只见参与活动的读者围绕一方长桌在全神贯注地用毛笔练习小篆，其中好几位读者围绕一位稍显年长的老师在边聆听指导边挥动手中的毛笔，我们从旁边经过都丝毫不受影响，并无抬头。佛学分馆的陈亚强向调研组介绍到，这位年长的老师名为陈硕，精通书画、篆刻、传拓等，并主持佛学分馆天竺茶社、书画沙龙等多项读者活动，馆内墙上悬置的书画有些便是陈硕老师的亲笔。中华茶文化是我国传统饮茶风习和品茗技艺的结晶，具有东方文化的深厚意蕴，而篆刻、传拓等更是中国传统文化领域的重要一部分，陈硕老师用自己的所会所能践行文化传承。

社会成员应当享有使用图书馆服务的平等权利，尤其是在特殊人群服务方面，图书馆推动社会的和谐发展。而诸多主题图书馆的很多做法也是杭图人对这一观念的完美诠释与其人文关怀的有力体现，如电影分馆开展对杭州老人公寓的送电影上门定制化服务，东洲国际港分馆为在海上常年漂泊的船员送书、送服务，建在盲人学校的盲文分馆资源免费向全省42万盲人开放，致力于对盲人文化生活质量的提升等。注重服务与人文关怀，倡导宽容与公正等，都是杭图人为建设和谐、包容、平等社会这一职业使命所做出的努力，坚持做有情怀、有温度的杭图人。

杭图人的职业使命当然不仅仅是上面提到的这些，还包括情报传递、阅读促进等，体现在职业价值观层面则表现为倡导阅读、合作与技术创新等，杭图人追求的当然也包括但不限于上面提到的这些。谈到杭图人的追求，应晖馆长认为："每个杭图人都是有情怀的，他们的情怀与热情倾注在杭州图书馆事业建设全过程，体现在每天的每件工作中，每座主题图书馆的积极协调、筹建中，以及每场活动的积极策划与组织中，以及为用户读者服务的每一件事情过程中。有些情怀是图书馆人每天都在做的，一天到晚想如何更好地服务读者，满足读者需求，让读者在图书馆可以拥有更好的体验和感受。"

三、主题图书馆的模式推广与发展

访谈过程中，应晖馆长谈到，"主题图书馆多样化、个性化的资源、活动与服务，专业化的馆员，和大家以往看的图书馆是完全不一样，和大家印象里面刻板的馆员形象也有着很大的不同，这种主题图书馆和以往建设的城市书房也有着本质的区别，主题图书馆最大的特点在于其图文并茂，神形具备，每座主题图书馆都是有其鲜明特色，服务特色领域的亮点不断，精彩纷呈，社会影响力不断扩大，有必要让世人看见并了解"。在调研组调研过程中，应晖馆长更是反复强调主题图书馆这么好的建设模式与路径应该被大家所了解，那种希望分享、推广好的经验时候，满眼闪烁的光，调研团队至今仍记忆犹新。因此，杭图人追求的是主题图书馆建设的经验可以被大家所看见、所了解，在不懈的探索中摸索出的建设经验可以给业内人士以借鉴和指引，这种建设模式得以推广，以更好地服务更多的用户，满足多样化、个性化需求。

调研过程中，杭州主题图书馆的组织管理者汪琪琪向调研团队介绍到，目前杭州图书馆团队方面，主要由团队负责人冯继强，具体组织管理者汪琪琪，以及环保、佛学、运动、钢琴、生活、科技、音乐、佛学、城市学分馆等派驻的杭州图书馆的管理人员组成。因为体制改革原因，目前尚未成立专门部门，但这会是以后建设的方向。

　　就杭州主题图书馆以后的发展来看，目前在杭州市主题图书馆的建设体系中，区县已基本打通，杭州13个区，每个区县至少建一个主题图书馆，但是每个区县主题图书馆的建设可以不止一个，比如茶文化分馆的建设，主题图书馆的建设是不断向前发展，主题图书馆的规模也是不断壮大的，当主题图书馆发展到一定程度，可以考虑再在主题图书馆下面再建总分馆体系，这也是杭图人所期待在未来可以实现的。

第四章　主题图书馆的杭州模式

自2007年杭州图书馆与浙江省盲校合作建立盲文分馆开始，截至目前，主题图书馆的建设成果，可归纳为主题图书馆的杭州模式（见图1-4-1），这充分体现出主题图书馆的四化建设，即"品质化"的服务模式、"社会化"的建设模式、"标准化"的管理模式，"融合化"的发展模式。"杭州模式"是对杭州主题图书馆建设和运行机制的深化，是对杭州图书馆事业发展的回顾和总结，契合杜威的三R原则——在恰当的时间和恰当的地点，给读者提供恰当的书（To provide the right books，for the right reader，at the right time），对全国公共图书馆的总分馆建设产生广泛的借鉴作用。

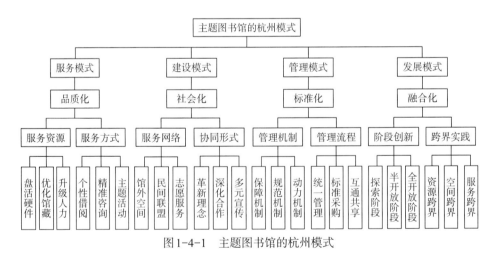

图1-4-1　主题图书馆的杭州模式

第一节　服务模式：品质化

杭州主题图书馆定位于品质化的服务模式。以专业化的服务资源为基础，辅以多样化的服务内容，结合杭州本土文化特色，提供品质化的常规服务和特色服务。有贴近生活之美的生活分馆、自然分馆，有陶冶艺术情操的诗歌分馆、音乐分馆，有人文主义熏陶的佛学分馆、茶文化分馆和棋院分馆，有满足健康需求的运动分馆、江南健康分馆，有提升科学素养的环保分馆、科技分馆，有满足个性化需求的法律分馆和城市学分馆，有体现文化关怀的盲文分馆和东洲国际港分馆。主题图书馆渗透在人们生活的方方面面，从不同的层面保障人民的生活品质的提高。

一、拓展服务资源，满足品质化需求

杭州主题图书馆结合"一馆一主题""一馆一特色"的定位，进行品质化的资源建设，虽然专注于单一主题，但是将单一主题做到了极致，从硬件资源、馆藏资源和人力资源三个方面体现出品质化服务。

1.盘活硬件资源

主题图书馆的设施设备建设符合环境氛围和主题内涵，满足目标人群的品质要求，并与现代化、信息化社会兼容。①因地制宜的馆舍建设。馆舍选址合理，图书馆的主题与环境相得益彰，激发人们的兴趣，如自然分馆依托杭州植物园进行自然教育；茶文化分馆坐落在龙坞茶镇，分馆旁边就是茶山；盲文分馆设在浙江省盲人学校内，为全省的视障人群提供知识服务；佛学分馆坐落于西湖景区，与灵隐、法喜、法净等诸多佛教名胜毗邻而居，西湖的自然之美和佛教名胜的人文之美使得佛学分馆成为"最美读书地"。②丰富的功能布局。图书馆的布局专业合理，满足不同用户不同场景的需求。如音乐分馆的布局分为世界顶级Hi-Fi室、自助听音区、自助观影区以及音乐书籍专区。③现代化的设施设备。图书馆采购现代化设备，一方面品质出众，保证用户的体验感，如科技分馆配有八大行星体验、3D打印、智能机器人等科技设备；另一方面考虑用户的特殊需求，贴心周到。如盲文分馆配有视障人士专用电脑、盲文刻印机、盲文点显器、供视弱人员使用的放大器、听书机等设备；健康分馆配备先进的健康检测设备。

2.优化馆藏资源

主题图书馆的馆藏资源建设目标是，提供多语种、多载体、特色和经典资源服务，这与综合性图书馆的馆藏建设有所区别，体现出其自身的专业性和独特性。①多语种资源。主题图书馆搜集和保存国内外相关主题的期刊、图书等资源，来保障馆藏的内容广而全，如棋院分馆的2000多册多语种棋类藏书；②多类型资源。馆藏资源的类型多样化，除了纸质和数字等传统文献资源，还包括与主题相关的实物和非实物馆藏，如茶文化分馆包含茶相关的创意产品，电影分馆收藏的影像资料等；③特色资源。馆藏资源除了反映本馆主题特色，还蕴含传统文化和地方文化特色，营造本土文化氛围，如电影分馆的馆藏包括浙江、杭州本土影像资源的征集和保存，城市学分馆以"城市与城市学"为馆藏特色，服务"城市学杭州学派"和"城市学一流智库"；④经典资源。主题图书馆的馆藏资源不乏该领域具有影响力、历史价值的资源，如棋院分馆收藏围棋古籍和私家棋类珍贵文献数百种，有些是直接从日本、韩国等国外采购的原版书籍。宪法和法律分馆收藏1954年《中华人民共和国宪法》、1982年《中华人民共和国宪法》、"五四宪法"部分史料等珍贵文献资料。

3.升级人力资源

人力资源建设遵循人才的"质"和"量"并举原则。①引进名誉馆员。主题图书馆聘请专业领域的人才为名誉馆长或馆员。如科技分馆专门聘请英国剑桥大学博士、浙江工业大学天体物理研究所名誉所长、霍金的学生吴忠超作为名誉馆长；电影分馆由演员徐祖明担任主任，集聚影视领域的专业人士，为市民提供演艺方面的专业培训、指导。②建设专业馆员。主题图书馆的馆员拥有丰富的专业知识和良好的图书馆服务技能，如音乐分馆聘请著名指挥家曹通一和润宝平担任馆员负责合唱学院，钢琴分馆的负责人芳竹君自身特长是钢琴，同时又承担郎朗钢琴世界的艺术总监。③邀请专业嘉宾。品牌活动在实施时邀请专业领域的人才作为参会嘉宾，如环保分馆的"院士讲堂"每期都邀请专长于天文、科技或环保领域的专家学者担任主讲；运动分馆邀请体育运动专业人士讲授公开课。

二、创新服务方式，打造品质化活动

每个主题图书馆结合本身办馆理念或宗旨，开展品质化服务，满足不同年龄、职业、性别、文化程度和兴趣的人群需求，从馆藏借阅、参考咨询和读者活动三个方面创新服务方式。

1.馆藏借阅个性化

主题图书馆在传统的馆藏借阅服务的基础上，针对服务对象的特殊性提供创新服务。①创新借阅方式。除了读者到馆借阅，主题图书馆利用自身资源，利用虚拟网络、邮递、船只等提供馆外借阅方式，如盲文分馆专为盲人提供邮寄借书和电话借书服务；东洲国际港分馆为船员打造的水上图书馆，通过集装箱船提供借阅服务；科技分馆的悦递服务，通过快递投递，把借阅服务延伸至企业内部，根据企业需求配置专业图书。②丰富借阅载体。除了纸质、电子等借阅载体，还根据不同的服务对象丰富借阅载体。如盲文分馆利用盲文刻印机将汉字文献打印为盲文文献，方便盲人突破载体的限制，获取更多的资源。

2. 参考咨询精准化

主题图书馆创新参考咨询服务的同时，在信息的搜集、整理、分析和传递方面，保证咨询内容的专业、精准和深层次，这主要体现在三个方面：①参考咨询队伍专业化。主题图书馆提供参考咨询服务的人员专业化，如科技分馆的服务团队汇集图书馆高学历人员、多行业专业外援团队、院士团队等智力资源团队提供专业性检索及咨询服务。②参考咨询内容深入化。馆员为读者提供专业深入的咨询服务，如电影分馆参与电影创作、电影市场探索研究，为电影产业发展以及政策制定提供参考咨询服务。③参考咨询方式定制化。馆员依据读者的特殊性提供咨询方式，有助于信息的有效传递，主题图书馆为特殊人群、政府和企业的需求定制特色化参考咨询服务，如盲文分馆除了电话解答和现场解答，还特意为盲人提供盲文书面解答。科技分馆为政府和企业定制产品，咨询内容模块自由组合，包括产业咨询、政策内参、项目评估和产业全方位信息服务。

3. 主题活动品牌化

打造"主题+"服务模式，融阅读于"体验"，将阅读与多元文化有机结合形成主题品牌活动。如运动分馆将运动类相关文献融入阅读推广、专题讲座、项目体验、交流互动等服务内容，实现运动+阅读基地、运动+阅读体验基地、运动+阅读交流基地。读者活动品牌化建设的特点为：①静态与动态活动相结合。如音乐分馆定期开展音乐赏析、讲座、音乐会、沙龙等形式多样的音乐主题活动，从而将静态音乐文献转换成体验式的动态音乐活动，电影分馆以解说+赏析+互动的方式解说电影、寻找影片背后的故事、推荐相关图书，并组建市民剧社，引导市民参与表演、分享电影艺术。②线上与线下活动相结合，如运动分馆的足球公开课、足球知识网络竞答、足球主题文化展，网络竞答活动吸引北京、上海、四川、湖北等13个省市的400余人次参加，举办"阅读遇上运动"之青少年益智体育游戏编程一小时活动。③分众与分龄活动相结合。活动面向各个年龄层次的人群，面向不同的公众，包括亲子群体、学生群体、成人群体和外籍人士。以科技分馆为例，分龄活动分为"乐趣童年""乐活青年"和"乐享老年"品牌活动，分众阅读包括家庭阅读、无国界外语小课堂、院士讲座和院校产学研服务。④品牌活动主题鲜明和系列化。主题图书馆都具有主题鲜明的文化品牌。生活分馆的"咏秋社"京剧活动；音乐分馆打响"总有一种声音打动你"品牌；电影分馆推出"天堂电影院"系列活动；佛学分馆的"天竺书香"品牌活动。⑤主题活动类型多样。创新活动类型，涉及公开课、展览、交流分享会、表演、文化之旅、创客活动等各种各样的体验活动。

第二节　建设模式：社会化

2017年3月1日实施的《中华人民共和国公共文化服务保障法》的第二十五条指出国家鼓励公民、法人和其他组织依法参与公共文化设施的运营和管理。第四十二条强调国家鼓励和支持公民、法人和其他组织通过兴办实体、资助项目、赞助活动、提供设施、捐赠产品等方式，参与提供公共文化服务①。杭州图书馆发挥自身专业、资源、平台与人才优势，与广泛的社会力量合作办馆，形成社会化建设模式，达到优势互补、共建共享，相互促进，共同发展的目的。建设过程中，主题图书馆根据社会发展和经济建设的需要，根据不同读者的类型特点，把握好建设发展方向，有效整合杭州图书馆与社会力量现有资源，避免重复建设和投入，鼓励社会力量的深度参入，根据不同的主题，因地制宜，成规模地稳步推动实体化主题图书馆的建设。

一、优化服务网络，实现优势互补

仅凭图书馆一方的资源，所提供的服务是极其有限的，故杭州图书馆借助社会力量，从馆外空间、民间联盟和志愿者三个方面优化服务网络来保障

---

① 中国政府网. 中华人民共和国公共文化服务保障法[EB/OL]. [2019-08-01]. http://www.mzyfz.com/html/2015/2018-07-09/content-1347366.html.

主题图书馆建设，促进图书馆进一步拓展其资源和服务的核心能力。

1.馆外空间特色化

空间是图书馆提供服务的基础，主题图书馆拓展空间，协作建立馆外服务体系，除了阅读空间外，建立多样化的馆外空间，具体体现在：①增加馆外体验点。除了馆内的活动，主题图书馆还积极与其他相关社会机构联系，增加馆外体验点，如运动分馆在高尔夫运动训练中心、永安山滑翔基地、钱塘弓社、哈玛尼斯健身俱乐部等多家场馆建立了馆外体验点，推出射箭、高尔夫、跆拳道、咏春拳、滑翔等运动项目的免费体验。馆外研学活动。主题图书馆围绕本馆主题开展游学或者研学活动，以自然分馆为例，与四川省、安徽省、吉林省、湖北省等数家社会公益型保护地，开展保护地自然教育项目，有面向中学生的自然守护者系列研学活动、小学生及亲子家庭自然体验活动以及特别的机构定制活动。②增设馆外阅读点。为激活馆藏资源，延伸阅读服务，在体验点选择性地建立阅读点，由主题图书馆统一配送图书，形成微型主题图书馆。如运动分馆在15家馆外体验点选取7家场馆建立"馆外阅读点"，由运动分馆集中提供图书配送，馆外阅读点微型运动分馆，如浙江云文武杰文化发展有限公司、"以摄会友"摄影工作室等地阅读点。③增加馆外服务点。馆外服务点指图书馆根据医院、社区、企业、商场、书店、咖啡店和酒吧等不同机构或组织的需求和特点增设基层服务点，开展参考咨询等服务，如科技分馆已设立"企业书房"154家，开展科技咨询；与浙江大学医学院附属儿童医院共同建设儿童游戏治疗室，保持儿童心理健康。

2.民间联盟多样化

组织支撑是图书馆服务的关键。因为主题图书馆的特殊性和专业性，组织支撑仅靠杭州图书馆一方的力量远远不够，需要社会力量共联共建。由主题图书馆牵头，联合与阅读推广相关的个人、非营利性文化服务机构、营利性机构（如开展公益性活动的培训机构、学校、画廊、书画社、创客空间、文化创意公司、科技公司等），形成民间联盟，配合主题图书馆的活动。从主体构成划分，目前民间联盟包括单一型和混合型。①单一联盟。单一联盟包括个人或组织联盟，指以公民个人的力量或者公民有组织的参与主题图书馆的建设，形成的单一联盟。如音乐分馆的"杭州市民合唱学院"由两名专业馆员、三名公益指挥组成的教学团队，属于个人联盟。②混合联盟。多种组织联盟指的是个人、营利性组织和非营利性组织共同参与组建的民间联盟，如杭州图书馆科技分馆牵头，建立书香科技城民间阅读联盟和杭州市 STEAM 创客教育联盟，这两个联盟由多种联盟成员运作，并有组织构架和办公及活动场地。

3.志愿服务社会化

人才是图书馆服务的核心。主题图书馆的专业化建设，需要充足的人力资源，在馆员资源有限的条件下，充分调动社会力量投入主题图书馆的建设，加强志愿服务，主要采取以下志愿服务建设方法：①志愿者团队社会化。读者是最好的志愿者，主题图书馆成功激发读者的热情，激发读者积极性，积极利用其他公益志愿者，如阿里巴巴公益志愿者服务自然分馆，云文武杰、空竹协会等社会机构志愿服务运动分馆，目前环保分馆的 200 多名志愿者已全面参与文献整理、咨询导读、服务设计、活动组织等日常维护和业务运作。②管理平台社会化。杭州图书馆派专人管理所有主题图书馆的志愿者，利用杭州市通用的"志愿汇"平台对志愿者进行管理，给每个分馆负责人以管理员权限，招募所需的志愿者，严格按照《杭州图书馆志愿者工作规范》，每月及时填写、汇总和上报各类志愿者数据。③奖励机制社会化。每年年底对志愿者进行评奖，优秀的志愿者可以优先参与社会活动，获得社会培训的资格，形成完善的自我成长机制。社会活动方面，如佛学分馆志愿者代表参加广州举办的"2015 年中国图书馆学会年会——中国图书馆学术年会、中国图书馆展览会"。社会培训方面，佛学分馆"天竺茶社"的社员陆续参与中高级茶艺师及评茶员培训班，获得中高级茶艺师及评茶员资格，作为茶艺师志愿者组织更多的活动。

二、提升协同形式，形成共建共享

主题图书馆为进一步满足公众日益迫切的专业化、多元化、个性化的阅读需求，引导和吸引社会力量通过资助项目、赞助活动的方式参与分馆建设，形成以杭州图书馆中心馆（杭州图书馆）为主阵地，总馆（县、市、区级图书馆）为分阵地、主题图书馆为补充，全方位、分层次、多维度拓展的公共阅读新空间。为了防止纵向障碍，在引进社会力量的同时，实现建设主体和管理主体的协同建设，主题图书馆主要从办馆理念、合作模式和活动宣传等三个方面进行协同建设。

1.革新办馆理念

主题图书馆的办馆理念，不同于以往只强调普及性服务的总分馆建设，注重提供专业化和个性化的服务，创新性地把普及性公共服务和提升性公共服务相结合，秉承着共同理念和主题理念的协同建设来提高服务品质，同时在主题图书馆中再建总分馆，分别为：①共同理念。杭州图书馆抱着"开放、兼容，共赢"的态度积极与具有合作资源和合作意向的不同机构合作，抱着"走出去，引进来"的态度关注弱势群体，与公益机构合作，如活动走进社区老年群体、托管中心等，开展活动面向留守儿童。②主题理念。主题特色鲜明，迎合社会需求，同时主题图书馆的特色由合作方的性质决定，形成"一馆一政策"。主题图书馆在主题选择时根植于地方文化特色和市民实际需求，并将之与政府的城市发展规划和相关政策相结合[①]。如茶文化分馆响应国家"一带一路"倡议，音乐分馆诞生于杭州建设"音乐之城"的契机，健康分馆来自于政府"健康杭州"建设和市民生活品质提升的需求，佛学分馆"发掘佛学文化与杭州历史文化渊源及发展"。

2.深化社会合作

杭州主题图书馆的建设主体除了杭州图书馆，更多的是具有合作资源的社会力量。基于合作积极性、公共文化服务情怀和文化认同感寻找最合适的合作伙伴，同时，多元建设主体面对跨系统、跨行业、跨组织、跨项目合作时，需要协同合作方式，杭州图书馆在开展主题图书馆实践过程中，前后经历了图书探索阶段、半开放合作阶段、全方位合作阶段，在这个过程中不断深化合作机制。多元主体合作的协同方式具体如下：①公共图书馆与社会力量的合作模式协同。公共图书馆和社会力量等多元建设主体共同建设主题图书馆时，依据各自优势和需求，协同各自的管理权责。如日常管理的协同方面，杭州图书馆提供计算机管理系统的使用服务权限，合理配置文献，开放馆内数字资源，负责分馆业务管理培训工作，合作方负责提供设施设备、装修和工作人员。②社会力量之间的合作模式协同。杭州图书馆的合作对象利用自身关系网络与更多的社会力量进行深化合作，在空间和产品设计、活动组织、支持和实施等方面，形成不断拓展的合作网络。如茶文化分馆的空间和产品设计是由分馆的合作对象梅龙茶文化有限公司与中国美术学院合作设计；自然分馆的合作对象杭州市植物园，与阿里巴巴公益基金会、桃花源生

① 屠淑敏.试论公共图书馆服务体系中主题图书馆建设——基于杭州主题图书馆建设实践的思考[J].图书馆工作与研究，2016（3）：77-81.

态保护基金会联合打造桃源里自然中心，与社会公益型保护地、各地政府、环保事业单位、高校均有合作。

3. 多元活动宣传

主题图书馆通过对活动的多元宣传，一方面获得社会认可，提高主题图书馆的社会影响力；另一方面吸引业界和专家的关注，获取更广泛的社会资源来参与建设。①多媒体宣传模式。实现"报纸、主页、网络、移动端"联动宣传，开展了移动端宣传优先、电脑端报道全面、报纸媒体宣传做深入的宣传模式，如环保分馆的全媒体推广服务模式，发挥《今日商报》的小记者宣传；科技分馆的"为地球朗读——4220人共读《寂静的春天》"活动，网易直播参与人数达12.2万余人；制作微电影和纪录片进行宣传，如由中华佛光文化网制作的视频"大隐隐于寺　杭州图书馆佛学分馆采访录"在网上公开传播。②多元传播途径。多元传播包括通过地方文化、传统文化、企业文化和党建文化等多元文化进行阅读推广。传承公共文化、地方文化、中国传统文化特色，结合重大节假日、著名人物事迹等合力宣传图书馆，如运动分馆"阅·动·历史建筑助力文化自信"文化体验之旅，将非物质文化遗产太极、历史建筑身后的故事与历史，以及运动主题进行结合展开多元素宣传；南宋序集（艺术）分馆建立在南宋御街，成为来杭游客的对外窗口，通过杭州本土文创手作，公共文化空间策划、创意策展等多元传播图书馆活动。东洲国际港结合企业文化和党建活动进行阅读推广。

第三节　管理模式：标准化

图书馆工作标准化，就是对图书馆事业的发展和图书馆业务工作的技术方法以及设备等实行统一的原则和规范。标准化是现代化生产中一项十分重要的基础性工作，是科学管理的重要组成部分，是为了在一定范围内获得最佳秩序，对现实问题或潜在问题制定共同使用和重复使用的条款的活动。图书馆标准化管理是对图书馆实行科学管理，实现图书馆现代化的必要条件。图书馆标准化管理的目标是：①提高效率，增强保障。图书馆的业务流程虽然不是很复杂，但操作过程受人为因素的影响很大，同一流程的结果往往参差不齐。通过实施标准化，消除冗余步骤，简化、固定和统一工作流程，最大限度地减少人为因素的影响，降低运营成本，提高效率，增强图书馆信息保障能力。②规范业务，开放共享。如今，图书馆不再是封闭和孤立的。而主题图书馆更加需要图书馆和图书馆之间以及图书馆和社会之间的信息资源交换。标准化的实施可以突破图书馆与外界的障碍，实现数据的兼容和资源共享。③实现互操作，加快发展。杭州图书馆的主题图书馆经过多年的发展，取得了长足的进步，但一些分馆尚处于建设初期，发展极不平衡。图书馆标准化建设将在很大程度上改变这一局面。通过管理、服务项目、软硬件配置等一系列标准化，可以实现图书馆功能的互操作。根据统一标准制定的图书馆服务可以快速应用于主题图书馆，保证主题图书馆在满足建设数量的同时，保持质量的稳定和服务的均等。杭州图书馆主题图书馆管理模式标准化主要表现在标准化管理体系的建立与运行两个方面。

一、建设管理机制，促进统一管理

1.建立保障机制

保障机制是为管理活动提供物质和精神条件的机制，在杭州图书馆主题图书馆管理活动中，保障机制主要分为以下三个方面。①根据建馆主题，制定主题图书馆发展方针、政策及规划，发挥导向作用，建立各个主题图书馆体系的政策保障机制。如《杭州图书馆主题分馆日常管理细则》《杭州图书馆主题分馆建设与管理规范》《杭州图书馆主题分馆装修标准》等。②主题图书馆的创建采取杭州图书馆主导，社会参与的方式。以杭州图书馆为主，吸引社会各方面力量，保证各个主题图书馆正常运行及发展的资金来源，建立图书馆事业的资源保障机制。值得一提的是在主题图书馆的建设发展过程中，主题图书馆的中心力量渐渐从杭州图书馆向社会合作机构转移，从以音乐分馆和电影分馆为代表的全权由杭州图书馆建设与运营发展到以李白诗词文化分馆为代表的由社会力量发挥主要作用。在主题图书馆的管理方面，杭州模式通过自己的成长与革新使主题图书馆更加适合目前公共文化服务与文化产业融合的大环境。③创新组织机构。杭州图书馆首先设置专门人员对各个主题图书馆进行统一管理，再根据各个主题图书馆的目标和计划设置不同层次的业务与行政部门并规定各部门的隶属关系和相互关系、职能和职权的分工以及人员编制、技能的配备与协调，从而使杭州图书馆与各个主题图书馆之间成为一个结构有序合理、功能完备的有机整体，构建可持续发展的组织保障机制。

2.遵循规范机制

规范机制的目的就是使杭州图书馆与各个主题图书馆在目标一致的前提下实现协调统一。规范机制包括主题图书馆政策执行规范、服务标准与水平规范、资源共建共享标准等。规范机制为主题图书馆的科学管理奠定基础，当规范机制运用于管理时，可以促进图书馆运行的统一、协调、高效；当规范机制运用于服务时，可实现服务的互通互享，同时保证多个主题图书馆的服务质量，使读者获得高标准的同质的优良体验。规范机制是现代社会发展的需要，是提高图书馆服务质量和效率的重要手段，是使读者更有效地利用文献资源和监督图书馆的有效途径，是图书馆科学管理和绩效评估的前提，也是图书馆之间业务交流和协调的前提。

规范机制体现在主题图书馆管理的方方面面：①主题图书馆建设准入条件方面的规范机制包括无偿提供场地一般不少于五年、提供建设及保障资金、安排运维人员、遵守杭州图书馆的服务理念和工作规范等。②主题图书馆建设要求方面的规范机制包括选址要求、空间要求、建筑装修要求、设施设备要求等。③主题图书馆运行维护管理方面的规范机制，包括人员配置、文献管理、文献物流、后勤保障和志愿者管理等。④主题图书馆服务管理方面的规范机制包括开放时间、服务群体、外借册次、阅读推广等。⑤主题图书馆绩效管理方面的规范机制包括制度管理、规范服务、考核评价等。

这些规范机制统一形成了杭州模式所独有的管理办法，体现出各个主题图书馆在建设与运行过程中管理的标准化，保障了主题图书馆在体现主题特色的基础上充分发挥公共图书馆的职能，有利于更好更规范的服务于读者大众。

3.制定动力机制

图书馆的动力机制就是使图书馆和馆员都能够获得利益和都应该担负责任，激励馆员把图书馆目标的实现和个人积极性的发挥融合在一起，形成图书馆发展的内在推动力。杭州模式动力机制主要分为以下三个方面：①以人为本的用人机制。将图书馆员作为图书馆系统要素中最重要的资源加以开发与利用，包括员工的聘用、选拔、培训、激励、监督与约束等。②激励机制。常用的几种有效的激励方法包括目标激励、工作激励、参与激励、时间激励、知识激励、自我激励等，以此引导员工行为方式和价值观念符合图书馆规定或倡导的行为方式和价值观念，调动员工的积极性和创造性。③评估和考核机制。有效的评估和考核机制也会为图书馆事业发展提供动力。

　　在杭州模式下，主题图书馆的馆员构成不同于传统公共图书馆相对单一的模式。由于社会化合作的加入，主题图书馆的馆员构成可以分为以下三种类型：①主题图书馆馆员全部由杭州图书馆馆员构成，如生活分馆、电影分馆和音乐分馆。②主题图书馆馆员由杭州图书馆员与社会力量提供的人员共同构成，如运动分馆。③主题图书馆馆员全部由社会力量提供的人员构成，如李白诗词分馆、诗外空间分馆。三种馆员构成模式类型不同，在动力机制的运用过程中也应有不同的侧重点。

二、完善管理流程，提升管理效率

　　1.统一化管理

　　杭州模式实行统一化的管理模式，这一模式旨在组成一个管理模式、管理制度与管理事项统一的整体。统一化是标准化的相关概念。图书馆管理标准化建设趋向于建立宏观秩序，而统一建设更注重微观执行。规范与统一齐头并进，使图书馆的管理和服务水平实现质的发展。

　　杭州图书馆不仅对各个主题图书馆的具体事务进行有效的管理，同时也对主题图书馆的人员进行有效的调配，确保各个主题图书馆在杭州图书馆的指导下工作。例如在绩效管理方面，各个主题图书馆按照杭州图书馆工作制度和规范开展各项业务活动，并接受杭州图书馆的业务指导、培训及考核，执行杭州图书馆服务规范与服务标准；在文献管理方面，杭州图书馆根据主题特色向各个主题图书馆合理配置文献，将文献管理纳入杭州地区一体化服务体系，并接受杭州图书馆的业务指导，依托杭州图书馆服务网络和业务管理平台开展各项服务工作；在设备管理方面，各个主题图书馆都应配备一台自助借还机，读者可自助借书、还书、续借、借阅查询操作，并接入杭州图书馆RFID管理平台进行统一管理。

　　2.标准化采购

　　标准化采购是通过对图书馆采购资源的有效整合，形成标准化、规范化的采购方式和高效的采购模式。通过资源的有效整合，标准化采购可以形成规模效应和批量优势，使图书馆在采购过程中与供应商形成较强的讨价还价优势，提高图书馆的整体采购能力和水平，对图书馆业务的整体发展具有重要价值。标准化采购有利于节约成本、完善采购体系、提高图书馆内部采购透明度。

杭州图书馆的资源采购环节分成两个方面：①由杭州图书馆的经费采购新文献，文献通过杭州图书馆主题图书馆管理部门送至主题图书馆并做好文献交接工作。②合作方的经费采购的新文献，由供货书商（需经杭州图书馆编目中心培训认可）加工完成后送到主题图书馆。各个主题图书馆根据其实际情况，结合不同主题图书馆的特色服务，开展针对性的采购，确保不同的主题图书馆能够发挥自身的优势和特色，有效地提升公共图书馆资源的利用率，保障公共图书馆资源的优化配置。

3. 互通化共享

在互联网时代，信息互通共享模式成为图书馆新的发展方向。杭州图书馆与各个主题图书馆功能相似，但由于发展时间、阶段不同，发展程度也不同。如果闭门造车就会形成一定的"信息孤岛"，难以发挥取长补短的作用。信息互通共享模式提倡图书馆之间合作，使各主题图书馆的信息服务得到有效支撑，打破了图书馆资源分配不平衡的状况，发展程度高的主题图书馆资源能够共享给发展程度较低的主题图书馆，而发展程度较低的主题图书馆的一些新颖服务方式也能被发展程度较高的主题图书馆所借鉴，从而达到互惠互利、共同发展的目的。

杭州图书馆和主题图书馆的资源具备互通有无的特点。杭州图书馆与各个主题图书馆依托于一定的技术，来实现馆内资源的共享，由主题图书馆提出需求，杭州图书馆主题图书馆管理部门结合文献配置情况，集中调拨文献并做好文献交接工作。此外，读者在某个主题图书馆办理图书借阅卡后，无论是在分馆还是中心馆，无须再办理新的借阅卡。所有主题图书馆与中心馆的图书都可以通借通还，并能够用支付宝信用借书。

第四节　发展模式：融合化

图书馆融合发展是指图书馆之间或图书馆与其他行业相互渗透交叉，最终融为一体的过程。图书馆融合发展强调图书馆与社会力量的双赢关系。互利共赢的理念有助于两大主体的决策者和实践者以更加积极开放的心态，积极推动图书馆与社会力量的深度融合，推动两大主体在新时代背景下的转型升级。要找到一条适合未来经济发展的可持续发展道路，实现经济效益、社会效益和生态效益并存的共赢发展状态。党的十九大报告指出深化文化体制改革，构建社会效益和经济效益相统一的体制机制。《关于加快构建现代公共文化服务体系的意见》明确提出要"提供多样化的产品和服务"。虽然公共图书馆服务与文化产业都是以满足社会公众文化需求为目的，但公共文化服务是满足社会公众一般性、基础性的文化需求，文化产业则是满足社会公众特殊性、个性化的文化需求，基于此，两者可以实现协同发展。当基础性文化需求得到满足时，社会公众文化需求就会上升为特殊化、个性化需求，就需要发展相应的文化产品，满足公众多样化的文化需求。当前，融合发展已是图书馆发展的现实选择。杭州图书馆主题图书馆融合发展从纵向划分可以分为探索阶段、半开放阶段以及全开放阶段；从横向划分可以分为资源融合、空间融合以及服务融合。

一、深化创新合作，助力阶段发展

1.探索阶段

杭州图书馆主题图书馆采用社会化合作模式和行业内合作模式进行建设，沿着社会化融合的模式发展。杭州图书馆与各个主题图书馆之间在人、财、物方面不存在控制与被控制的关系，而是以社会化合作的方式实行管理。杭州图书馆与各个主题图书馆之间通过所签订的协议，来履行各自的职责，杭州图书馆的主要职责是组织各个主题图书馆进行公共图书馆业务方面的沟通与交流，馆员的培训与主题图书馆建设与运行的指导，负责协调各分馆利益上的冲突，保障合作制下各主题图书馆能够同心协力，实现公共图书馆的快速发展。社会合作方主要职责是依据杭州图书馆制定的条例，提供主题图书馆建设的人、财、物、场地等资源，接受杭州图书馆的指导，保证主题图书馆的正常运行。这种模式以满足市民读者多样化的文化需求为目的，较好地解决了因行业、体制等原因所带来相互合作的困难，从而实现了主题图书馆的蓬勃发展。在组织框架下表现出明显的社会化融合发展趋势。

探索阶段的主要表现是：社会化合作程度较浅，主题图书馆建馆与运营主体为杭州图书馆，社会化合作主要体现在杭州图书馆与社会力量合作举办活动方面。例如生活分馆，办馆场地为杭州图书馆老馆、馆员由杭州图书馆馆员构成、分馆日常运营和维护方面由杭州图书馆全权负责。生活分馆社会化合作主要体现在图书馆活动中，生活分馆与医院开展合作，共同创办健康讲座，同时还招募"生活达人"志愿者，由志愿者组织举办丰富多彩的与生活息息相关的活动。

探索阶段的特点可以概括为以下三点：①主题图书馆的建设运营主体为杭州图书馆，主题图书馆的人、财、物等资源都由杭州图书馆提供，办馆压力较大。②与社会力量共同组织主题图书馆特色服务为融合化进一步发展打下基础。③杭州图书馆处于绝对领导地位，对主题图书馆具有完全计划、组织、指挥、协调、控制职能。

2. 半开放阶段

半开放阶段的主要表现是：社会化合作程度加深，主题图书馆的建立与运营的主要力量由杭州图书馆向社会力量转移。社会化合作主要体现在杭州图书馆与社会力量合作办馆，其中主题图书馆场地、装修、设施设备等皆由合作方提供，杭州图书馆提供文献资源、借还书机、门禁设备、人力资源，杭州图书馆对主题图书馆的运行与维护具有指导与监督责任。在馆员构成方面，主题图书馆馆员由杭州图书馆馆员和社会化合作企业工作人员共同构成。例如运动分馆，场地、装修、设施、部分工作人员以及日常运行维护经费都由社会化合作企业提供，杭州图书馆提供文献资源、自主借还机等图书馆基础设备。在活动方面，运动分馆除了与社会合作企业合作外还与其他社会力量进行合作开办户内户外丰富多彩的活动项目。

半开放阶段的特点可以概括为以下三点：①社会合作力量开始参与主体图书馆的建设、运营、维护的全过程，并在此过程中投入逐渐加大。②杭州图书馆的角色从建设运营方逐渐向管理方倾斜，与探索阶段相比，人财物的投入减少，培训、监督、协调等工作投入增多。③社会力量对主题图书馆的建设与运维投入大量人、财、物资源，有效减少了杭州图书馆开办新分馆的压力，有利于实现公共文化服务全覆盖。

3. 全开放阶段

全开放阶段的主要表现是：社会化合作进一步加深，合作融合更加紧密，办馆环境更加开放。杭州图书馆在主题图书馆的建设与运行和维护中只提供文献资源、借还书机器等，除此之外所有的设施与运行维护工作全部交由社会化合作方负责，杭州图书馆只具有指导与监督的职责。例如，李白诗词分馆，由社会化合作企业建立与运维，主题图书馆馆员由李白饭店的服务人员兼职，活动由社会合作力量举办，杭州图书馆对李白诗词分馆进行定期的监督检查以及馆员培训。

全开放阶段的特点可以概括为以下三点：①社会合作力量在主题图书馆的建设、运营、维护全过程中的投入进一步加大，成为主题图书馆运行及维护的重要力量。②杭州图书馆只需承担对社会合作力量办馆的监督、培训与协调工作，办馆压力进一步减小，有利于主题图书馆新馆建设。③全开放阶段有效地加速了主题图书馆的建设速度，但同时要注意对社会合作力量建馆资格的审查。

社会化合作进一步实现了优势互补、资源信息共享以及协同创新服务，在资源投入方面，同时发挥杭州图书馆与各个主题图书馆合作方的力量，从而充分体现了协同创新理念下多元化的资源投入方式。

二、理念嵌入实践，服务跨界融合

1.馆藏资源融合

杭州图书馆通过制订科学合理的文献资源计划，优化文献资源的采购和分配情况来整合各个主题图书馆的文献配置。文献资源计划是杭州图书馆按照各个主题图书馆的定位和目标进行文献资源分配的计划。主题图书馆的本质特征在于特定领域（学科、主题、地域、事件等）的"特藏"。美国学者谢拉在《图书馆学导论》一书中明确提出"图书馆的价值在于其藏书的目的是一致的"，对于以"特定领域的收藏与服务"为目标的主题图书馆来说，要以"一致性"为资源组织的指导思想，并且要丰富主题图书馆的文献类型和资源建设的思路和形式。在杭州主题图书馆的资源建设中，也毫不例外的突出了"特藏"的重要性。生活分馆拥有丰富的生活类文献、科技分馆拥有丰富的科技文献、城市学分馆拥有丰富的城市学文献……公共图书馆的主要本质功能是服务于更多社会民众，满足更多民众对不同知识文化的需求。综合性图书馆宽泛的文献资源满足大部分读者的普遍需求，主题图书馆的精深的文献资源则可以满足读者个性化、专业化需求。杭州图书馆与各个主题图书馆在文献资源的构成上形成互补形态，更好地贴近读者需求。

杭州图书馆负责本馆以及主题图书馆部分文献信息资源的统一采购、编目和物流配送，制定文献资源规范，并以此为基础，推动文献资源融合。①要实现数字资源的共享共用。图书馆通过利用VPN技术和无障碍注册等先进网络技术来优化数字型文献资源的管理与服务效率，并通过服务创新等方式加快数字资源共享效率，使中心馆与各个分馆之间的数字资源真正走向融合化发展。例如,《杭州图书馆主题分馆建设与管理规范》提到杭州主题图书馆设备配置方面,安装互动智能视窗用于提供数字资源展示、电子书扫码下载等服务,并接入杭州图书馆资源展示平台进行统一管理。②依照不同主题图书馆的特色分配及购买文献。例如,生活分馆收藏的文献资源以生活类的为主,馆员通过对《中国图书馆分类法》的查阅以及自己的生活经验,划分出生活类的书籍,并据此进行文献资源建设。虽然主题图书馆的文献资源建设要集中体现主题特色,要发展主题深度,但对于建立在远离城区,远离公共图书馆的位置特殊的主题图书馆而言,主题图书馆的文献资源除了要体现主题特色还要顾及书籍类型的广泛性以满足读者的阅读需求。

2.空间理念融合

主题图书馆空间建设既要利于不同主题的特色与个性的全方位展示,也要利于图书馆的功能与服务的发展。主题图书馆作为特色文化空间,是满足读者越来越细化的服务需求和提升图书馆专业化服务能力的重要手段,其服务效果与空间环境营造是密不可分的。主题图书馆在空间融合化的表现可以分为空间形态融合和空间元素融合两个方面。

第一,图书馆的空间发展建设中,空间形态融合服务理念。鉴于文化空间具有活态传承性,人类文化活动在一定空间内的定期举行和反复搬演,并使这种文化得以传承和发展。可以说图书馆是一个动态的空间,读者在图书馆内能进行丰富的文化活动,而空间的具体呈现形态,就是对人们这种交往方式的表达,诠释了空间的主要功能和服务方式。例如,杭州图书馆电影分馆是我国首家电影分馆,设有多种不同的观影空间,可为读者提供影院观影、看片室观影、个人拉片式电脑观影等不同的观影体验。

第二,图书馆的空间发展建设中,空间元素融合主题概念。空间的元素设计,包括文化元素等,营造与主题匹配、极具个性的环境氛围,不同的空间元素也可以表达不同的主题概念。例如,茶文化分馆的国际友人文化交流区、"一带一路"茶文化展示以及少数民族特色陈列,将国际、国内传统元素及民族元素的设计相结合,将茶文化静态与活态相融。装潢风格与配备设施主题的选择也是不同主题图书馆空间构成的重要元素,不仅对空间环境起到装饰作用,还充当着各种空间关系的特定构件,来调节内部空间关系并且提高空间的利用效率。例如,杭州图书馆佛学分馆,以木结构屋顶配备木质家具,是一座典型江南民居结构的馆舍,有着东方的拙朴韵味。环保分馆被称为全球首座建在"垃圾场上的环保图书馆"，以及馆内各种变废为宝的装置艺术品都体现出环保的概念。

3.服务跨界融合

目前，读者对公共文化服务的需求已趋于多样化。仅仅依靠图书馆这样的信息机构不能提供丰富、完善的文化产品，也不能适应网络信息时代的新变化。公共图书馆是重要的文化服务机构，具有优越的文化服务资源。公共图书馆积极与其他公共服务机构合作，重组不同行业的资源，能够弥补公共文化服务的不足，提高公共图书馆的专业技能，丰富公共文化服务的类型，扩大公共文化服务的范围。此外，与其他社会力量合作建设综合管理模式与数字资源共享，有利于公共图书馆业务的规范化。这种模式不仅解决了不同公共文化服务之间的矛盾，而且符合服务创新发展的必然趋势。

主题图书馆的发展模式实现了跨界融合的服务，将不同行业的元素引入图书馆，创新活动内容，提高公共图书馆的服务能力，激发公共文化服务的活力，吸引不同群体不同层次的群众参加。主题图书馆在发展的过程中采用跨界融合化服务。图书馆在主题选定时，可以实行跨界融合，主题融合范围包罗万象，包括艺术、科技、旅游、传统文化、学术研究等，具体主题跨界融合类别见表1-4-1。

表1-4-1　主题跨界融合类别

序号	融合类别	主题图书馆名称
1	阅读+艺术	音乐分馆、电影分馆、南宋序集（艺术）分馆
2	阅读+科技	科技分馆、环保分馆
3	阅读+旅游	李白诗词文化分馆
4	阅读+生活	生活分馆、运动分馆、健康分馆、自然分馆
5	阅读+传统文化	佛学分馆、诗歌空间分馆、茶文化分馆
6	阅读+学术研究	城市学分馆、宪法和法律分馆
7	阅读+其他	东洲国际港分馆、盲文分馆

跨界融合服务还可以创新公共图书馆基本服务。杭州图书馆服务活动主要包含讲座、影音、阅读、沙龙、亲子、展览、培训七个方面，主题图书馆的服务活动在继承这七个方面的基础上，根据本馆的主题特色进行丰富与发

展，加强原有服务的个性化与针对性。按照不同主题图书馆的特色主题，开发符合各个主题图书馆的新型服务，以满足社会公众特殊性、个性化的文化需求。①与学术研讨融合，如在佛学分馆中读者除了阅读，还可以参加沙龙、讲座、小型展览等活动，或研习翰墨金石，或感受禅修禅茶，体味中华博大文化。②与休闲融合，如茶文化分馆是集图书陈列、读者借阅、举办各类茶文化主题活动、茶园观光、茶制作体验、茶艺表演、茶技能培训、茶文化研究、茶叶展示等多功能为一体的茶文化静态与活态相融的场馆。③与科普融合，如科技分馆的"4·22世界地球日——千人共读《寂静的春天》"、"4·23世界读书日——书香科技城读书节启动仪式"和"杭州市第一届MINI创客节"。④与社会热点融合，央视《朗读者》在全民掀起朗读的热潮，运动分馆适时推出"运动达人朗读接力"主题活动，充分展示运动群体热爱阅读的一面，帮助运动达人建立全面健康向上的良好形象。

第五章　主题图书馆杭州模式的推广应用价值

随着公共文化服务体系的发展，公共图书馆的办馆模式和服务形式逐渐多样化，主题图书馆的出现即是公共图书馆服务创新的产物，进而促进公共文化服务均等化的实现。公共图书馆的未来发展面临着两个方面的任务，首先是拓展、拓宽公共图书馆的服务内容、形式和类型；其次是深化公共图书馆的专业服务，而主题图书馆的发展正是适应了社会对其专业服务的要求。主题图书馆的杭州模式作为全国领先和代表性的公共文化服务形式，其未来发展和推广应用直接关系着区域公共文化服务体系的构建和发展，乃至担任着在全国层面推广主题图书馆建设范式的历史责任。现如今，主题图书馆杭州模式已取得的成绩得到社会越来越多的认可，此模式的推广有着很强的可行性和必要性。

第一节　杭州模式与现有总分馆模式比较

主题图书馆杭州模式属于总分馆模式的一种类型，与传统意义的总分馆模式有不同之处，同时也有很多的交叉和功能上的重合。《关于推进县级文化馆图书馆总分馆制建设的指导意见》的出台，明确将总分馆制建设纳入现代公共文化服务体系，提出因地制宜推进总分馆制建设，引导社会力量参与总分馆制建设，创新服务方式和手段，进一步健全城乡基层公共文化设施网络。《公共图书馆法》的正式实施，将以上总分馆体系的建设上升到法律保障的层面。近几年来，我国图书馆界与各地政府进行了广泛的交流，并进行了一系列总分馆建设的探索实践，其中具有代表性的有上海中心图书馆体系、北京市公共图书馆计算机服务工程、杭州市图书馆一证通工程、东莞图书馆集群系统、苏州总分馆、嘉兴总分馆等。按照公共图书馆人财物管理和运行机制，我国公共图书馆总分馆建设可归纳为三种模式：联盟性质的总分馆、准总分馆模式、纯粹的总分馆模式①。

杭州图书馆从2003起便进行了总分馆模式的探索，从最初的"九馆一证通"联盟性质的总分馆模式到"中心馆—总分馆"新模式。逐步实现了城乡一体、普遍均等、免费服务、资源共享、通借通还的公共图书馆四级网络体系。截至2019年6月，杭州图书馆共建设成19家主题图书馆，此外还有5家主题图书馆正在建设过程中。已有的主题图书馆除了音乐分馆、电影分馆设立在杭州图书馆本部，其他主题图书馆广泛分布于杭州市各个区、县，极大地推进了杭州地区公共图书馆服务体系建设工作。杭州图书馆基于区域特色与合作对象的条件，在充分满足本地居民日益复杂精细化的文化需求的情况下，综合考虑历史人文、环境风貌、产业发展、社会发展、城市规划等不同城市区域的特色，寻找最适合的分馆主题与位置，做到真正的人、地、主题合一。

一、建设主体问题

在公共图书馆服务体系建设问题上，体制障碍一直是需要克服的主要障碍，不同级别的公共图书馆分别隶属于不同级别的政府，如作为地市级的公共图书馆就无法对作为区县级的公共图书馆进行直接管理。这种体制下公共图书馆所进行的初步"总分馆"模式的探索仅仅就是建立一个简单的区域性的图书馆共享服务网络以来进行文献共享和服务平台建设，并没有涉及人、财、物的管理，仅仅是业务上的合作与协调。各个分馆的行政、财政管理各自独立，总馆对分馆只有业务管理没有行政管理，并不是真正意义上的"总分馆"模式。长此以来，一方面区（县、市）级图书馆无法对基层图书馆进行统一的管理与业务辅导；另一方面基层图书馆由于本身所能够获得支持有限难以得到良好的发展②。

"杭州模式"下各个分馆的建设分为三种不同的类型：第一种是由总馆全面负责分馆的建设工作，如音乐分馆、电影分馆、生活分馆等馆中馆的成立。第二种是共建共管模式，由合作对象负责分馆建设的场地、资金问题，由图书馆负责文献资源的提供、管理系统的对接，并派遣工作人员负责分馆的日常工作，如环保分馆就有总馆派遣的人员担任分馆馆长负责工作。第三种是

---

① 张娟,倪晓建.我国公共图书馆总分馆体系建设模式分析[J].图书与情报,2011(6):17-20.

② 金武刚.论县域公共图书馆总分馆实现[J].中国图书馆学报,2015(3):42-57.

委托管理模式，由合作对象全面负责分馆的建设和日常工作，图书馆仅提供资源和业务指导培训，不提供专门人员驻守分馆。典型代表是李白诗词文化分馆，这个分馆即建设在合作对象企业本身的酒店当中，由酒店人员兼任"馆员"，这种委托形式大大地激发了合作对象的积极性也为文旅融合大背景下图书馆事业的发展提供了崭新的思路。

主题图书馆杭州模式建设过程中对于合作对象的甄选重点考虑以下几个方面：首先要对合作企业是否具有相应主题的专业基础和资源力量进行评估来决定合作与否，如茶文化分馆的合作企业的制茶技艺本身就是非物质文化遗产中的一项，合作对象在相关领域的优势地位保证了图书馆的文化底蕴和主题特色；其次是合作对象本身的情怀意愿，社会化办馆毕竟是合作对象承担建馆的主要成本，如何进行良好的沟通与协调，激发合作伙伴的热情是工作的关键；再次是尽量发挥企业的平台作用，吸引地区甚至全国范围内相关领域的人、资源的加入，发挥协同作用促进图书馆和合作企业的共同发展。

二、总分馆布局规划问题

现有的"总分馆"模式主要还是基于区域行政级别进行总馆和分馆的布局建设，在一个区域能否有分馆以及建设多大的分馆问题上，取决于这个区域是市级、区（县）级、乡镇（街道）、还是村（社区）的等级划分上，建设方案中缺少对区域内公共图书馆的服务人口、服务半径的考量。而"杭州模式"下各个分馆的建设选址是在与合作对象的良好沟通下的共同决定。

一是与图书馆主题相适应的环境氛围。杭州在各个主题图书馆的选址中，总是力求将图书馆设置在与其主题最契合的环境氛围中，给读者一种文化与环境合为一体的感受。比如佛学分馆的选址，其在毗邻三天竺、灵隐寺的佛教圣地，其幽静的清修环境与佛学图书馆完美的融为一体[①]。二是选址要充分发挥主题图书馆的特色，主题图书馆对比其他综合性更强的分馆，具有馆藏资源的特色性和服务人群的精准性等特点。一个好的主题图书馆选址总是会达到事半功倍的效果，如盲文图书馆设立在浙江省盲人学校内，使盲文特色的文献资源利用率大大提高；又如环保分馆设立在杭州市最大的垃圾处理填

---

① 屠淑敏. 试论公共图书馆服务体系中主题图书馆建设——基于杭州主题图书馆建设实践的思考[J]. 图书馆工作与研究,2016(3):77-81.

埋场所天子岭静脉小镇，成了一座垃圾站上的图书馆。对旧有的垃圾处理站的脏乱印象与现有的优美的环境所带来的舒适印象进行对比，每一位市民读者对于环境保护与垃圾处理的意识都有很大的提高。

三、经费问题

总分馆体系内的图书馆建设经费主要来自于地方政府，地方政府通过税收来保障经费的来源，并以法律的形式确定。在我国公共图书馆总分馆建设经费问题上，经费主要以总馆所属地方政府所承担，中央政府及上级政府也要投入一定的比例作为补充。

杭州市在公共图书馆服务体系建设上坚持以政府为主导，出台了一系列政策作为保障，将公共图书馆服务体系建设纳入公共文化服务评价指标，计入每年、每季度政府的综合考评当中。与此同时，杭州图书馆积极吸收社会力量的参与，募集民间资金，个人捐款捐书并通过直建、委托、共建共管的方式陆续新建，改造了十余家主题图书馆，进一步丰富了公共图书馆体系建设，满足人民日益精细化，多样化的文化需求。杭州模式为其他公共图书馆如何吸收社会机构的力量推动公共文化事业的发展提供了良好的榜样。

四、馆藏资源问题

传统总分馆模式下，各个分馆只不过是规模较小的综合馆，其资源类型与总馆基本相同，并无特色可言。首先，"杭州模式"的经验即是每个主题图书馆的特色主题资源服务区域做到覆盖全杭州，服务人群也是面向全杭州范围内所有市民。例如，法学分馆所包含的法律相关文献无论种类还是数量都是杭州地区最为全面的，基本满足整个杭州区域法学特色需求。其次是独特的馆藏体系。如果没有独特的主题特色馆藏资源体系作为支撑，主题图书馆发展更是无从谈起。这种独特，不仅体现在特色资源比例在各个分馆的比重较大，还在于各个分馆对于自己本身馆藏资源的自主权。例如，生活分馆，按照生活的各个领域对馆藏资源进行重新排架，方便读者的寻找查阅。最后是充分挖掘相关特色主题的社会资源。例如，由于各个分馆主题明确，在采购环节即可积累大量的特定主题的出版社资源，长此以往逐渐形成一个甚至具有全国影响力的信息中心，提高图书馆的社会影响力和服务水平。

主题图书馆还具有资源的多元化的特点。首先体现在资源的多样性，不同分馆不仅拥有纸质资源、电子资源等传统图书馆的馆藏资源，更包括了大量具有鲜明主题特色的实体资源。例如，运动分馆的运动器械，音乐分馆的黑胶唱片，茶文化分馆的制茶工具，等等。其次在于资源利用方式的多元化，创新的互动体验，使读者由体验者向活动开展者的身份转变。主题图书馆特色资源丰富，如何最大限度地利用好已有资源，培养读者主动去发现、利用、共享是主题图书馆开展活动想要达成的目标之一。例如，运动分馆开展的运动达人交流活动，邀请在某个运动领域有着强烈感情与丰富专业知识的人参与现场交流，那些有兴趣的读者也可以成为某一个领域的运动达人来进行展示，从情感体验上满足读者并增加他们对图书馆的归属感。

五、管理问题

在人财物运营管理机制问题上，由于体制上所导致的各级图书馆的隶属的主体不同，理想的"总分馆"制所具有的资源统一管理，经费统一管理，人员统一管理，服务标准的统一的优点往往很难完全实现。"杭州模式"主题图书馆管理经验总结下来就是以直建、委托、共建共营的建设方式，实现精细化管理，建立动态的主题图书馆进出体制，最后实现与合作对象的全方位合作发挥协同作用促进图书馆和合作企业的共同发展。

由于各个分馆的建设模式、资金来源、人员架构各有不同，如何做到一馆一政策、一馆一特色，实现真正的精细化管理使成为重中之重。杭州图书馆在对于分馆工作的指导建设中，摆脱僵化统一的评估标准。例如，自然分馆特色在于形式多样、丰富多彩的特色亲子教育活动，如果盲目地将文献资源的建设情况作为评价标准必将给工作带来误导。在保证共性的基础上实施差异化管理，给予分馆自我建设的空间和余地是"杭州模式"的重要经验之一。

尊重合作对象的意愿，通过合同制与合作对象签订协约决定图书馆的建设事宜。如若在日后的发展过程中出现主题图书馆主题吸引力较弱，辐射带动服务能力不强，图书馆业务开展水平较低等情况，即可终止主题图书馆的建设，时刻保证分馆建设整体水平。

各个主题图书馆合作对象既包括企业、地方政府、事业单位，还有大量民间组织，允许分馆在资金、人员、管理体制上的创新，吸纳社会力量的加入以弥补财政经费的不足，最终实现人、资源、空间、活动全方位的合作，这正是"杭州模式"的重要经验成果。

六、服务问题

突出主题，打造品牌活动。能否提供一个主题特色鲜明，质量上乘的图书馆特色服务，是衡量主题图书馆工作的重要指标也是重要竞争力。主题图书馆杭州模式的分馆建设工作中，开展了大量带动读者参与，以读者体验活动为主的系列活动。例如佛学图书馆时常举办的佛学沙龙，书画展示等活动，以及茶文化分馆举办的炒茶制茶活动，都吸引了对某一特定领域有着强烈爱好的人群。下一步即是探索如何将活动去粗存精，与跨行业跨机构的组织合作，将那些具有广大影响力的活动常态化、品牌化、社会化，从而推动公共图书馆事业的发展。

充分发挥社会力量的参与。如果单凭杭州图书馆的财力、物力、人力举办如此丰富、细致、长期的分馆特色活动将是不现实的。在利用馆内空间开展活动的同时，以图书馆馆员为指导和培训的情况下，充分发挥合作对象的社会资源积极开展馆外活动。例如，运动分馆在杭州有击剑、滑翔伞基地等13家馆外体验点18个运动项目，读者可在协议时间段内就近选择免费体验运动项目。又如，自然分馆借助阿里巴巴基金会开展保护珍稀动物，争当杭州"河长"等一系列主题活动，走出图书馆深入自然开展活动。馆内馆外活动的结合极大地扩大了图书馆的服务空间与服务网络。充分发挥社会组织的热情和资源，加强沟通，鼓励合作，给予优惠，由合作对象提供资金、场地、人员、费用，由图书馆提供文献资源、管理系统、人员培训、业务指导等。发挥知名企业的社会平台作用，一起合作开展的主题特色服务是"杭州模式"经验的重要组成部分。

总之，随着我国经济的发展，人民群众对公共文化需求在逐步增加的同时，呈现出多元化和精细化的特点。这种形势下公共图书馆面临着两大问题，一方面仅靠财政预算进行分馆的建设难免力不从心，另一方面仅从数量上建设越来越多的综合性分馆也难以满足群众更高更精细的文化需求。"杭州模式"通过社会化力量建设主题图书馆是在经济发展的新形势下针对公共图书馆面临的两大难题进行的新尝试，各个主题图书馆不仅有主题特色的馆藏资源还具有一定数量的综合馆藏，其综合性满足小区域，主题性满足全市范围，在考虑了一般需要的情况下也满足了专业需要。"杭州模式"主题图书馆的建设更是在文旅融合的大背景下公共图书馆如何更有效地利用社会力量开展工作的良好范例。在全民阅读成为社会风尚的当下，越来越多的社会力量出于公共图书馆的社会影响力和构建自身良好社会形象的需要参与公共文化事业的建设，如何与社会力量相处，在保证公共图书馆服务的"公益性"的同时，充分发挥商业力量，对现有总分馆体制进行创新与突破，"杭州模式"为我们提供了良好的借鉴。

第二节　杭州模式推广应用的可行性

主题图书馆杭州模式为公共图书馆提供特色服务满足公众横向多元化和纵向专业化的服务需求、丰富公共图书馆服务体系建设提供了比较规范、成熟与系统的试点经验，具有典型性和引领性的特点，具有很高的推广应用价值。本节分别从技术可行性、管理可行性和可持续发展可行性三个方面进行探讨分析。

一、技术可行性

1. 主题确定

建设公共图书馆主题图书馆，核心问题和首要环节就是主题的确定。主题图书馆杭州模式在寻找和确定主题方面的经验是：要根植于地方文化特色和市民实际需求，综合考虑历史人文、环境风貌、产业发展、社会进步、区域特色等城市发展中的各个因素，并将之与政府的城市发展规划和相关政策相结合，寻找最适合的建设主题。

杭州图书馆建设佛学、音乐、茶文化等主题图书馆，一方面是因为这些领域在杭州城市形成和发展中的深远影响以及由此带来的深厚文化底蕴和广泛群众基础，另一方面也是因为杭州市政府对这些文化领域的政策扶持；建设生活分馆，则是根植于杭州千百年来形成的休闲文化性格和杭州市政府打造"东方休闲之都，生活品质之城"的城市品牌发展战略，以及杭州市民对于更美好生活的向往；筹建科技分馆则是服务于滨江高新科技园区产业发展的需要；建设宪法和法律分馆则是充分借助全国唯一的宪法类纪念场馆——"'五四宪法'历史资料陈列馆"的独特资源优势和平台，进一步促进宪法和法律的宣传教育和知识普及。

2.地点选择

主题图书馆的建设地点选择，不仅要考虑交通方便、环境相对安静、绿化空间等一般图书馆选址的通用要素，而且还要考虑"主题"的特有气质、服务网络的合理空间分布等因素，对于采取社会化合作共建的分馆，在选择地点是还要考虑合作伙伴的资源和条件。主题图书馆杭州模式在地点选择方面的经验主要有以下几点：

一是与图书馆主题相适应的环境文化氛围。杭州图书馆在进行主题图书馆的选址时，总是力求将图书馆设置在与其主题最契合的环境氛围中，给读者一种文化与环境相辅相融的感受。例如，佛学分馆选址在毗邻三天竺和灵隐寺的佛教圣地，青山绿竹、丛林鸟鸣、小桥流水、环境清幽，有着和佛教文化非常契合的"天竺山房金经藏，流虹桥畔妙莲香"超脱意境，被读者称为"最美读书地"。

二是方便图书馆目标人群的使用。主题图书馆较综合性图书馆而言，其服务对象非常明确，而且往往比较固定和单一。因此，地点选择尽量贴近目标人群对主题图书馆来说非常必要。比如杭州图书馆将盲文分馆设在浙江省盲人学校内，将生活分馆设在居民聚集的中心城区，将科技分馆设在滨江高新技术园区，就是为了使主要目标人群能够比较方便地享有这些主题图书馆提供的服务。

三是考虑合作伙伴的资源和条件。采取社会化合作共建模式的主题图书馆，合作伙伴的资源和条件是选址确定的一个核心要素。例如，茶文化分馆是杭州图书馆和杭州梅龙茶文化有限公司合作共建的，后者坐落在慈母桥村——有着深厚人文历史文化底蕴的龙坞茶镇，其拥有龙坞茶镇茶园基地西湖龙井茶山592亩、九曲红梅原产地九曲红梅茶山180亩。基于充分利用合作伙伴的资源优势，茶文化分馆选择建设在了毗邻茶山基地且公司拥有使用权的一座庄园内。

四是考虑服务网络的合理空间分布，形成布局完善、覆盖全市的杭州图书馆服务体系。

3.建设模式

杭州图书馆在筹划建立主题图书馆时采用了灵活多元的建馆模式，其主要可以分为两种：一是依靠自身力量和资源进行自建，二是进行社会化合作。

到底选择何种模式建设主题图书馆，杭州模式的经验主要有以下几点：

第一，目标区域有没有合适的合作伙伴。社会力量往往具有图书馆所短缺的产业资源和经营能力，与社会力量进行合作的目的也是双方能够资源共享，优势互补，相得益彰，互利共赢。所以在决定建设分馆时，应该优先考虑共建模式。在选择合作伙伴时，应该考虑以下几个因素：①是否与主题相契合，是否有相关的专业化背景；②实力怎样，包括产业资源、经营能力、组织的知名度和影响力、未来发展等；③是否有社会责任感、公益精神和合作精神，其使命愿景和价值观是否与图书馆事业相吻合；④地理位置，是否在我们预期的区域范围内。

第二，主题的专业性与建后运营。有些主题的专业性比较强，在分馆建成后，也需要丰富的产业资源和专业化的经营能力来支撑其运营，此时应该优先考虑共建模式。

第三，资金、人员等资源情况。图书馆在经费、人员等方面往往存在捉襟见肘的状况，选择共建模式、与社会力量进行合作能较好地解决图书馆不断发展壮大与自身资源能力短缺的矛盾。

第四，无论是共建共营还是共建他营，图书馆都应该提供全方位全流程地图书馆专业指导和支持，从而确保主题图书馆在建设实践中能否达到预期目标，进而持续有效地发展下去。

综上所述，杭州模式在分馆的主题确定、地点选择、建设模式方面提供了有益的经验总结和策略借鉴，具有较强的推广应用可行性。

二、管理可行性

1.管理模式

建设模式决定管理模式。杭州图书馆发展主题图书馆采用了两种建设模式，并分别构建了三种不同的管理模式。

（1）自营模式：主题图书馆作为杭州图书馆一个部门级的机构，馆藏、人、财、物等所有资源的管理权限均由杭州图书馆直接总负责，分馆工作人员只负责业务运营和现场管理，在业务层面和策略层面保证分馆的正常经营和持续发展。佛学分馆即为此种管理模式。

（2）共营模式：杭州图书馆输出文献资源、信息系统和管理人员等资源能力，负责主题图书馆的日常经营管理，合作方提供场地平台、后勤支持以及其他各种相关资源，同时协助进行分馆的日常经营管理。钢琴分馆即为此种管理模式。

（3）他营模式：主题图书馆由合作双方共建共享，杭州图书馆负责文献资源和信息系统的管理，以及提供图书馆管理专业指导与支持，合作伙伴负责图书馆日常经营管理。茶文化分馆即为此种管理模式。

2. 寻找合作伙伴并分工协作

在上述两种建设模式中，社会化合作模式将成为主题图书馆发展的主流趋势。同时，每个主题图书馆都是个性化和专业化存在的，这也是主题图书馆在立足定位、吸引读者、创造价值和可持续发展方面的基础所在。图书馆的优势在于图书馆管理的专业化，而合作伙伴的优势在于其在特定主题领域更加专业和擅长。所以图书馆输出的图书馆管理专业能力与合作伙伴输出的主题领域专业能力相结合，在经营管理方面就产生了1+1>2的效果，从而支撑了主题图书馆的健康发展。

综上所述，杭州模式在主题图书馆的管理方面提供了有益的经验总结和策略借鉴，具有较强的推广应用可行性。

三、可持续发展可行性

1. 全流程主导与跟进

李超平在《社会合作：双赢的选择》中指出："从选址、馆舍大小、装修风格与品质、馆藏量、服务规模、服务内容、管理模式等等，但凡图书馆能在上述问题上起主导作用的，所建成的分支机构往往能取得很好的社会效益；如果不能，所建成的分支机构，要么服务水准低下民众不待见，要么就不具备图书馆应有的功能。"[①]

杭州模式的经验是，不论是自建还是共建，不论是自营还是他营，主题图书馆在建设过程中和建成后运营都需要杭州图书馆持续主导和跟进才能真正发挥其作为图书馆应有的功能，真正造福大众和社会。以运动分馆为例，从运动分馆场馆设计装修阶段开始到施工建成运营，图书馆全面介入。最初合作方意向建一个类似阅览室的传统图书馆，杭州图书馆根据本馆服务体系建设的发展规划及主题图书馆建设特征，提出专业性要求，最后双方达成共识。在装修风格上充分体现运动主题特色，在功能区域上配合设置了射箭、高尔夫、健身体测三个主题区域。现行主题图书馆建设模式多为场馆建成、

---

① 李超平.社会合作：双赢的选择[J].公共图书馆,2017（3）:2.

馆藏配置完备后直接交付给合作方运营管理，这种合作在很大程度上取决于合作方自身的兴趣和社会责任感，不具有稳定性和可持续发展空间。主题图书馆作为一个有机体，具有良好社会责任、职业精神和专业能力的馆员是中枢神经，不断推动着主题图书馆的发展。杭州图书馆选派3名专业馆员全面负责运动分馆业务开展及运营管理，图书馆员的主导力确保了服务与活动的专业性、主题性、持续性和服务不断创新的能力。《图书馆国际统计》中对"图书馆读者活动"的定义是："只有图书馆自己或与其他机构合作安排的活动，无论是在图书馆内部还是外部。由图书馆以外的机构组织的没有图书馆合作的图书馆内的活动被排除在外。"运动分馆80%以上的服务活动是与其他社会机构合作，运动分馆牢牢把握"主导性、专业性"的原则，发挥主导作用，90%的活动主题均由图书馆组织策划，再通过广纳社会资源，充分借助社会力量开展实施，确保了活动系列化、主题化、品牌化和不断的创新创意，同时降低了活动的风险与成本，提升服务能力[①]。

2. 主题活动与特色服务

作为以特定主题为范畴开展服务的图书馆，提供与主题相关的有独特价值的服务是主题图书馆的核心竞争力。如何体现服务的"独特价值"？杭州模式的经验主要是：设计和组织具有专业性、体验性和互动参与式的文化活动是最为重要的。体验带给读者更高层次的心理和情感满足，而参与则是给读者在文化生活中更多自我表现、自我服务、自我教育的机会。

以佛学分馆举例，佛学分馆设计和组织了书画沙龙、禅茶讲座，以及天竺茶社等，通过这些活动与组织，为读者提供了内容丰富、形式多样、充满交流和互动的主题性体验。以参与促交流，以体验带阅读，佛学分馆依然成为自由开放的公共文化服务平台，成为最吸引读者的地方之一。

3. 互利共赢

互利共赢是社会化合作的基础和可持续发展的保障。以茶文化分馆为例，杭州图书馆通过与杭州梅龙茶文化有限公司合作共建，强化了专业服务，完善了空间网络，促进了公共服务普惠化和均等化，增强了城市市民幸福感，同时还节省了建设费用和运营费用。而杭州梅龙茶文化有限公司通过与杭州

①　朱峻薇. 公共图书馆特色服务建设的实践与探讨——以杭州图书馆运动分馆为例[J]. 图书馆杂志,2019,38（4）:56-60.

图书馆联姻，提升了品牌形象，拓展了市场渠道，强化了知识资源和对孩子家长的吸引力和影响力。可以说，双方都实实在在地获得了社会效益和经济效益，通过合作获得了互利共赢。

综上所述，杭州模式在主题图书馆的可持续发展方面提供了有益的经验总结和策略借鉴，包括进行全流程主导与跟进、展开主题活动与特色服务、以互利共赢为合作理念等，具有较强的推广应用可行性。

第三节　主题图书馆发展展望

中国特色社会主义建设进入新时代后，人民日益增长的美好生活需要和不平衡不充分发展之间的矛盾日益凸显，传统的图书馆服务已经不能满足人民群众对阅读、休闲、娱乐等多样化的需求。当代社会文化与社会分工逐步走向多元化与精细化，大众对特定专业领域的信息需求也逐渐深入，这就要求公共图书馆进一步优化资源配置，推动图书馆服务的特色化和专业化。主题图书馆相对于传统公共图书馆有其独特的优势，如相对独特的阅读环境、系统全面的特色馆藏以及专业的服务能力等。近年来，杭州图书馆主题图书馆的服务模式已经取得了良好的社会成效，广大市民和读者享受到专业化和特色化的图书馆服务，主题图书馆已经成为公共图书馆发展的一大方向。

一、主题图书馆是图书馆发展的新方向

1.主题图书馆走向跨界、跨行业融合的共建共享新路径

2018年3月，十三届全国人大一次会议表决通过了关于国务院机构改革方案的决定，中华人民共和国文化和旅游部批准设立。在文化和旅游大发展的背景下，文旅融合的顶层设计与相关政策的相继出台，让文化和旅游的结合成为可能，文旅融合成为公共文化服务发展的新动能和新趋势，为公共文化服务的提升提供了新思路和新模式。《2018年文化和旅游发展统计公报》中统计分析推动文化事业、文化产业和旅游业融合发展的相关数据，指出公共服务体系不断健全的发展现状[1]。公共图书馆作为社会文化架构中的核心部分之一，有结

---

① 文化和旅游部.中华人民共和国文化和旅游部2018年文化和旅游发展统计公报[EB/OL].[2019-08-10]. http://zwgk.mct.gov.cn/auto255/201905/t20190530_844003.html?keywords=.

合旅游元素提升自身服务能力的需求。同时，公共图书馆作为公共文化服务体系建设的主力之一，也有与旅游结合的能力和实力。主题元素往往与旅游元素有着天然的结合力，以杭州主题图书馆的佛学分馆、茶文化分馆、自然分馆等为例，均可以与旅游元素作深度的融合。同时，主题图书馆的跨界融合不局限于与旅游的结合，同样可以与科技、文创、非遗、地产、休闲产业等实现跨界融合，而且在主题图书馆领域已经走出了一条跨界融合的新路径，以杭州、上海、深圳等为代表的发达地区已经取得了丰富的建设经验①。

2.社会力量广泛参与，深化图书馆服务供给侧改革

《关于促进全域旅游发展的指导意见》指出牢固树立和贯彻落实新发展理念，加快旅游供给侧结构性改革②。公共图书馆服务体系方面，《关于加快构建现代公共文化服务体系的意见》《中华人民共和国公共文化服务保障法》《"十三五"时期全国公共图书馆事业发展规划》以及《中华人民共和国公共图书馆法》等文件和法律中，包含着吸引社会力量参与、提供多样化产品和服务、提升公共文化服务效能等内容。主题图书馆的建设过程中，难免遇到专业领域不熟悉、经费、资源、场地等的限制。而图书馆通过广泛吸纳社会力量参与、探索多元化的合作方式、整合各类资源和合理分工，最终实现资源的有效互补，增强馆藏合力，倍增社会效益。主题图书馆的资金来源可以有多种渠道，政府全额拨款、基金会支持、图书馆与社会力量合作共筹、商家或民间收藏家自建等都是主题图书馆建设的有效资金支持。主题图书馆的合作对象的选择也灵活多样，书商、档案馆、博物馆、史志馆、社区、学校、企业等都可以成为图书馆合作方。灵活多样的合作模式可弥补图书馆资源或服务的不足，共享各自的资源和服务③。同时也应看到，不同种类的合作模式各有利弊，需根据主题图书馆建设的目的和实际来选择和判断。未来主题图书馆的发展需要探索建立长久有效的合作机制，从多种渠道开展主题图书馆建设，充分发挥各方力量的优势，实现资源的共建共享。吸纳社会力量参与的形式有很多种，重点是采取适合所建设主题图书馆特色和具体需求的参与方式。

---

① 丁沫.我国主题图书馆建设现状的调查分析[J].河南图书馆学刊,2015(5):102-104.

② 国务院办公厅.国务院办公厅关于促进全域旅游发展的指导意见[EB/OL].[2019-08-13]. http://www.gov.cn/zhengce/content/2018-03/22/content_5276447.htm.

③ 许慧颖.我国主题图书馆的发展分析[J].图书馆学研究,2013(7):23-27.

3.主题图书馆的可复制性为其自身提供了广阔的未来发展空间

从现有发展现状来看，主题图书馆的建设主要集中在经济较为发达的城市和地区，良好的经济实力和文化实力使其走在探索前进的前列。但主题图书馆的建设不是发达地区的专利，欠发达地区或文化事业发展较为落后的地区同样可以突破公共文化事业发展的瓶颈，走出一条具有自身特色的发展道路。近年来，无论是国家层面还是区域层面的公共文化服务建设都取得了可喜的成绩，各级、各类支持公共文化服务发展的政策、法律、法规相继出台，公共文化服务投入力度逐渐加大，给各级公共图书馆带来了创新发展的无限生机和保证。如今，主题图书馆的发展正经历从沿海发达地区到内陆发展中地区，由高等级、实力强的图书馆向起点低、发展中的图书馆过渡。主题图书馆的建设灵活多样，主题的选择及场地的设置均可按照本区域或本馆的实际情况来选择，同时可以与总分馆服务体系中的分馆建设相结合，进一步挖掘和完善公共图书馆中的特色阅览服务。每一个区域都有自己的特色文化，都有待于进一步地充分挖掘，而主题图书馆的建设就是一个契机。为打破传统公共图书馆服务的局限性，图书馆领域需要主动求变，寻求新的发展机遇。主题图书馆杭州模式的建设方案、相关规章制度、管理体制等已取得的成绩，为其他地区主题图书馆的建设和推广提供了丰富的经验。对于公共图书馆而言，创建主题图书馆并不是十分困难的问题，难的是如何通过创新服务手段与服务模式，最终真正提升图书馆的服务效益。主题图书馆的形态十分灵活，可以选择独立建制的图书馆，或选择总分馆体系的分馆或图书馆中以相当规模专藏为基础的特色阅览服务区，可以根据主题需求实现无限拓展和创新，不一定只能借鉴已有主题图书馆的经验模式。

4.拓宽图书馆的功能，实现图书馆的转型与超越

主题图书馆实现创新服务理念和服务方式，主动延伸服务触角，变静态服务为动态服务，通过举办多样化、个性化、专业化的丰富多彩的专题服务活动将读者吸引到图书馆中来，服务的触角延伸到社会生活的各个层面，包含体验交流、阅读学习、展示共享等多种活动类型[①]。主题图书馆是大型综合性图书馆服务的延伸，其资源既小而全、小而精，服务对象更加细化和明确，

---

① 朱峻薇,邵春骁,石璞.公共图书馆主题特色服务社会化合作的实践探索——以杭州图书馆运动分馆为例[J].图书馆研究与工作,2018(11):19-22.

为读者提供了便捷的专题化的信息共享空间。公共图书馆作为城市的第三空间，公共图书馆类型的丰富和创新同样拓展了服务对象的活动空间的范围。图书馆的职能向来不是一成不变的，主题图书馆是公共图书馆转型的一个契机。主题图书馆的建设不以大小而论，而是以图书馆的特色为主，它能够整合各类资源、缩短服务双方的时空距离，进而打造图书馆的服务品牌。在数字、网络环境下的全媒体时代，公共图书馆的服务形态发生了很大的变化，中小型公共图书馆的纸质文献、电子文献等均可通过互联网、移动技术纳入总分馆服务体系，对分馆资源获取的便利性降低了中小型图书馆及各类分馆的不可替代性，为凸显其个性化、专业化、多样化的信息服务，主题图书馆成为公共图书馆转型的一大方向。此外，公共图书馆的服务需要多样化，需要支持图书馆联盟中每一个成员发挥其自身优势，因此总馆会鼓励各成员分馆探索建立更多个性化的信息增值服务，加大人力、财力、物力的投入力度，这也是公共图书馆在创新和转型发展中的一个增长点。

5.个性化细分服务提升主题信息服务深度

主题图书馆通过细化服务内容和服务对象，为读者提供更加多元化、方便快捷的服务，成为综合性图书馆的有益补充。主题图书馆的服务具有很强的专指性，在主题图书馆的建设过程中，用户参与文献资源建设的程度较高，相较于综合性图书馆，对用户的重视程度也更高。主题信息深度服务是一种创新性、知识性很强的信息服务活动，主题图书馆中相对集中、丰富的各种专题文献资源是其提供服务的基础。同时，它的服务客体具有很强的针对性，提供服务的主体也需要有很高的素质的要求，要求馆员具有良好的专题服务技能和深厚的专题知识背景，以提供深度的参考咨询服务。主题图书馆可以为社会大众及科研团队等多种群体提供强大的专题文献支撑，为某一专题研究活动提供嵌入式的定题跟踪服务，将定题跟踪服务贯穿于主题服务的始终。

二、主题图书馆推广应用中应注意的问题

1.增加科技元素，提升主题图书馆数字化水平

科技、数字服务作为公共图书馆提升服务能力的重要方式，可以推广应用到主题图书馆服务的各个领域。但如何精准、高效地提升主题图书馆的服务能力，还需要进一步在推广应用中探索。如今，大数据、云计算、物联网、

移动互联网、5G等技术应用日日普遍，现有的主题图书馆在信息化、智能化和数字化等方面仍有很大的进步空间。目前，我国的主题图书馆多以分馆的形式依托于某大型公共图书馆，而数字化建设同样需要依托于主馆。虽有少数主题图书馆在主馆网站中拥有独立板块，大多数主题图书馆仍处于简单的功能介绍的初级阶段，显然无法满足主题图书馆对数字化建设的大力需求。

同时，主题图书馆网站及数字资源的日常更新和维护也十分必要。这就迫切需要提升主题图书馆的科技水平，满足读者对服务便捷化、数字化的需求。一方面，数字化的管理能够提升主题图书馆管理的效率和资源利用率，降低管理成本；另一方面，通过提供数字化服务，可拓展网上主题图书馆的服务范围和服务能力，节省读者的时间，突破主题图书馆服务的时空限制。目前，主题图书馆的建设和推广多是基于实体图书馆的创建，主题数字图书馆的建设尚处于起步阶段。主题图书馆与数字、网络技术的结合可以让读者直接享受到主题图书馆藏在线阅读、特色信息定制、移动线上主题服务、一站式多媒体信息系统等多元化的服务内容。

2.完善标准化建设，促进主题图书馆走向规范化

若考虑某个体主题图书馆个性化、特色化，正与标准化相悖。但若从整体主题图书馆的未来发展来看，标准化就显得尤为重要，而且主题图书馆杭州模式的推广应用必须走标准化的道路，只有实现标准化才能彰显杭州模式以及其他城市模式的普世价值。标准化是助推公共图书馆服务均等化的有效手段，随着杭州主题图书馆布局的不断完善，主题图书馆服务体系的标准化建设也需要逐步规范化和可操作性。目前，主题图书馆杭州模式正需要全面系统地梳理、总结其主题图书馆的基本做法和经验，促进标准化水平的提升，成为主题图书馆杭州模式提高综合服务效能、规范内部管理的有力保障。在构建公共图书馆服务体系过程中，标准化体系构建是其中重要一环，标准化可以助推主题图书馆总分馆体系的发展，助推主题图书馆走向品牌化发展，构建标准化体系是主题图书馆深入发展的必然选择。标准化的落实需要按照主题图书馆的要求，落实馆舍面积、人员配备、服务功能、开放时间等各方面的具体指标。标准的建立需要坚持公益性、因地制宜、定期更新、逐步推进等原则，在充分借鉴国内已有标准的基础上，突出重点领域、明确政府责任、注重特殊人群，并在实践中不断完善和深化主题图书馆标准化体系，提升行业影响力。

目前，主题图书馆领域尚欠缺明确的各类标准，已有的相关标准也多是本馆建设中所出台的部分建设规范，尚不能提升到更高区域乃至全国层面的建设标准，因此也就没有很强的指导价值和约束能力。由于缺乏主题图书馆的相关准入标准，传统分馆很容易转变为某一主题图书馆，但却不能保证主题图书馆功能的充分发挥，而且图书馆领域也并未真正落实"摘牌机制"。此外，主题图书馆的发展还应逐步被纳入公共图书馆评估之中，在评估中制定相应的特色评估标准。主题图书馆应走向标准化建设轨道，建立自身标准体系，逐步形成覆盖区域、全国层面的主题图书馆建设标准。同时构建具有地方特色、可复制的主题图书馆标准化体系，为国内其他地区主题图书馆的发展提供借鉴。

3.坚持底线思维，建立完善主题图书馆保障和协调机制

2015年，文化部等部门《关于做好政府向社会力量购买公共文化服务工作的实施意见》出台后，各地纷纷出台本区域的相关实施意见。此意见的出台，大大促进了我国公共文化服务社会化进程，为公共文化服务发展注入了活力和动力。主题图书馆的发展正是走了社会化合作的道路，但又与政府购买公共文化服务有明显的区别。在公共图书馆自身资源和能力不足的情况下，广泛吸收社会力量参与是公共图书馆发展的一项有力保证。杭州主题图书馆主要有自建自营、共建共营、共建他营等三种建设模式，若从市场化的角度来考虑，此三种模式市场化的水平依次提高。毫无疑问，市场化的运作吸纳大量社会资金注入公共图书馆建设，扩大了图书馆的整体规模，深化了服务内涵，也在很大程度上增强了图书馆的影响力。图书馆与市场主体的结合，可以有效弥补双方的不足，并将双方优势最大化地呈现，从而实现双赢。但主体图书馆市场化的底线是什么？此问题并不能十分明确，由于主题图书馆的发展仍在进一步探索中，公共图书馆领域考虑的首要问题多是做大做强，并没有建立"负面清单管理模式"。盲目地市场化必然让主题图书馆失去公共性，出现"一个衙门，多个牌子"的现象，导致主题图书馆的商业性价值突出而图书馆的核心功能弱化。下一步主题图书馆的发展需要明确社会化合作的底线，以准入和"负面清单"的方式规范社会化合作，从顶层设计的角度将其上升到制度层面。

主题图书馆的发展需要强有力的支撑保障和协调机制。主题图书馆作为公共文化事业的一部分，受政策的影响十分明显。现有主题图书馆的建立和

发展多是基于服务对象需求的角度，公共图书馆为满足用户多元化和个性化的需求，主动探索图书馆发展的新模式。作为新兴的图书馆形态，它的产生是"自上而下"还是"自下而上"十分关键。政策支持是一个区域主题图书馆发展的首要保证，这包括人、财、物等方面的支持。例如，主题图书馆文献与信息服务的专业性特征，要求有相应的专业人才作为支撑，专业人才的引进与培养是提升图书馆软实力、提高图书馆服务层次的保障，因此主题图书馆需要建立和落实学科馆员制度，以及配套的岗位制度、职称制度、激励制度等。主题图书馆需要有专项资金的支持，可以将主题图书馆列入图书馆年度专项经费规划。主题图书馆的选择和建立需要有合理的布局，需要与城市发展规划相符合。而主题图书馆模式与总分馆服务体系、城市书房等其他公共文化服务形式存在一定的冲突和交叉，需要更好地协调彼此间的矛盾。此外，主题图书馆的监督管理、绩效评价、策划和营销等都需要成立专门的协调和管理机制，以推进主题图书馆的稳步发展。

4.推进主题图书馆总分馆体系，丰富公共图书馆服务体系的内容和形式

主题图书馆不是公共图书馆的专利，高校图书馆和科技图书馆等也在探索其自身特色的主题图书馆。但在目前，一般将主题图书馆纳入城市公共文化服务体系中公共图书馆的建设，以完善城市公共图书馆服务体系。相较于国外发达国家，我国公共图书馆服务体系建设起步较晚，因此各地多以建设和布局综合性的公共图书馆为主，主题图书馆建设并不多见。然而，近年来随着我国公共图书馆服务体系建设的投入力度不断加大，"全覆盖""均等化"的公共图书馆体系不断完善，市—县（区）—乡镇（街道）—村（社区）的公共图书馆服务网络基本建成，这些都为主题图书馆的建设提供了基本的保证。与此同时，人民大众多样化、精细化的需求也日益突出，公共图书馆急需转变发展策略，通过主题图书馆建设提升自身服务能力。

传统的总分馆体系与主题图书馆的总分馆体系是不同的两种发展模式，主题图书馆虽然也是一种总分馆模式，但主题图书馆同样可以探索建立其自身的总分馆体系。主题图书馆在空间建设形式上有馆中馆与馆外馆两种方式，馆中馆模式一般适用于面积较大或有进一步空间开发能力的图书馆，而馆外馆模式则根据目标群体和主题的具体特点，选择贴近服务对象、交通便利等的特定地点。对于没有空间优势的传统图书馆而言，馆外馆模式大大拓展了公共图书馆的服务能力和服务范围。主题图书馆的总分馆模式中，总馆负责

资源配置、绩效考核和业务指导，总馆既发挥在主题图书馆建设中的指导作用，又充分发挥各方参与力量的优势，从而实现良性循环。

5.深化资源建设，提升主题图书馆服务能力

主题图书馆的建设需要考虑多种因素，在建设模式、主题定位、选址等之外，独特的馆藏体系是其提供服务的保证，因此需要对特定主题展开合理分配和布局，在逐步拓展资源覆盖面的基础上形成体系，满足越来越多的社会需求。深化主题图书馆资源建设是主题图书馆发展的基础，主题图书馆的发展必须要依托于"资源"，而资源要通过服务来实现其价值。馆藏资源建设的深化需丰富专业主题资源，加大馆藏资源深度开发，坚持需求导向，发挥主题图书馆的纽带和平台作用。主题图书馆注重资源的完整性和多样性，优化了文献资源配置，进而实现资源的共建共享。主题图书馆的文献资源往往还是城市历史的积淀、城市的文化记忆，在保证其资源建设的完整性、规划性、开放性、原生性、时代性、创造性的基础上，积极承担起图书馆在保存文化遗产的社会责任，建设特色数据库，推进特色馆藏文献数字化建设。

主题图书馆的建设要根据社会需求及社会知识的变化，进行长期、全面、科学的规划，明确建设的步骤，不能为了增加某"主题"而盲目设立某主题图书馆。同时，主题图书馆建设的首要动力是需求，若对此主题的需求少或没有需求，不必为了求"新"而增设主题图书馆。资源的建设是一个慢慢积累、循序渐进的过程，它不以大而全为目的，而是小而全、小而精。主题图书馆资源的专业性，必然要求资源的新颖性，因此主题图书馆的资源建设应十分注重后期资源的更新。需持续、稳定地采购某主题领域的图书、期刊、视听资料以及各种数字化资源，建立一定规模的文献资源，这是主题图书馆资源建设的普遍做法。

综上所述，主题图书馆的发展，一方面是对传统图书馆的空间、结构与功能的改造；另一方面是对服务的创新和文化责任的新担当，体现出公共图书馆服务专业化、个性化、多样化的发展趋势，是公共图书馆服务中以人为本理念的深入贯彻。它是一项低成本、高回报的投入，通过创新建设模式，将公益性与商业性的结合，实现彼此双赢的目的。通过特定主题来开展特色服务是图书馆服务形式和内容的创新，在城市公共文化服务体系中逐渐体现出其生命力和创造力，无论是对图书馆、图书馆事业还是对图书馆学理论，都是一种创新性的完善和补充。站在新的时代背景之下，主题图书馆通过整

合本区域政治、经济和文化等资源，结合本馆资源特色及人才、设备等实际，权衡社会各方的不同需求，可以实现有计划、有目的地服务与本地区政治、经济和文化建设，成为整个城市文化、形象的提升和发展的新引擎。如今，单纯依靠国家、省、市、县等不同层级的大型综合图书馆服务体系已不能充分满足人民大众日益增长的、个性化、多样化的信息需求。主题图书馆作为公共图书馆服务的延伸和补充，其专指性、灵活性等特征在满足用户特定信息需求方面有着不可替代的重要作用。

实践篇

第一章 生活分馆：生活的艺术 艺术的生活

2013年7月7日，一对身着婚纱的新人在颇具怀旧风的书架间，面对大大小小的"长枪短炮"秀出各种甜蜜恩爱的姿势。这一消息不胫而走，也逐渐揭开了改造后杭州图书馆老馆的神秘面纱。对于很多老杭州人而言，骑车、坐公交或走路去杭州市第一医院对面的杭州图书馆看书、借书，早已是一种习惯成自然的生活方式。改造后的杭州州图书馆老馆将"生活"融入得更加彻底，图书馆不再阳春白雪，在这里，读者可以拍婚纱照，可以交流烘焙手艺，可以制作手工模型……在实践中体验生活的方式，在书香中探寻生活的样子。

一、产生与发展概况

杭州被誉为宜居城市的典范，拥有良好的生活环境、优越的生活条件、浓厚的生活气息，这一切滋生于城市的文化土壤，生活百态勾勒出城市从过去、现在到未来的生生不息。早在2007年，杭州市政府就提出了打造"东方休闲之都，生活品质之城"的城市品牌发展战略。在这一战略的引领下，杭州人不断探索生活方式的创新，孜孜不倦地追求生活品质的提升，努力促成杭州从生活之城向生活品质之城的蜕变。杭州图书馆为了助力城市建设同时满足市民需求，其借新馆落成老馆装修的契机，提出建设一座关于"城市生活"的主题图书馆构想。2013年，这一构想落地生根，生活分馆正式开门营业，其旨在向用户提供生活信息知识服务，同时借助多元文化活动分享生活技能，打造一个集自由交流、学习讨论、分享经验为一体的生活共享空间。

生活分馆地处市中心浣纱路，毗邻西湖，周边商场鳞次栉比，老小区众多，人流密集。其建筑面积3375.46平方米，阅览座位共计569席，由主楼和附楼组成，主楼一到三层为主题阅览区，此外配置了少量的社会科学和自然科学文献，四层为教育文史艺术文献借阅区，其中二层为报纸、期刊、音像碟片借阅区。附楼一层为城市书房，三层为儿童文献借阅区，二层和四层为主题活动区。除此之外，配备了18台供读者使用的计算机、3台自助借还设备、1台信用借还设备、2台数字资源一体机。

馆藏以纸质文献为主，各类文献资源15万册，其中报纸100余种、期刊800余种，另有部分生活知识类多媒体影音资料，主题文献聚焦生活休闲、建筑装饰、旅游摄影和养生文化四大板块，其中生活休闲主题囊括了文物收藏、服饰、美食、茶文化、建筑装饰、咖啡文化等生活领域的文献。

生活分馆的开放时间根据用户需求和功能布局制定，目前主楼大厅及一层阅览区开放时间为9：00—21：00，城市书房开放时间为6：00—24：00，其余区域开放时间均为9：00—17：30。其通过"生活"图书、刊物、报纸和音像制品等特色馆藏向用户提供主题信息知识服务。最有特色的服务是以"生活的艺术，艺术的生活"为口号，提供内容丰富、形式多样且颇具烟火气息和生活情趣的各类"生活"主题活动，创造性地把生活中的"吃喝玩乐"搬进了图书馆，受到了市民的热烈欢迎。

生活分馆由杭州图书馆直建、直管，人员由杭州图书馆直派，目前共有员工13人，其中研究生2人、本科8人、大专1人，以及大专以下2人，涉及图书馆学、法学、应用心理学、汉语言文学等相关专业。

在六年的运营过程中，生活分馆通过不断的优化和升级馆藏质量、服务能力、服务方式，产生了良好的服务效益。生活分馆一度接待读者每年达80万，借阅量逾50万册。各路媒体纷纷主动跟踪采访报道，自开放以来获得各类媒体报道共计近两百次，受到社会各界的关注。除此之外，生活分馆多次受到嘉奖，被杭州市品牌办授予"年度最具品质体验点""年度金城标奖""最具影响力阅读空间（入围奖）"等各种荣誉，成为杭城最有影响力的阅读空间之一。除此之外，2017年8月，在第83届国际图联"图书馆如何为联合国2030年可持续发展目标做贡献"的案例分享会上，生活分馆的案例"绽放自己的美丽——让每个女性发现自己的创造力"被作为亚太地区最佳案例在大会上分享，广受业界好评。

图2-1-1 生活分馆服务大厅

二、服务与活动开展

生活分馆的主题服务供给其实经过了很长一段时间的迷茫和探索期。开馆之初，生活分馆服务侧重点仍聚焦在传统综合性图书馆服务，与建设生活分馆初衷相背离。主题图书馆到底该提供什么服务？如何将"品质生活"理念传递给读者？活动是要吸引哪些目标人群的参与？面对种种问题，一时之间答案似乎在很遥远的地方。馆员开始探讨，找寻资料，希望从中找到答案。功夫不负有心人，美国的社区图书馆资料给馆员们带来了启示。美国社区图书馆是与社区生活相交融的，到图书馆咨询信息或参加活动是居民社区生活的一种常态，甚至是日常生活的一部分。社区图书馆是社区的信息中心、活动中心，经常组织各种生活技能交流活动。于是，生活分馆也开始尝试组织与市民生活密切相关的生活技能分享活动。例如，以厨艺展示为内容的"味蕾碰撞"，教授花艺知识的"花草的那些事儿"，探讨如何养鱼、赏鱼的"观赏鱼鉴赏"，等等。这些"活色生香"的活动引起了市民的广泛兴趣，受到了热烈的追捧，馆员也慢慢从中摸到了一些主题图书馆服务供给的门道。这些活动虽然广受读者欢迎，但由于零散推出，对于提升社会影响力的效果十分有限。

为了进一步提升生活分馆的主题认知度，从而在读者心中烙下鲜明的印记，2014年，生活分馆整合资源提出打造"生活的艺术，艺术的生活"的服务口号。灵感来自于林语堂先生《生活的艺术》一书。什么是品质生活？"生活的艺术，艺术的生活"这一名称给出了理想的诠释。生活分馆希望借由这一服务名称向读者传达"旷怀达观、陶情遣兴"这种富有生态意义的生活方式，通过鉴石养花、观山玩水、饮茶品酒等方式解析生活这门艺术，在参与活动中感受、理解并认同时尚、健康、精致品质生活的理念和内涵，在活动体验中获得生活知识技能，力图帮助读者解构快节奏社会所带来的"生存焦虑"，从而使每一位参与者都能以艺术的情怀品味和享受人生。生活分馆围绕"生活的艺术，艺术的生活"，针对不同的年龄、背景、职业、性别的受众推出内容丰富、形式多样且颇具烟火气息和生活情趣的各类生活主题活动，涵盖时尚生活、闲趣生活、健康生活、美食生活四大版块，衣、食、住、行无所不包。

1.时尚生活版块："品味生活之精致"

时尚生活版块是汇集当代时尚资讯，向读者展现当代生活时尚风貌为内容，提供关于潮流服装、护肤彩妆、珠宝配饰等内容的体验分享类活动，旨在鼓励读者在"腹有诗书气自华"的同时，提升自己的外在形象，内外兼修地提升读者的审美和品位，使读者打造专属自己的美丽"模板"。

职场修炼之"美丽沙龙"，以辖区内党政机关单位女干部为目标人群，以"职场着装""职场礼仪""办公室健身"为主题开展活动，取得很好的效果；随之，考虑到生活分馆周边商场和服装市场云集，分馆趁势推出"我是穿搭女王"学习服装搭配系列体验活动，也引起了不小的反响。"图书馆里拍婚纱照"——这个创意非凡的活动把书香文化与婚纱摄影相结合更是把时尚盛宴推向了高潮，身着婚纱的新人在怀旧风的书架间"秀恩爱"，吸引了众多市民的驻足观看，同时亦吸引了大量媒体的追访，迅速提升了生活分馆的知名度。

2.闲趣生活版块："发现生活之美好"

闲趣生活版块是各版块之重，以"勤靡余劳，心有常闲，过好当下，发现生活之美"为主旨，围绕"养鱼插花，版画布艺，旅游摄影"等内容开展活动。随着物质生活水平的提高，生活的品质和格调被越来越多地提及，大众对追求"美"的需求也越来越旺盛，因此生活分馆通过互动式的"慢调"

体验活动促使读者在忙碌的生活中停下脚步，通过一束花、一株草，发现身边的美好。

2015年，杭州图书馆生活分馆推出"花永生　爱永驻"永生花&微景观系列体验活动。"生活达人"将在大自然中采摘的干花、藓类、蕨类植物搭配以小木屋、玩偶等造型的小摆件装进造型各异的玻璃器皿里，营造出理想中的小世界，分享其追求自然的生活观。观赏鱼系列体验活动从2011年开设至今，一直受到杭城市民的喜爱，读者场场爆满，专业的鱼类生物知识、科学的饲养方法让很多读者受益，在品味"鱼"趣的同时也享受了"慢"生活所带来的"闲"趣。这类互动式体验活动所传达的理念是许多人内心追求的一种状态，契合当下社会读者的心理需求。这些"慢调生活"类活动就像是一贴清凉散，帮助人们在循环不停、快速杂乱的步履中，保持镇定，毕竟适度慢下来才能更好地享受生活，发现生活之"美"。

3.健康生活版块："自律才能生活自由"

健康生活版块旨在为读者提供饮食健康、运动健康、牙医保健、中医养生之道等各种健康的资讯和服务，进而让读者更加关注个人健康管理，增强健康意识，远离疾病的困扰。

生活分馆被周边各大医院包围，因此绝佳的地理位置为健康生活版块的开展提供了可能。"听医生讲故事"体验活动邀请杭城的名医，为市民答疑解惑。例如，市中医院心血管科主任医师彭哲博士为读者讲述了关于"血压"的故事。这一场活动现场坐满了对控制血压有困惑的读者。彭医生在讲台上以专业的医学知识，生动的语言，图文并茂地讲述着有关血压的基本常识，通过一个个案例分析和现场演练让读者清晰地了解高血压的各种表现，如何正确监测自己的血压、不同的季节如何调整用药等。现场的读者无不聚精会神地听讲，其中不少中老年读者仔细地拿笔做着记录，年轻读者则拿出了手机、相机拍摄，生怕自己漏掉了重要知识点。活动结束后，还有不少读者迟迟不肯离去，向彭老师咨询各类高血压问题。

活动一改以往专家讲座的呆板形式，采用体验沙龙的形式传播科学的生活方式与健康的生活理念。活动内容上强调"贴近生活"，即从市民日常生活中常见的健康问题切入主题，如"如何改善年轻群体的亚健康""如何预防老年群体的常见老年病""如何进行日常急救"等；形式上强调"互动体验"，即结合沙龙主题让市民能与某一专科的知名医生零距离交流，该系列活动一经推出，就受到了广大读者的喜爱。2016年，生活分馆在此基础上联合浙江科学技术出版社共同推出一档全新的养生系列活动——"养生大咖谈养生"，活动每月一期，每次都会邀请一名国家级或省级名中医从"医膳食营养、运动养生、健康心态"等方面与读者展开互动。这些名中医的生活态度、养生理念感染着在座的每一位读者；与这些养生"大咖"零距离见面，也促进着市民健康观念的更新。2016年3月12日，著名中医施仁潮主任医师分享了"选对食物吃出健康"为主题的中医养生经——"食物的四色五味"。活动还未开始，现场便已坐满了慕名前来的读者。施医生用他幽默风趣的个人风格，生动地讲述着有关食物的四色五味，食物有寒热不同属性，不同体质、不同病症，只有对症选用，才能吃出健康。他一边讲述着中医的基础知识，一边分享自己独特的食物养生之道，风趣幽默的语言引来听众一阵阵的掌声和笑声。

生活百科系列之口腔保健系列活动，是生活分馆与杭州口腔医院合作开展的一项健康科普类活动。来自口腔医院的专职医生针对妇女、儿童、老人等不同群体开展各种主题的口腔保健讲座，内容包括"如何正确刷牙""中老年镶牙注意事项""老年口腔保健""小小牙医体验营""青少年口腔正畸"等。活动不仅仅是口腔保健知识的传递，在现场医生也会接受读者的提问，并给出一定的建议，深受广大市民的欢迎。

4.美食生活版块："探寻舌尖上的生活"

美食生活版块旨在探寻舌尖上的美味，感悟人生的真谛。"美食达人"通过饮茶品酒、甜点制作、菜肴烹饪等带领读者全方位地解读中西美食，体验美食文化，感受多彩生活。

2013年，生活分馆策划了鸡尾酒文化体验活动，以时尚、缤纷、独特的鸡尾酒DIY体验让读者的感官与味蕾充分交融，一经推出便深受读者的钟爱，已成为最热门的体验活动之一。近年来，咖啡慢慢走入寻常百姓的日常生活，生活分馆亦致力于咖啡文化的传播，利用独特的馆藏文献资源，推出咖啡互动体验活动，向读者全方位地展现了咖啡历史文化，引领了杭城市民休闲生活新风尚。除此之外，"西点达人""烹饪达人"和"母婴达人"通过中西点制作、杭帮菜烹饪技巧、宝宝辅食制作等内容与读者共赴一场场关于食文化的饕餮盛宴。

图2-1-2 "舌尖上的华尔兹"美食系列活动现场

　　生活分馆在活动开展过程中广泛借助"读者"力量，不断挖掘和招募身边的"民间达人"，组建了一支接地气的"草根讲师团"。它由一群具有一技之长并愿意与读者分享知识和快乐的"生活达人"组成。生活分馆负责统筹"草根讲师团"的整体运作，包括策划全年活动方向、安排每月活动日程、招募及培养新的"生活达人"、活动考核及档案整理；"生活达人"则根据安排定期来馆分享生活体验和心得，传授生活知识和技能，带领读者体验生活，培训普通读者成为新的"生活达人"，不断传递生活正能量，从而使得"草根讲师团"一直可持续发展。经过几年的不断扩充，这支讲师团有将近20名稳定的活动主讲人，而这支队伍还在不断扩大，有了他们的参与，也使生活分馆的主题体验活动更加贴近读者的生活，更能以亲民的姿态勾勒出杭城百姓生活的画卷。

　　经过多年积累，生活分馆主题活动的社会影响力逐步扩大，生活分馆开展活动一度达到每年近300场，参与主题活动累计达10万人次。热门活动更是一票难求，周边社区纷纷前来洽谈预留名额，以供周边居民优先参加活动。除此之外，通过不懈努力，品牌活动孵化出了优质"市民社团"。"生活的艺术、艺术的生活"品牌活动中的"时光之旅"（老年摄影爱好者社团）一直与品牌活动共同成长着，生活分馆为这些对生活充满热情，对艺术充满激情的

"爱好者"们提供了学习、交流的极佳平台。经过近两年的发展，这个特色"市民社团"在圈内人士中享有极高的知名度，社团成员从最初的几人发展到现在的几十人。成员风雨无阻，每周都在生活分馆开展活动，这已成为生活分馆的一道"亮丽的风景线"。

图2-1-3　"时光之旅"老年摄影队摄影分享会

为了让主题服务更加立体，从2016年起，生活分馆开设了微信公众号"杭州图书馆生活分馆"。公众号发挥了阅读推广、活动报名、读者互动等多元化的效应，不仅拓展了生活分馆的服务范围，更有利于增进读者对图书馆的了解，也便于图书馆及时掌握读者的诉求。渐渐地，生活分馆已成为图书馆和读者沟通极佳的渠道。微信公众号与生活分馆的体验活动紧紧捆绑在一起，推文短小精悍、内容精彩纷呈，形式多种多样，充分发挥了新媒体的灵活性，以线上活动带动人气，通过线下活动充实主题，线上线下联动推进阅读推广主题服务。目前，生活分馆微信公众号粉丝仍在持续增长中。

三、建设与管理经验

打造主题图书馆是一个艰辛而漫长的过程，绝非一蹴而就，杭州图书馆仍在主题图书馆建设打造之路上探索着。生活分馆及服务品牌"生活的艺术，艺术的生活"也在不断发展和成熟，这为主题图书馆打造提供了难能可贵的实践经验和成功之道。

1.紧扣"生活"主题　凸现特色

生活分馆服务围绕"生活"主题定位展开。馆藏建设中突出"生活"主题内容，在文献布局上，强推"生活休闲主题、旅游摄影主题和养生文化主题"三大文献板块，其中生活休闲主题囊括了：文物收藏、服饰、美食、茶文化、建筑装饰、京剧艺术等；读者服务上突出"生活"主题特色，围绕美食、养生、艺术、旅游、手作、品酒、摄影等20余个生活主题系列的活动。环境布置上突出"生活"主题氛围，利用"生活化元素"的点缀突显生活分馆"生活化"的特质，使整体氛围与"生活"主题浑然一体，用艺术语言诠释完整而鲜活的特色空间。

2.秉承"共建"思维　推动建设

主题图书馆应运用"共建共享"思维，号召社会组织、个人读者等社会力量共同参与主题图书馆建设。一方面可引入"生活达人"和志愿者参与主题图书馆的日常管理，深入参与服务策划、服务设计、服务提供和反馈整个过程，使图书馆从公共文化服务供给者转变为鼓励群众参与公共文化建设的引领者；另一方面亦可吸引社会组织，以联建方式推进主题服务品牌建设，促使主题服务呈现多元化、社会化、亲民化特点，从而使图书馆从公共文化服务供给者转变为鼓励群众参与公共文化建设的引领者，推动服务对象从单一的文化消费者向文化参与者、创造者、传播者的身份转变。

3.注重"体验性"阅读　强化互动

在服务方式上推出"体验性"阅读方式，将传统阅读与体验性服务有机结合，在实操性互动活动中践行书本知识，唤醒阅读者的真实体验感，提供更有效的服务体验，使服务更有活力，让读者在体验中了解、分享品质生活理念和方式。

四、问题分析与发展展望

1.创新理念，助推主题图书馆建设

生活分馆的服务理念不应仅局限于服务生活，而应定位于既融于生活，又提升生活、引领生活、创新生活，着眼于既属于现在又承载历史、面向未来的生活品质。生活分馆未来的发展方向将聚焦生活科技，以此满足市民对未来美好生活的向往。

2.专业人才助推主题图书馆建设

目前，生活分馆受客观因素影响，人员配置较不合理。一方面对标服务人次和馆舍面积，馆员配备严重不足；另一方面缺乏与"主题"相关学历背景馆员，造成主题服务专业度不够的局面。为了提升主题服务效能，在时机成熟时建议把基础服务外包，专注主题服务供给，同时进一步提升分馆人才队伍建设，引进食品学、园艺学等相关专业人才，打造"主题"馆员队伍，深化主题服务。

3.细分服务，助推主题图书馆建设

在当今的社会里，社会阶层从单一到多元，社会分工越来越精细，社会需求越来越多样，服务对象、服务内容、服务方式同质倾向明显的综合性图书馆已经难以满足社会公众多元、专业且个性的服务需求，主题图书馆在这一方面的优势得天独厚。主题图书馆应关注不同人群各自不同的生活理念和需求，需在调研读者需求的基础上，进行用户画像描绘，进而确定主题图书馆重点读者群的分层服务策略，以满足不同人群的需要。就生活分馆而言，目前通过目标人群分析，老年人、女性、儿童是服务重点，后续应为不同阶段不同需要的此三类群体提供体系化服务，实现主题特色服务供给的多元化，使服务更精准。

第二章　音乐分馆：总有一种声音打动你

音乐是人类的第二语言，它没有国界，不用翻译，能表达语言无法表达的感情，音乐更是提升城市品质、提高市民文明素质的有效手段。

一、产生与发展概况

1. 建馆背景

最早的公共音乐图书馆出现于12世纪的欧洲。进入21世纪后，在美国、欧洲等地的主要城市中，几乎平均每1万人就拥有一家公共音乐图书馆。这些公共音乐图书馆多以公共图书馆馆中分馆或馆外分馆的形式出现，在文献资源的保存管理之外，还承担着面向市民的娱乐休闲、教育培训的职能。

与西方公共音乐图书馆发展历史相比，我国公共音乐图书馆的出现时间比较晚。2006年，杭州图书馆在参照国外先进经验，面对城市文明程度不断上升，市民精神文化需求不断提升这一命题，开始着手筹建在全国范围内第一个以音乐为专类服务内容的主题性公共图书馆——音乐图书馆。

这一创新之举，从提出之初就得到了政府层面的关注和重视，在硬件设施、文献采购以及人才配备等方面都给予了大力支持。

2. 基本情况

2008年9月30日，杭州图书馆音乐分馆作为杭州图书馆的第一个主题图书馆，与杭州图书馆新馆同步对公众开放。

杭州图书馆音乐分馆位于新馆北二楼，面积约1100余平方米，是一所为读者免费提供阅读、视听、音乐制作、音乐研究等基本服务，同时定期开展音乐赏析、讲座、音乐会、沙龙等形式多样的主题图书馆。

音乐图书馆分为两大区域：一是高保真视听区，设有三个Hi-Fi（高保真）音乐室，五套专业音响设备。一是集听音、视听区、阅览区为一体的自助服务区，区域内无线网络全覆盖，拥有170余个座位，配备有台式CD播放器、液晶电视、DVD播放器、电脑及配套的监听式耳机，一台103寸松下高清等离子电视及相关播放设备；拥有5000余种CD、DVD及Blu-ray Disc文献，涵盖各类音乐类型；另有音乐类文献、中外文音乐类杂志等50余种近3000册。

图2-2-1　音乐分馆Hi-Fi室

3.发展概况

（1）第一阶段：打造地标

杭州图书馆音乐分馆是以"用世界顶级音响设备来做音乐普及"的姿态，完成了它给市民的第一印象，开馆伊始便成为城市最重要的音乐地标之一。

2009年初春，也就是分馆开馆后不久，便迎来了《新音响》杂志创办者、音响发烧圈里殿堂级人物赖英智的讲座。赖英智以他的阅历告诉在场的杭州市民："如此高端的音响设施，全球没有哪个公共图书馆能够拥有。"

正如赖英智反复强调的："让更多喜爱音乐的人能聆听到高品质的声音，这才是精良设备被制作的意义。因为它所传递的，始终不是昂贵的音响，而是无价的音乐。"

音乐图书馆的3个Hi-Fi室，给市民读者带来的是"纯粹的幸福感"。每年超过300场的接待参观，让居住在杭州以外的人们看到了这座"最具幸福感的城市"的加分项。

（2）第二阶段：品牌建设

高品质的场馆建设、丰富的文献馆藏、专业的人才结构为杭州图书馆音乐分馆的服务奠定了扎实的基础。与此同时，音乐分馆也结合公共图书馆的特点，主动融入"音乐之城"的建设，以"通俗音乐经典化、古典音乐流行化、民族音乐国际化"的精准定位，酝酿出了"总有一种声音打动你"这个服务品牌。

"总有一种声音打动你"是顺应音乐分馆服务理念而生的服务品牌。品牌名称通俗易懂，即通过不断向社会输出各种形式的声音艺术，让不同的受众在音乐分馆里都能找到自己想要听的音乐和喜欢的活动，从而达到传播先进文化、促进社会文明与进步的功用。

与音乐分馆相伴近10年，"总有一种声音打动你"经历了创建、规范和拓展的品牌优化过程，以年均200场的活动频次实现了品牌的公益性、丰富性、持续性和亲民性。

图2-2-2　总有一种声音打动你——中外歌唱家音乐交流会

（3）第三阶段：成立社团

颇具影响的杭州市民合唱学院（全称：杭州图书馆市民合唱学院）作为一个纯公益性的社会合唱团体，隶属于杭州图书馆音乐分馆，于2010年10月创建，下设精品演出团、合唱指挥师资团、合唱普及团、少儿团、阿卡贝拉人声乐团等分团，是国内第一个成体系化、以合唱为手段，推广与提升全民音乐素养的社会团体。

市民合唱学院由杭州图书馆馆长担任名誉团长，由音乐分馆主任王恺华担任团长，由音乐分馆馆员青年指挥家赵彬担任艺术总监、首席指挥，音乐分馆分馆副主任俞颖洁担任艺术指导、钢琴伴奏，特邀著名指挥家、上海音乐学院指挥系曹通一教授担任艺术顾问。多年来，曾得到著名指挥家郑小瑛、杰勒德·科莱拉、娅伦·格日勒、胡咏言、曹丁、任宝平、肖白，著名作曲家林华、晓其、朱培华，著名歌唱家吕薇、谭丽娟、杨孜孜以及省内著名指挥家林尚专、陈正福、刘志培、阎宝林、陈祥文等专家教授的高度关注、倾情指导及慷慨帮助。

作为国内为数不多全五线谱教学的非职业合唱团体，杭州市民合唱学院以其"独具一格、现代活力"的演唱风格，科学有效的训练手段，屡获殊荣，逐步迈入国内知名合唱团队的行列，曾荣获文化部"永远的辉煌"全国老年合唱节"闽江杯"第一名、匈牙利柯达伊国际合唱节金奖，以及中国境内唯一的国家级、国际性合唱类赛事——第十二届中国国际合唱节金奖冠军等国内外众多奖项，刷新着浙江省群文合唱的最高纪录，被授予"全国十佳合唱团"称号……

作为"杭州的合唱金名片"，市民合唱学院在不断超越自我的同时，不忘感恩城市、回报社会，积极参与各类大型文艺演出。近年来，不断获邀参加省、市两级举办的主旋律大型文艺演出，2018年在国家艺术基金项目、多媒体交响诗"良渚"中担任合唱表演。

音乐分馆一直致力于用歌声提高杭州市民的音乐生活品质，推进杭州合唱艺术事业的发展，记录着杭州这个城市的文化风貌。

二、服务的开展与解读

1."总有一种声音打动你"品牌建设及案例

在十年的品牌建设过程中，在确保"三个主体设计"不变的前提下，"总有一种声音打动你"品牌活动顺应时代发展和读者需求，对服务手段、服务内容进行不断的优化改进。品牌下的系列活动呈现出"既推陈出新，又一脉相承"的特点。

案例1　以馆员为主导的音乐文献推介与使用
——从"西方音乐史"到"经典正流行"

音乐图书馆的专业性较强，传统的图书馆学知识远远不能满足音乐图书馆日常业务的开展，因此具有科学背景的专业馆员队伍建设非常重要。杭州图书馆音乐分馆无论在业务建设还是品牌建设上，都在很大程度上依托了专业馆员的业务优势。

最早支撑起"总有一种声音打动你"品牌活动的就是音乐分馆的"80后"团队。他们大部分是来自于音乐相关专业的研究生、本科生，这些年轻的馆员利用自己的专业背景，不请外援就把形式各异的活动举办得有声有色。他们思想活跃，接受力强，每一场活动都新鲜而接地气。浪漫主义专题、民歌专题、经典演唱会……小小的Hi-Fi室里常常座无虚席，年轻的馆员和热爱音乐的读者互动交流，气氛热烈。

馆员们还通过开展读者需求调查，分析读者的现状、年龄结构、兴趣爱好等，持续改进服务的方式方法。有一位馆员注意到，其实在老年读者中，不乏品位高雅、素养深厚的音乐爱好者，他们有时间，坐得住，求知欲高。于是，这个馆员选择了每周三下午，在高保真听音室里开设"西方音乐史"的课程。事实证明，在开讲的两年间，这些老年读者几乎风雨无阻，每场必到。

随着"西方音乐史"课程的结束，音乐分馆获得了在电台媒体上开设音乐栏目的机会。在参考了大量国内外音乐节目设计方案后，负责栏目制作的馆员将节目取名为"经典正流行"，以每周两期的频率为市民听众解读古典音乐在流行音乐里的传承，以及流行音乐对古典音乐的致敬。根据电台的数据统计，"经典正流行"收听率稳定，换台率远低于同城同类音乐节目。

此类以专业馆员为主导的活动，会大量使用到馆藏音乐文献，活动开展的过程其实也就是文献服务的过程。这也让市民读者们看到了音乐文献的另一种打开方式。

案例2　请最专业的人来做最普及的事
——从"音乐公益讲师团"到"国际音乐节大师班"

借助社会力量，通过社会化合作来丰富和提升公共文化服务的数量和品质，这是公共图书馆界通用的一种服务提供方法。

杭州在"音乐之城"的建设过程中，深耕厚植，资源繁茂。音乐分馆要做的就是将"总有一种声音打动你"打造成一个对资源进行重新整合、全新融合的平台。平台的最大优势就在于公共图书馆在公益性上公信力。这种绝对的公益性，使得不同院校的老师、不同院团的乐手、各类社会音乐人，可以放下边界和顾虑，面向社会民众展示自我，携手合作，共同思考、设计有利于普及音乐之美的创新型活动。

在与社会力量合作的中，杭州图书馆音乐分馆会与对方共同签订"音乐公益讲师合作协议"，并为其授予年度公益讲师证书。协议主要是对公益合作及服务次数做了规定，但实际上，公益讲师们给予的热情回应远远超过了音乐分馆的预期。公益讲师为市民读者设计了"市民音乐普及班""杭州图书馆夏季音乐会"两个可长期开展的音乐项目。普及班以学年为单位，由公益讲师们共同设计课程并联袂授课，确保市民学员接受了一年的学习后，在乐理、乐史、乐音等方面可获得较大的提升。夏季音乐会同样套用了打破边界、共同设计、联袂演出的形式，虽然演出规模都不大，以室内管乐、弦乐为主，但开放、自由的"快闪"式乐队组建形式吸引了很多年轻乐手的参与，甚至远在台湾、香港地区的音乐表演家也会专程赶来参与其中某一场的演出。

"市民音乐普及班"和"杭州图书馆夏季音乐会"的推出，不仅丰富了市民的文化生活内容，在促进城市的音乐交融、音乐交流上也起到积极的作用，取得很好的社会美誉度。不久，杭州爱乐乐团以团体公益讲师的身份加入，定期在图书馆举办交响音乐会。

杭州从2017年开始举办国际音乐节，这是一个由政府为主导的高规格音乐盛会，而音乐分馆从一开始就被认为是音乐节大师班的最合适承办方。在各方的共同努力下，卞祖善、何占豪、俞丽拿、杨燕迪、朱亦兵等具有国际影响力的著名音乐家走进图书馆，为杭州市民做了一场又一场深入浅出、韵味悠远的音乐普及讲座。

案例3　用读者的声音来打动读者
——从"广场音乐会"到"音乐TED"

鼓励市民读者参与图书馆建设，将图书馆开放成一个读者展示自我的平台，是杭州图书馆一直以来所倡导的服务理念。对于"总有一种声音打动你"来说，就是要考虑如何在音乐普及的过程中，让读者获得更强的参与感，用读者的声音来打动读者。

2012—2013年的暑期，"总有一种声音打动你"借用杭州图书馆露天小广场，搭建起了一个市民音乐角，这是一个以市民自娱自乐、自愿参与的形式，给热爱音乐、喜欢音乐的市民提供一个展示自我、唱响音乐、享受生活的舞台。虽然舞台比较简陋，但是乐曲悠悠，其声融融。这种"随意化、群众化、亲民化"的广场纳凉晚会式活动，很快就聚集了非常高的人气，还吸引了歌迷粉丝们主动要求参与活动设计，并举办以模仿秀为主题的广场卡拉OK。

2016年，在音乐分馆成立8年之际，"总有一种声音打动你"策划了一场名为"音乐无穷"的类似于TED的脱口秀专场。演说嘉宾通过前期的媒体海选，分别确定为制作黑胶唱机的工匠、带着钢琴去旅行的外科医生、第一个把民谣音乐带进杭州的酒吧老板以及叫作TNT的阿卡贝拉人声乐团。这些嘉宾与听众们分享了自己与音乐的故事，并告诉人们，音乐一定会让生活更美好。

"音乐无穷"脱口秀不仅吸引了众多读者到场聆听，还吸引了网易直播、二更视频等颇具文艺影响力的新媒体前来采录。

案例4 让声音的艺术打动更多心灵
——从"爱心观影"到"残健共融"

"通过不断向社会输出各种形式的声音艺术，让不同的受众在音乐分馆里都能找到自己想要听的音乐和喜欢的活动，从而达到传播先进文化、促进社会文明与进步的功用"——这样的品牌定位决定了杭州图书馆音乐分馆的服务内容不能仅仅是传统意义上的音乐，而应该是声音的艺术。在公共图书馆关注和服务弱势群体的价值引领下，基于杭州图书馆"平等、免费、无障碍"的服务宗旨，"总有一种声音打动你"将服务的触角延伸到了残障市民。

"总有一种声音打动"充分利用设备和场馆的优势，定期邀请杭州知名主持人到场，现场为残障人士解说无障碍电影。在片子放映过程中，主持人利用情节对话的空白时间，把电影里每一处镜头转换、画面色彩、人物外貌、穿着打扮、动作等同步描述出来，配合激情澎湃和富有艺术感染力的表达，让盲人朋友只用耳朵聆听，就能尽情地投入到电影世界中。

在阵地服务之外，"总有一种声音打动你"还深入各级残联、残疾人托养机构、康复中心、特教学校、街道（社区）残疾人服务站等残疾人福利机构，推广和开展"爱心观影"活动。在观影的同时，负责活动的馆员还会为盲人读者做好个人信息资料登记备份，以便在下一次活动之前能够联系上。

2010年至今，面向盲人的"爱心观影"活动已经整整持续了8年。音乐分馆因此先后被授予"杭州市残疾人无障碍视听体验基地""杭州市阳光助残志愿服务基地""2014年全国盲人阅读推广优秀单位""浙江省助残爱心第一馆"等称号和荣誉。

随着与盲人读者接触的不断深入，我们越来越真切地感受到盲人在精神生活上的渴求与无助，而声音艺术确实是帮助他们暂时逃离无声世界的最好方法。

鉴于此，在"爱心观影"之后，"总有一种声音打动你"开始策划更多体验感强、融入性好、惠及更多人的声音艺术传播活动。

2012年国际助残日，"总有一种声音打动你"携手浙江昆剧团，为聋哑读者们献上了昆剧《雷峰塔传奇》。这是一台特别温暖人心的演出，这里有声音之美，有身段之美，还有手语志愿者的现场授予翻译，这让台下许多处于"无声世界"的聋哑朋友们第一次"听"见了昆曲。在演出换场的间隙，他们还用手语与身边的同伴交流感受。

2015年国际助残日，"总有一种声音打动你"与杭州市残联共同策划了以残健共融为主题的音乐交流会。残联下属的自强合唱团与有"杭州合唱金名片"之称的杭州市民合唱团同台交流，共唱欢歌。也是从那一次开始，自强合唱团开始越来越多地参与各类社会演出活动，面向公众展示风采。

2.杭州市民合唱学院品牌建设经验解读

如果要用一种文艺形式来赞美城市赞美生活的话，合唱应该是最好的选择。用中国合唱泰斗马革顺的话来说"合唱之美在于雪花精神，它阐释的是无私奉献"，还有更多的艺术家认为合唱的多声部人声配合是对和谐社会最形象的艺术展示。

在杭州，像这样的非专业合唱团大大小小有近千个，人们充分享受着合唱给予的快乐。也正是充分结合了音乐图书馆知识服务、音乐普及的职能特色，以及合唱艺术"投资少、门槛低、参与度广、最有效"两大特点，经过不断思考和酝酿，音乐分馆于2010年提出成立"杭州市民合唱团"的业务构想，充分发挥专业馆员的力量，借助"合唱"这种最具群众性和普及性的艺术形式来创新服务手段。

从2010年到2019年，历经9年的发展与不断自我革新，从最初的一个团，发展到了现在的六个团，即如今的"杭州市民合唱学院"。"杭州市民合唱学院"已经成为杭州图书馆的"翅膀"，将杭州图书馆的音乐之美洒向了城市的角落，同时飞到了世界的舞台。

图2-2-3 杭州市民合唱学院的学员们正在演出

（1）理念创新：群文社团建设规律+图书馆知识服务

2010年，杭州图书馆音乐分馆以专业馆员为人才依托，创建公益性质的群文社团杭州市民合唱团，并面向大杭州进行团员招募。

从市民合唱学院建团之日起，音乐分馆就明确了在公益和普及的宗旨下，必须有严苛的业务要求：能够快速读谱，表演时必须背谱，每周排练三次，每月排一首新歌，有严格的考勤和淘汰制度，有完善的团队管理体系……除了严格的业务要求，音乐分馆还为合唱团制定了长远发展的目标要求，即"在遵循群众文艺社团建设规律的基础上，实行专业馆员负责制、团员的自我管理和自我服务、加强与社会力量合作三者相结合的运作方式，逐渐实现以团养团的自生长模式"。

杭州市民合唱学院的设想得到了杭州图书馆的大力支持：免费开放活动场馆作为排练场地、拨予一定的经费支持社团演出。这一系列的举措，是社团得以发展的基石。

截至2014年，年轻的市民合唱学院已先后拿下：中国文化部主办的"长者情"合唱比赛金奖、匈牙利布达佩斯柯伊达合唱节金奖得主，中国国际合唱节金奖冠军，成为浙江省群文合唱领域最高荣誉记录的保持者和刷新者。

（2）模式创新：普及的专业性＋服务的普惠性

2015年，音乐分馆本着满足越来越多的市民读者获得合唱艺术普及的需求，也是顺应社团自身发展的业务要求，开始了从单一合唱团向多团并建的业务探索；2017年，融普及、提升、表演、指挥培训、阿卡贝拉等5个不同教学定位的社团集合体形成，名为"杭州市民合唱学院"。2018年，童声合唱团成立。

目前，杭州市民合唱学院拥有由2专业馆员、3名公益指挥组成的教学团队，共有6个合唱团共计458人开展合唱普及服务，全年排练课时逾300小时。学院以学年制进行招募和教学，大部分学员学满一年后结业，约15%的特别优秀学员可以继续保留学籍。

随着业务构架日趋完善，惠及人群不断增加，不挂牌的"杭州市民合唱学院"已成为国内第一个成体系化、以合唱为手段、推广与提升全民音乐素养的社会团体，也是国内为数不多全五线谱教学的非职业合唱团体。

（3）管理创新：图书馆监督引导＋读者自我管理

杭州市民合唱学院实行团员委员会自主管理和图书馆监督管理相结合的民主集中管理方法。团员委员会人员构成以团员代表为主，负责学院及下设各团日常工作的开展。

目前，学院下设财务组、后勤组、宣传秘书组和资产管理组，他们对整个学院的事务进行统筹和细化。各分团则根据自身体量和业务特点来决定团长、行政声部长、业务声部长、内勤内务的人员设定。团员总数在60人以上的团内管理人员总数就需要9—11人，而团员人数较少的则只设一名团长就可以。

合唱团的每一次排练、每一次演出，需要准备的事项都是千头万绪。往小处说，从考勤点卯到曲谱的准备和分发、从合唱台阶的摆放和规整到伴奏乐器的使用和保管。往大了说，从音乐会的筹备组织到外出参演的食宿行，从资产资金的清点管理到制度规范、宣传材料的整理撰写，这些事情都是由团员委员会自上而下、层层分工、有条不紊的分配并执行。

应该说，参与市民合唱学院的市民团员，都怀着对杭州图书馆深深的感恩之情。他们在接受图书馆公益文化服务的同时，都愿尽自己之力为团队、为图书馆做奉献。有了这样的"众筹机制"，庞大的市民合唱学院对于图书馆来说，无论在人力上还是经费上，都可以做到举重若轻。

三、问题分析与发展展望

1.要持续做好服务下沉和品牌提升

高品质的场馆建设、丰富的文献馆藏、专业的人才结构为杭州图书馆音乐分馆的服务奠定了扎实的基础也是音乐分馆不断自我完善和提升的保障。"通俗音乐经典化、古典音乐流行化、民族音乐国际化"的定位之下，要持续做好服务人群的下沉，让杭州市民在这里能够平等、自由、无障碍地感受到更美的艺术，接收高雅艺术的熏陶。与此同时，作为全国第一家以"音乐"为主题的公共图书馆，IMAL国际音乐图书馆协会的会员单位，在未来，杭州图书馆音乐分馆要将目光投射在国际性的交流互动上，不断吸收学习国外公共音乐图书馆的先进经验和做法，融会贯通，为"音乐之城"的建设再添华章。

2.要寻求结构性的转变和突破

要为"杭州市民合唱学院"这对金色的翅膀，争取一个更广阔更自由的天空，让它载着杭州图书馆的美誉飞向更高的云霄。可以探索通过民政注册备案等形式，实现真正的以团养团。通过更广阔的社会化合作，将这种市民自我管理模式不断引向规范化、制度化。

第三章 钢琴分馆：名城、名河、名人结合的成功案例

"几年前我在阿姆斯特丹演出的时候，在阿姆斯特丹运河边有一个音乐产业楼，它的一楼是一个图书馆，里面都是关于音乐史、钢琴琴谱的书籍，还有很多唱片。很多当地练钢琴的孩子和钢琴爱好者在那座图书馆里看着运河美景，一边听着音乐，一边喝着咖啡，当他们听到感兴趣的曲子时他们就会去咨询管理员，立刻就能知道这首曲子是贝多芬还是莫扎特的，同时还能查阅到相关的书籍或曲谱的内容。我当时就觉得这太棒了吧！于是，我就一直想着能不能有机会也打造这样一个图书馆，直到今年，我在运河边遇到了杭州图书馆，我觉得这个梦想可能要实现了。"

——郎朗

一、产生背景

作为中国八大古都之一，杭州自古就是一个具有深厚历史文化积淀和浓郁艺术底蕴的城市。2018 年 8 月，浙江省、杭州市两级人大审议通过了《杭州市城市国际化促进条例》，这意味着杭州市明确了促进城市国际化的新战略：要充分发挥创新活力之城、历史文化名城、生态文明之都、东方品质之城的优势，坚持精致和谐、大气开放的城市人文精神，努力将杭州建设成东方文化国际交流的重要城市。

京杭大运河是世界上里程最长、工程最大的古代运河，也是最古老的运河之一，与长城、坎儿井并称为中国古代的三项伟大工程，并且使用至今，是中国古代劳动人民创造的一项伟大工程，也是中国文化地位的象征之一。这些年，杭州在运河文化的保护、传承和发展中，不断提升文化自

信，加快打造运河文化带。如今，在文旅融合的新背景下，运河已逐步形成以沿岸景观和历史遗存为载体、大运河文化节为纽带、运河文化名区为依托、历史文化街区为样板的运河文化带，"运河文化"已经成为杭州鲜明的城市标识。

郎朗先生是著名的钢琴家、联合国和平大使，也是杭州市文艺顾问，他多年来致力于各地儿童的钢琴教育和各类音乐交流分享会。2018年上半年，杭州市政府颁发聘书，郎朗先生成为首位"中国大运河·杭州形象大使"。与此同时，在省委宣传部、省文化厅、市委宣传部、市有关部门的全力支持帮助下，"郎朗艺术世界"在拱墅区大兜路历史街区的运河畔落成。

据初步统计，杭州目前大约有30—50万琴童和大量的成人业余钢琴爱好者，他们对钢琴类书籍、曲谱，尤其是原版曲谱（国外原版曲谱与国内引进版不同）有着庞大的需求。国内目前还未有钢琴专业图书馆，所以大多数钢琴演奏者和大爱好者无法通过直接、便捷的渠道查阅钢琴类文献。随着市民对专业性文献需求的日益增高，杭州图书馆在主题图书馆建设的探索之路越走越有情怀，当名城、名河、名人三者相互碰撞，国内第一座专业的钢琴图书馆应运而生。

二、基本情况

杭州图书馆钢琴分馆是杭州图书馆与郎朗杭州艺术世界共同合作建立，于2019年5月5日，在2019中国大运河国际钢琴艺术节暨郎朗杯钢琴大赛开幕之际，正式对外开馆。分馆坐落于杭州市拱墅区大兜路历史文化街区206号的郎朗杭州艺术世界内，室内建筑面积750余平方米，馆藏有原版钢琴曲谱、中外音乐家传记等图书，总藏量2000余册，分馆图书"只阅不借"，开放时间为每周三至周五12：00—20：30，周六至周日09：00—21：00，周一、周二闭馆。分馆内设有阅览座席30席，设有2间独立的活动教室，设有5台Hi-Fi珍藏版试听设备和Cave影视空间，设有1间可容纳60余人的小型音乐厅等。钢琴分馆由郎朗杭州艺术世界团队主体运营，杭州图书馆配备图书和书柜，由郎朗艺术世界提供技术设备和设备使用辅导，工作人员由杭州图书馆馆员1名、朗朗艺术世界员工4名组成。

图2-3-1　钢琴造型设计的钢琴分馆LOGO

三、服务与活动开展

　　杭州图书馆钢琴分馆除了提供以图书馆藏书为主体的"静态"阅读基础服务，更注重创新发展听音乐、看视频等形式的"活态"阅读项目，详见下表。

表2-3-1　钢琴分馆服务列表

"静态"阅读服务	"活态书籍"阅读服务
钢琴、音乐专业类书籍：钢琴发展史、钢琴史、钢琴调音理论、中西方音乐史、音乐名家自传等700余册	展示厅：共设三块电子屏，根据不同需求和内容设计，读者可随时通过文字、视频和图片展示循环滚动观看电子展览内容
各类钢琴曲谱、乐队总谱近200册	专辑CD试听区：设有5台全触摸CD试听设备和JBL专业耳机，已录入音乐专辑，读者可以自助选择喜欢的音乐进行收听
郎朗已发行的32张CD专辑、4张音乐会DVD专辑	沉浸式环幕小剧场：展厅中央配备了沉浸式环幕，用来全天播放各类音乐名人的纪录片和音乐会现况录像，给读者最真实直观的体验

"静态"阅读服务	"活态书籍"阅读服务
郎朗自传：《千里之行——我的故事》以及《我与郎朗的三十年》	顶尖的专业小型音乐厅：无论从隔音、反音效果都达到世界顶级音乐厅，能容纳60—80人，配备斯坦威七尺钢琴、投影和音响。可举办音乐赏析课、国际音乐大师课、音乐会等，是最直接的活态"阅读"
郎朗钢琴教材：《郎朗钢琴启蒙教材》（共5册），《跟郎朗学钢琴》（全套5册）	室外音乐广场音乐会：设有一台立式钢琴，只要是热爱音乐、热爱舞台的读者均可免费提前预约场地，来展示自己的才华

同时，钢琴分馆利用名人工作室的资源优势，邀请国内外音乐界的名人开展不同主题的音乐分享会、大师公开课等活动，策划了柴可夫斯基四季之"七月"钢琴赏析讲座、"运河琴音"、周末音乐会等系列活动。开馆至7月底，共接待读者7000余人次，举办音乐类公益文化活动5场，参与读者人数近500人次。列举如下：

郎朗钢琴大师课：5月5日钢琴分馆开馆当天，郎朗举办了自己的第一场公益大师课。来自杭州市的8位琴童分别上台演奏，在演奏结束后郎朗老师指导他们如何更好地诠释作品，更好地掌握钢琴基本功的训练，弹奏出最美的乐章。

环球钢琴艺术家尤森兄弟音乐分享会：6月17日，来自荷兰著名的双钢琴演奏家尤森兄弟来到杭州图书馆钢琴分馆，为70多名市民和音乐爱好者讲述兄弟练琴经历。尤森兄弟在分享会里与观众分享了俩兄弟双钢琴演奏和四手联弹的有趣故事以及新专辑《动物狂欢节》的灵感，也回答了网友们提的十大问题。

柴可夫斯基四季之"七月"钢琴赏析讲座：由钢琴分馆馆员作为主要分享者，通过作品背景、曲式分析来讲解柴可夫斯基钢琴套曲《四季》中的七月作品，共60余名读者参加活动。

"运河琴音"系列活动之郎朗、吉娜·爱丽丝大师课：8月，郎朗和妻子吉娜·爱丽丝接连在杭州图书馆钢琴分馆音乐厅举办了两场大师课，对杭州学琴的孩子进行了一对一的指导。两个多小时的课程安排里，郎朗与吉娜指导了11位小琴童，引发了热烈非凡的反响。郎朗说，大师课本身的意义就是希望通过科学的教学，激发孩子们对音乐的想象与热爱。

图2-3-2 "运河琴音"系列活动之郎朗、吉娜·爱丽丝大师课

周末音乐会系列活动：由杭州图书馆钢琴分馆、郎朗艺术世界与浙江音乐学院钢琴系合作，来自浙江音乐学院钢琴系优秀师生代表在音乐厅定期举办周末音乐会，免费对市民开放，普及公共音乐教育。活动受到市民的广泛好评，他们表示这样零距离欣赏古典音乐，觉得自己与高雅艺术、古典艺术更进一步；浙江音乐学院钢琴系师生也很感激此项目的开展，正是因为这个项目，学生们在社会上也有了表演的舞台和实践，能把自己的所学展现给市民。

四、建设与管理经验

1.重视名人资源，发挥名城优势

杭州图书馆钢琴分馆是目前国内第一个与大师名人工作室融合的、集钢琴音乐书籍借阅、采购、欣赏为一体的特色精品型小型专业图书馆，也是国内首个以钢琴为主题的特色图书馆。这离不开省市两级政府对城市文化建设发展的重视，也离不开郎朗这样专业又怀有公益情怀的钢琴大师给予的推动与指导，当然也离不开杭州图书馆一直秉承的"平等 免费 无障碍"的包容胸怀和全公益的运营模式。这是一次将名城、名河、名人结合起来的成功案例，为市民读者提供了更精准化的服务，是一种图书馆发展的创新模式。

2.为特殊需求人群提供精准化服务

目前，钢琴分馆的主要受众读者是学习钢琴的青少年和30—50岁的钢琴爱好者。他们往往对音乐类的书籍和活动有着更高的需求，比如在钢琴分馆，通过向管理员咨询，读者往往可以用更短的时间找到更适合自己的书籍，再如分馆定期举办的钢琴与音乐的交流活动，使来参与的市民读者对钢琴的欣赏鉴赏解读能力直观、迅速地提高，同时增强理论知识，了解音乐的发展史。

3.弥补了国内钢琴专业图书馆的空白

钢琴分馆是杭州图书馆的第19家主题图书馆。杭州图书馆根据钢琴分馆的需求，采购了一批专业的进口钢琴书与琴谱，汇集世界上最好的钢琴教材和专家著作，为钢琴工作者和钢琴爱好者提供最好最专业的钢琴读物和专业教材，把钢琴分馆打造成国内钢琴书籍品种最齐全、作者最专业、服务最体贴、环境最温馨的钢琴工作者与钢琴爱好者之家。

4.文化空间设计：环形阶梯式书架

由于钢琴分馆大部分空间的使用和装修已经事先由郎朗艺术世界规划好，因此作为图书馆，图书的摆放受到了限制。为解决这一问题，杭州图书馆采用了环形阶梯式书架的摆放模式，这样既可以满足读者和参访者阅读需求，又可满足欣赏环幕纪录片需求，读者可根据喜好取书，随即就可坐下来阅读。这在一定程度上增加参访者的入座率，也形成了主题图书馆特有的风景。

图2-3-3 电子展览区

五、发展展望

钢琴分馆在建设和管理方面还需进一步的完善，活动方面也需要进一步的策划和补充，对未来钢琴分馆的定位和发展设想，大致如下：

1."阅"与"乐"结合

以季度为单位，结合著名音乐家的传记文献，开展读书分享会，把阅读和音乐结合起来。将推出柴可夫斯基系列公益活动，由钢琴分馆策划列出推荐书单和推荐曲目，供读者自主选择阅读和浏览，结合现场音乐活动，增加市民对音乐家的人生和音乐作品的了解，做到真正的音乐普及。

2.服务以活动形式为主，图书类为辅

策划与艺术专业机构合办活动：与浙江音乐学院合作，每半个月共同举办一场纯公益性的音乐会，选择不同曲目和演奏人员，免费对市民开放；与爱乐乐团开展合作，定期开展室内、精品音乐会；与安吉路实验、口风琴乐团、保俶路小学等本地特色乐团进行合作，开展管乐团方面的活动等。

策划针对市民开展的音乐活动：在空中音乐花园不定期地举办音乐下午茶等活动，以自由音乐会的形势，邀请会弦乐、钢琴独奏、双排键的音乐专业人员或者普通市民来演出，观众坐在石头台阶上欣赏，像国外的广场音乐会一样，营造出愉悦欢乐的氛围；室外音乐小广场将定期举办钢琴开放日，策划不同主题、不同形式的音乐会在此举行，活动全部免费对市民开放，只要是热爱音乐、喜欢钢琴的读者，均可在开放日当天进行现场演奏。

我国的名人资源浩如烟海，名人资源建设发展的前景是广阔的，潜力是巨大的。随着信息技术的飞速发展和各类文化事业的发展，各种名人资源将会有更大的发展空间，利用好这一资源，对进一步展现地域文化优势、发挥公共文化职能有着现实的意义。

第四章 电影分馆：活色生香大阅读

在信息、知识日渐丰富多样的全媒体时代，阅读正以全新的面貌走进我们的生活，电影也是一种阅读，是教化和娱乐的结合，相比书本、微信、微博等路径，电影这种阅读方式更易让人接受、理解。当2015年11月底，杭州图书馆电影分馆在地下一层面向读者全面亮相，成为浙江首个纯公益艺术影院，给广大爱好电影的市民们提供了一个全新的阅读空间和交流场所，着实令人振奋不已。且看这来自地下的活色生香，是如何开辟杭州图书馆主题图书馆的这一新领域，为读者多样化个性化的需求定制更精准更乐享的服务。

一、产生与发展概况

2015年3月，杭州图书馆继"生活分馆""音乐分馆""佛学分馆""棋院分馆"开馆运行之后，决定再筹建一家以影像为主题的"电影分馆"。电影分馆是以馆中馆的形式设在杭州图书馆地下展厅。经过8个多月的筹备，通过与中国电影资料馆等机构开展合作交流，从场馆到资源，从主题到服务，专业图书的采集上架、分馆场馆的设计布置、服务内容的策划等相继完成。2015年11月29日，杭州图书馆电影分馆顺利开馆，作为中国电影艺术研究中心、中国电影资料馆杭州数字影像馆，首次在浙江打造一个纯公益的艺术影院，为研习观摩艺术电影的观众提供一个新的途径。

杭州图书馆电影分馆开馆时，收藏了1.4万册电影主题图书，近5000部的影碟资料，且每天以近10部的数量增加以供读者观摩。杭州图书馆电影分馆在通透明亮的阳光长廊中设有两排电脑桌，读者可以通过电脑查阅馆内自建的数据库，如：电影、剧本、导演阐述、电影史论、电影批评、电影史学、剧照、工作照等。读者也可以选择喜欢的影片，戴上耳机沉浸在自己的电影世界里。立足读者基层，电影分馆欲策划组织一个以热爱电影的人组成的社团"电影公社"，主要是以读者为主形成一个研修电影，并尝试制作电影的机构。同时面向社会各界，鼓励人们用影像来表达自己对世界的认识，真正获得电影带来的乐趣。

图2-4-1　电影分馆入口

电影分馆提供了三种读者观摩电影的方式：一个是现有350个座位的杭州图书馆报告厅，配备标准电影放映设备和银幕，每周固定时间放映各种主题影片，如"怀旧系列"让老人们能在过去的老电影中重新回味曾经的青春年华；"浪潮依旧"将会让喜欢法国新浪潮艺术电影的文青们兴奋不已；"向华语片致敬"综合我国新时期优秀影片的展映。另一个是以国际放映标准2K设置的小影厅，主要是交流放映国内外各电影机构的影片，电影爱好者可以在此大饱眼福，获得绝佳的观感。同时，馆内将分隔出三个小看片室，在超大电视屏幕上滚动播映"中国电影""外国电影"和"纪录电影"等不同风格、题材的影片，每个看片室容纳10人，读者用耳机收听，相互不干扰。

2017年3月，电影分馆迁至图书馆二楼"图书馆＋"区域，并对馆藏资源执行搬迁处理方案，可以说是进行了一次电影分馆的"改版"，下架了约600部集无法读取的、以VCD为主要格式的文献，将过刊做闭架处理。保留了"图书馆＋"区域的书架、杂志架，并改造局部区域，在空间里调整，软分割出个人观影区、阅读区、（纪录片）放映区等，周二至周五常规放映，周末影院放映地点改到音乐分馆星光教室。电影分馆搬迁到"图书馆+"后，开放时间参照音乐分馆，周一闭馆。从2017年第二季度开始，电影分馆日常放映场地改在二楼星空放映厅，由每周两场（周三、周六）增至每周四场，分别设置三个类别：主题展映或特别展映（周二、周三）、华语系列（周四）、周末影院（周六）。发展至今，电影分馆日常放映活动逐渐赢得观众口碑，形成了相对固定的参与群体。

图2-4-2　电影海报展示

二、服务与活动开展

电影分馆自开馆以来，日常提供电影主题图书和音像制品的借阅、下载、观看等。以此为基础业务，同时利用丰富的馆藏资源，加强与社会机构的合作，开展电影普及、电影欣赏、读者分享会等活动，策划组织各种主题的电影沙龙及鉴赏。

电影分馆的服务活动可分为馆内各种主题的电影普及活动和馆外个性化

定制放映服务。近几年来，以杭州图书馆电影分馆为主要阵地策划组织的常规放映活动有"天堂电影院""周末影院"，以提供定制个性化放映为初衷的放映活动主要开拓了老年人服务领域，面向杭城的老人公寓开设馆外服务点，送电影上门。

1. "天堂电影院"

"天堂电影院"从一开始每月一期排片、固定周三放映，逐渐改进为半年一期排片、周二、三、四放映，从单个主题发展为多个主题，从排片预告、展映时间、播放场所、主题策划、宣传推广等各方面不断完善，针对读者的需求变化，总结经验、吸取教训，在拓宽服务广度、加深服务力度上做文章，成为电影分馆的主要服务活动。

2016年，电影分馆周三放映活动"天堂电影院"，开展活动共84场，接待读者人数7500多人次。2017年，"天堂电影院"策划"艺术影院"子类，上半年每两个月设置一个主题，分为喜剧电影、名著改编电影、爱情电影三个主题，选取26部包括中国、美国、英国、法国、日本、奥地利多个国家的电影，或是经典老片，或是近两年上映的广受好评的电影。下半年，每个月设置两个展映主题。全年共放映电影104场，参与观众3700人左右。2018年，"天堂电影院"分为三个类别：佳片展映（周二、周三）、特别展映（周四）、艺术影院（周六）。当月影片按类别集合，拟定三个主题，主要为文学改编电影、经典类型电影、影人作品回顾、作者电影、各国电影运动代表作等。配合特定时节安排特别展映，或者根据影院上映情况，安排与之相关的影片重温。采取线下和线上宣传相结合的宣传方式，每月做一张大海报放在星空厅门口；当月排片用A4纸打印若干份，供读者自取。每月通过杭州图书馆微博宣传一次放映信息；与其他部门合作，定期开展线上"看图猜电影"，吸引更多读者关注、参与活动。2018年接待读者人数约15 000人次。

经调查，来"天堂电影院"参加活动的主要是中老年读者，他们很喜欢在图书馆享受观影过程，对放映的电影表示赞许，称图书馆的免费电影给他们提供了一处享受优质文化的空间，在这里获得了精神安慰，也认识了新朋友。同时给出了意见和建议，比如希望看到更多感人的、有意义的影片，希望看到更多中国电影。今后，"天堂电影院"将倾听读者更多的意见和建议，更好地提供服务。

2."周末影院"

鉴于读者对周末观影的强烈需求，电影分馆于2017年起每周六下午在交流观摩厅推出"周末影院"活动，投入0.8K电影放映设备，用大投影替代原有的电视观看大片，改善观影效果。2017年，1—3月份主题为奥斯卡获奖电影，4—6月份主题确定为德国电影节展映季。另外，在常规放映影片的同时，加入读者分享的环节，开展读者交流会、电影赏析会，营造轻松的活动气氛，形成"我爱电影、我讲电影"的一个良好互动氛围。

图2-4-3 观影鉴赏活动

3.老人公寓送电影

2016年起，电影分馆在夯实常规服务内容的基础上，细化读者需求和定位，规范服务细节，向读者提供个性化定制化的服务，提高电影分馆社会影响力，尤其是在特殊人群服务方面，把目光瞄准了老年读者，通过读者调研和对杭州老人公寓情况的了解，电影分馆推出面向老人年的送电影上门定制化服务。2016年3月18日，电影分馆在杭州城西的山缘老人公寓成立首个驻外阅读机构。山缘老人公寓为杭城主城区最大的休闲养生养老退休生活区，目前入住老人有500多名，年纪大多都在60—70岁。据悉，这些老人都喜欢看电影，特别是一些怀旧的经典老电影。为了寻找片源，山缘老人公寓的工作人员伤透脑筋，此次在山缘公寓设置阅读机构是杭州图书馆电影分馆主动走出去，提供定制个性阅读服务的新探索，也是电影分馆尝试参与文化养老的一次践行。该活动引起很多主流媒体的关注。之后，电影分馆持续推送电影上门，2016年开展活动22场，参与人数达200人。2017年，电影分馆继续为杭州山缘老人公寓的老人们量身定制优秀电影，全年共开展送电影上门播放活动31场，参与人数超过700人，活动深受老年朋友喜爱。另外，还结合相应的节日为老人开展各种形式的服务。金秋钱塘老年公寓是"全国爱心护理工程"建设基地、2013年度浙江省养老养生"最美家园"、2014年度浙江省"幸福养老"体验机构，2017年10月电影分馆开拓金秋钱塘老年公寓作为服务试点，共开展电影播放活动7场，活动人数131人，为丰富老年人生活注入全新的内容和阅读方式。2018年，电影分馆一如既往践行"电影养老"的理念，为杭州市社会福利院、山缘老年公寓、杭州金秋钱江敬老公寓等3家养老院设置"阅读机构"，每周送电影，并开展电影赏析沙龙活动，2018年在三家养老院共开展活动181场，参与人数2890人次。

自2016年3月电影分馆开展"文化养老"以来，共开拓了三家杭州市内的养老院作为阅读合作机构，截至2018年底开展活动达156期，服务老年读者37 440人次。电影分馆为这些功能健全、硬件一流、软件管理体制非常人性化的现代养老院提供服务，有助于提升服务方式和改善服务质量。

三、建设与管理经验

1.首创国内以电影为主题的分馆

电影是大众喜闻乐见的艺术形式之一，电影也是一种大阅读，为了更好地实现阅读推广，满足读者多样化的需求，杭州图书馆探究如何开创一个以电影为主题的分馆，能为广大市民读者创建一个公益免费的电影图书馆，向大众普及电影知识，培养市民的鉴赏能力。通过近一年的调研和筹备，杭州图书馆电影分馆在世界电影诞生120周年，2015年年底正式开馆，是国内首家以电影为主题的特色图书馆。

2.打造面向普通市民的公益性影视交流平台

电影分馆立足于普通市民，以公益的运作方式普及电影艺术，为杭州市民及所有影视爱好者提供一个影视知识普及、学习、研究，交流和展示才华的空间和平台，也为研习观摩艺术电影的观众提供一个新的途径。

3.提供专业化个性化的读者服务，尤其是特殊群体

电影普及方面，电影分馆面向大众策划、开展、组织"天堂电影院""周末影院"等常规性的主题电影沙龙活动，同时电影分馆在对电影馆藏资源使用和读者调查分析的基础上，提供更专业更个性化的读者服务。面向不同群体，如机关工作人员、老年读者、电影爱好者等，听取他们的需求，注重受众的心理，策划组织符合读者预期，满足读者偏好的一些主题活动，在常规放映影片同时，加入读者分享的环节，开展读者交流会、电影赏析会，营造轻松的活动气氛，形成"我爱电影、我讲电影"的一个良好互动氛围。在对老年读者调查研究的基础上，注意到看电视电影是老年人主要的一大生活方式，为丰富老年人的生活，关注老年人心理需求，电影分馆推出文化养老计划，为养老院老人定制内容，新老影片结合，精选合适主题，定期开展送电影上门服务，这一服务受到老年市民的喜爱，取得良好的社会反响。

4.深入开展社会化合作，利用各方资源，创新服务提升服务

杭州图书馆电影分馆开馆时就与中国电影资料馆、中国电影艺术研究中心及浙江传媒学院电影学院和浙江传媒学院图书馆等机构结成了合作伙伴关系，同时电影分馆也是中国电影资料馆和中国电影研究中心在杭州的分支机构，与这些专业机构合作，充分整合电影资源，极大提升杭州图书馆电影分馆的学术含量和服务能力。同时利用各方资源，深入开展社会化合作活动，如与杭州图片网和杭州市摄影艺术学会联合推出"我和影像的故事"系列读者分享会活动。每期邀请1位活跃在杭州及周边地区的摄影师或摄影爱好者，与读者面对面交流，讲述他们和影像的故事；为杭州市及周边的残疾人朋友送去无障碍电影，开展相关系列活动。

电影分馆的"文化养老计划"是其社会化合作深入的最佳体现。杭州图书馆是公共文化机构，具有全面包容的服务使命，老年人是一个特殊的服务群体和不可或缺的服务对象，电影分馆结合电影这种文学艺术形式的特殊"疗愈"作用，从自身的资料片源出发，为老年人量身定做电影资源。自2016年3月开展"文化养老"至今，共开拓三家杭州市内养老院作为阅读合作机构，定期开展电影进养老院的电影主题活动，服务广大老年朋友，为老年生活注入全新的内容和方式。

四、问题分析与发展展望

1.馆藏主题文献资源的更新与阅读推广

作为一个特色主题图书馆，馆藏资源配置的规范化、合理化、体系化尤为重要。当电影分馆的数字电影资源日渐成为资源利用的重头戏，如何完善文献资源的配置和更新，是电影分馆的一大问题。当电影分馆的服务主要以活动来呈现，那么如何推进电影主题文献的阅读呢？特色分馆是否可以从自身主题出发，探索一种全新的阅读与活动相结合的方式，从而更好地提供全方位的资源与服务？

2.数字电影资源存储方式的探索

数字时代崛起，近几年电影分馆的服务主要依托大量的数字电影资源。数字时代利用硬盘储存电影是最适合、最经济的手段，但是硬盘消耗大，容易损耗这是其缺点。对于硬盘存储的资源，音像资料部门一般都是存储两套，其中一套应异地存放。此前发生过硬盘损坏的情况，提醒图书馆应重视数字资源的存储。数字电影馆藏资源不断更新的同时，除了增加硬盘数量，数字化网络化存储以及资源平台的建设，值得进一步探索，还需加强存储故障分析与维护。

3.数字电影资源的建设、利用、审核

资源是服务的基础，数字电影资源有其特殊性，在数字资源建设中，需要对音像出版及电影资料出版市场进行不断地调研、思考、分析，使馆藏资源的配置合理化、规范化、体系化。利用资源提供服务的过程中，电影资源的选择、审核需要符合相关要求，建立相应的制度与标准，加强把关，确保资源的合理有效利用。

4.电影分馆的特色化研究

电影作为主题图书馆的特色，从资源到服务，从策划到展映，从活动到品牌，电影分馆这几年来一直在摸索特色化，如何发挥电影主题的特色，在分馆的建设与发展中彰显出来，在面向市民与读者的服务和活动中一目了然。电影作为大众喜爱的艺术形式之一，同时也是一种小众专业的存在，这两者在电影分馆的特色化研究中应该如何去互补呢？一方面是普及，一方面是提升，打造和夯实电影分馆的基础服务内容同时，需要深入开展读者群体研究，要从读者的角度出发，去细化读者需求，精准服务定位，完善服务细节，策划有特色有意思的活动，为读者提供精准个性定制的服务。

5.读者活动的品牌化

电影分馆在打造品牌活动上还有待提高，要抓住自身特点、优势来钻研，扎实推进服务和活动，提升品牌的知晓度和影响力，着力打造1—2个品牌活动，深度挖掘品牌的内涵和价值，创新提升图书馆的服务理念，做出电影分馆特色的品牌活动，让电影分馆秀出响当当的"名声"。

第五章 科技分馆：科学素养教育基地

为推动文化与科技融合，促进文化事业发展，各地图书馆踊跃探索公共文化服务创新，杭州图书馆勇立潮头，以科技分馆为基地，打造科学素养教育基地。正如2017年中国科学院院士、计算机软件与理论专家、中国科学院软件研究所研究员、计算机科学国家重点实验室主任林惠民院士为科技分馆题词"传承江南文化，提高科学素质"，科技分馆打通了文化和科技融合的"最后一公里"，为高新技术开发区提供了优质高效服务。

一、产生与发展概况

杭州高新区（滨江）是高新技术产业开发区与滨江区行政城区合二为一而成，是杭州从"西湖时代"迈向"钱塘江时代"的前沿阵地，已成为杭州拥江发展的示范区。杭州高新区（滨江）下辖3个街道，截至2018年底统计数据，辖区60个社区，常住人口39.2万。2015年8月，杭州国家自主创新示范区获国务院批复，近年来滨江区保持健康快速发展，走出了一条主导产业突出、高新特色鲜明的产业发展之路。围绕自主创新、网络安全和中国智造，打造了网络信息技术产业的完整产业链，形成了千亿级智慧经济产业，具备了可以代表国家参与全球竞争的优势。涌现了阿里巴巴、华三通信、海康威视、浙江中控、聚光科技等一大批行业领军企业，形成了电子商务、智慧互联、智慧物联、智慧医疗、智慧安防、智慧环保等一大批"互联网＋"的产业集群，电子商务、数字视频监控、宽带接入设备、集成电路设计产业、软件产业、动漫制作的整体水平居国内领先。

与此同时，高新区（滨江）在图书馆服务等公共文化服务建设上，需要达到与其高新区发展相适应的水平，杭州高新开发区（滨江）亟须按照文化部评估以区、县（市）一级图书馆的标准以及《杭州市委办公厅 杭州市政府办公厅关于进一步加强杭州市公共图书馆服务体系建设的实施意见》（市委办发〔2011〕150号）的相关规定筹建区级图书馆，2014年起筹建区图书馆成为滨江区文化建设的一件大事。

杭州图书馆是国家一级图书馆，是国际图联成员馆，也是世界上最大的文献信息服务机构之一——OCLC在国内唯一一家管理级成员馆，在全球与7万余家图书馆合作共享信息资源。杭州图书馆以丰富的馆藏、先进的管理经验和高品质的服务，在业界享有盛誉。

根据国际经验，托管是目前公共图书馆服务体系建设的重要实现手段。为了更好地发挥区级图书馆和科技图书馆的巨大作用，在几年内把区图书馆建设成为该区的文献信息服务中心和社会教育中心，承担起普及和推广市民文化生活，杭州高新开发区（滨江）管委会、政府鉴于杭州图书馆先进的办馆理念和丰富的专业管理经验以及良好的社会美誉度，本着双方资源整合、优势互补、协同发展的愿景，将杭州高新技术产业开发区（滨江）图书馆（杭州图书馆科技分馆）（以下简称"科技分馆"）委托杭州图书馆进行专业化管理。

2015年5月28日，杭州高新区（滨江）社会发展局与杭州图书馆正式签署合作运营委托协议。2015年12月26日，杭州图书馆科技分馆（滨江区图书馆）试开馆，2016年5月15日正式开馆。

目前，作为杭州图书馆的专业主题图书馆之一，杭州图书馆科技分馆（滨江区图书馆），由杭州图书馆与杭州高新区（滨江）社会发展局合作发展成为了一所一级区级图书馆，其业务定位是专业图书馆的航空航天、环保、科技咨询与科技体验，以及区级公共图书馆公共文化服务。杭州图书馆科技分馆建筑面积7000平方米，使用面积6500平方米，阅览座位787个，读者使用电脑72台，开放楼层3层。

6楼设有少儿借阅区（内设玩具图书馆）、天文展示区、3D打印区、STEAM创客空间、期刊阅览区，提供绘本等纸质图书借阅、玩具动手体验和外借、科技体验、亲子活动、天文科普等多元化服务，拥有3D打印、八大行星等科普教学设备。其中，八大行星科普展示体验设备是能将太阳系八大行星知识点融于一体的展览体验装置，能用裸眼3D技术展示整个太阳系八大行星的"实时"运动轨迹，让读者对同一物体在不同行星上的重量有真实的"手感"。

7楼是成人外借和自修区，设有智能书架、电子沙盘等科技设备，向成人读者提供图书借阅、自修、电子阅览等服务。由72节智能书架所构成的智慧图书馆在2016年开馆时是长三角最先进、规模最大的馆藏管理智能系统。

8楼为科技文献专题阅览区、多功能沙龙区、电子阅览区、绿色浙江自然学校特色区域。

图2-5-1　2016年开馆仪式

二、服务与活动开展

科技分馆（滨江区图书馆）以图书馆基本服务与特色化服务为内容，将业务定位为面向市民的公共文化服务、面向市民的科学知识普及、面向企业的科技咨询服务。杭州图书馆成熟的办馆理念、完善的制度体系、专业的人才队伍保证了科技分馆（滨江区图书馆）高水平的专业化、社会化运作，使其在服务绩效、服务质量等各方面都达到了令人难以置信的效果。

1.基本服务情况

馆藏数据上，截至2019年6月底，杭州图书馆调拨馆藏182 594册，滨江资产馆藏量202 839册。服务数据上，2016年度接待到馆读者415 382人次，2016年外借、续借、还书册次分别为416 467、52 892、388 210册；开展活动224场，参与7883人次。2017年度接待到馆读者631 781人次，2017年外借、续借、还书册次分别为490 455、78 757、490 588册；开展活动294场，36 401人次。2018年度接待到馆读者876 557人次，2018年外借、续借、还书册次分别为499 744、91 654、501 225册，开展活动242场次，社会化合作单位92家，直接参与34 557人次。

围绕面向市民的公共文化服务和科学知识普及两个方面，以"杭州高新区（滨江）'书香科技城'民间阅读组织联盟"为载体，搭建区域阅读组织沟通、交流、合作平台，推动图书馆阅读推广服务。截止到2019年6月30日，图书馆与联盟组织累计合作开展活动896场，直接参与人数131 658人，社会化合作率达90%以上。

科技分馆打造了"杭图YUE"品牌下的"乐趣童年""乐活青年""乐享老年"三个活动子品牌，涉及沙龙、讲座、培训、展览等活动形式，以绘本阅读、科技体验、国学、文体艺术等丰富的内容让读者群体在阅读空间与交流空间中感知、发现、领悟、参与、创造，同时，以"科技"特色图书馆为广大市民交上了满意的答卷。

科技分馆至开馆以来，因其特色建设，获得社会各界的广泛关注和支持，截至2019年6月30日，先后分别接待各级领导视察39次数447人，兄弟合作单位考察学习交流36次525人，合作单位交流44次1856人，各级媒体报道165次。2016年获浙江大学医学院附属儿童医院爱心大使奖，2017年获杭州市城市品牌促进会年度最具品质体验点称号，"为地球朗读"项目获得杭州市西湖读书节组委会优秀项目奖、省图学会阅读推广创意策划大赛一等奖、市民喜爱的海报奖、海报作品三等奖、人气海报奖。

2.特色化服务

（1）发挥"图书馆+"模式作用，打造"科技"特色图书馆

通过"图书馆+科技体验"模式，以"科技体验设备"为载体，发挥"STEAM创客教育联盟"作用，组织开展多种多样的科技体验活动，其中"乐趣童年"科技体验系列活动在辖区内认可度高，活动内容涉及智能机器人、乐高玩具、无人机、创意手工制作、3D打印、酷玩科学、编程等方面，科技体验类活动约占活动总量的1/3。"高端院士科普讲座"提升了科普讲座层次，在霍金华裔学生吴忠超教授的推荐下先后邀请郭光灿、武向平院士等，共计举办院士系列讲座7场。

图2-5-2　郭光灿院士"量子奇异性及量子信息技术"讲座

通过"图书馆+玩具借阅"模式，科技分馆2016年开始在总服务台区域推送玩具借阅服务，外借的益智类玩具以乐高、拼图为主，截至2019年6月30日，科技分馆投入玩具579件（册），借阅47 154册次。为引导市民使用"芝麻信用积分"零门槛借阅玩具，2018年1月科技分馆推出"玩具"专项借阅服务，读者使用信用借阅方式即可将最新的玩具借回家，活动在启动当天引起了多家媒体的关注，先后有浙江卫视、杭州电视台综合频道、杭州电视台一套、杭州移动电视、浙江日报等前来采访报道。

通过发挥"科普+阅读推广"特色，以"书"为媒介，通过机器人、无人机、天文、环保等主题向青少年、广大市民、科技企业人员开展了丰富多彩的自然科学类阅读推广活动，有效提升了自科类文献的借阅率。

通过"图书馆+读者/公益机构"模式，创新服务，深入开展阅读推广工作，以"书香科技城民间阅读联盟"为载体，盘活散落在民间的阅读力量，走进企业、进入医院、融入社区。2018年初，以杭州图书馆"阅读暖冬，温暖同行"活动为契机，进一步宣传"信用+借阅"业务，培养读者的信用意识，科技分馆"企业园区行"进入中国 Wi-Fi 产业基地（金绣国际科技中心）、华为技术有限公司杭州研究所、杭州创业大街等，"社区行"进入滨江区白马湖社区、西兴街道共联社区、浦沿街道临江花园社区等宣传图书馆服务。

（2）开展科技咨询业务，运作"企业书房"，构建区域科技资源保障基地与科技信息服务中心

2017年，科技分馆团队走访企业园区调研，尝试初步合作。先后走访创业大街、海创基地、网易、阿里巴巴、中国Wi-Fi产业基地等，就创客空间、科技咨询服务与创业大街、海创基地等机构达成合作意向；与网易、中国Wi-Fi产业基地合作建设图书馆基层服务点，配合社发局与网易对接，筹备"蜗牛读书馆"并将其纳入滨江区图书馆特色分馆业务框架，将借阅服务延伸至企业内部。

2018年，按照企业对文化和科技咨询等需求反馈情况，根据高新区（滨江）的产业特点和结构，策划出2018年图书馆创新项目，科技分馆依托公共图书馆阵地，采用社会化合作方式，以"书香科技城民间阅读联盟"成员为依托，建设高新区"企业书房"，在高新区试点建设面向企业员工客户、辐射周边社区居民的"企业书房"，探索"公共文化"与"企业文化"双向互动机制，助推全民阅读，打造一个全国高新区文化服务企业的名片。截至2019年6月底，已在吉利汽车、网易严选、杨林控股有限公司、杭州国美设计研究院、杭州牙科医院有限公司等企业设立"企业书房"154家，其中为天街1/2书站、深港新能源4S店2家企业阅读空间配送图书14 625册，为打造具有示范引领作用的全国高新区公共文化服务样本奠定了基础。

科技分馆探索以企业书房和杭州市科委下属杭州创新创业协会为切入口推进咨询服务模式，提供推送式参考咨询服务。2018年借助杭州STEAM创客联盟平台，向STEAM创客专家及中小学教师等约稿，搜集STEAM教育领域调研资料，发表STEAM创客联盟会刊，免费提供给30多家企业和50多家中小学校。

（3）大型精品活动——"为地球朗读"活动、杭州市创客节

①"为地球朗读"大型公益阅读行动

科技分馆在杭州图书馆的指导下，结合自身"环保"特色业务定位，借助民间阅读组织联盟，自2017年起主动跨界整合主流媒体浙江电视台和社会环保组织绿色浙江资源，开展深度合作，策划出"环保+阅读""线上+线下"全球范围内朗读环保经典名著，宣传环保理念和倡导全民阅读活动——"为地球朗读"公益品牌大型阅读行动。活动于每年4月22日"世界地球日"和4

月23日"世界读书日"举行，通过千人共读经典环保著作，电视和新媒体联动直播朗读，呼吁全民阅读、关注环保，关注地球。

活动自2017年开始已举办三届，分别朗读了《寂静的春天》《只有一个地球》和《我们共同的未来》三本经典名著，每年均获得浙江电视台及各大媒体的多次报道，第一届活动中杭州图书馆科技分馆被设为唯一主会场，杭州电视台全程直播第一届活动，累计报道20次，转载8次，网易直播参与人数12万2千余人。第二届设置杭州图书馆、滨江区图书馆（杭州图书馆科技分馆）主会场，通过个人读与集体读、现场读与VCR录制在线投递等方式吸引了省市区文化、环保、医疗、教育等各行各业领导、大咖、普通市民以及美国、英国等多个国家环保人士和市民的积极参与。

②"杭州市创客节"活动

杭州市创客节，是一项公益性质的大型创客展演活动，活动现场通常设置"创客嘉年华"展演、青少年创客大赛、论坛等内容，以分享、互动、展示的模式，引导和激发中小学生的创新意识与创造热情，吸引广大市民参与，培育大众的创客文化。

活动已开展两届，受到了领导、广大读者和各类媒体的广泛关注。"杭州市第一届创客节活动"于2017年9月16日至17日在滨江区文化中心2楼举行，是杭州图书馆科技分馆与"5050计划"重点企业杭州摩图科技有限公司、杭州市科协共同发起，为科技和文化创客提供展示交流的平台。本次集中性的创客展示活动，是国内首次由图书馆牵头举办的创客类大型活动，展现了新时代背景下"图书馆里的创造力"的有益尝试，活动参与人数达2万余人次，华数传媒、杭州日报等多家媒体报道了此次活动。

2018年11月10—11日，"杭州市第二届创客节"举行，在首届迷你创客节的基础上，体现三个特点：第一，杭州STEAM创客教育联盟的积极运作，盘活社会组织资源，扩大规模。创客节启动仪式宣布"杭州STEAM创客教育联盟"正式成立，并发布联盟会刊。第二，突出STEAM教育元素，以创客教育类展演互动为主要形式，设置了"青少年创客大赛"和"3D智能作品创新活动"两大赛事，吸引了172名选手参与比赛。第三，创客论坛包括"新时代背景下的基础教育（中小学教育）对未来创新人才培养的实践探索""社会力量在提升中小学生创新思维能力方面的地位与作用——以杭州STEAM创客教育联盟成员单位的公益性服务为例"两大分论坛，创客教育专家、专业创客、中小学校长名师等共聚一堂，交流创客教育经验，为培养中小学生的创客精神、培育创客文化出谋划策。

图2-5-3　"杭州市第二届创客节"活动现场

三、社会化合作和管理创新

1.建馆模式创新：政府委托运营管理模式

杭州图书馆科技分馆是滨江社发局委托杭州图书馆运营管理的图书馆，是区级图书馆，也是杭州图书馆主题图书馆之一。2015年滨江区的图书馆项目采取与杭州图书馆合作的模式，由滨江区负责新馆的硬件建设，委托杭州图书馆进行业务管理，突出特色专业服务。科技分馆是在公共文化服务基础上凸显科技，注重科技知识的普及和前沿高新技术的传播，力争为滨江区高新企业提供科技信息咨询等服务。这种委托运营管理是一种很好的合作创新模式，也是图书馆领域社会化合作的典型案例之一，市级图书馆与区级政府的合作，有效履行了区级公共图书馆服务职能，并依据科技分馆的定位拓展了服务功能。

2.活动的社会化合作——两个平台运作

（1）书香科技城民间阅读联盟

2016年5月，杭州图书馆科技分馆（滨江区图书馆）正式开馆，开馆之初各项资源有待完善，为突破资源有限等各类困境，同时图书馆一直在思考将松散型的民间阅读团队进行引导使其成为建设"文化科技城"的有效力量，科技分馆希望借助区域优势资源，整合以滨江辖区内书店、公益阅读推广机构或社团、开展公益性活动的培训机构或学校、画廊、书画社、创客空间、文化创意公司、科技公司等为主的阅读力量，也包括与滨江全民阅读相关的个人、团体或机构、工作室等组成的非营利性社会组织，发挥民间阅读机构的力量，推动滨江区书香科技城建设。故此，成立了"书香科技城民间阅读联盟"。

（2）杭州市STEAM创客教育联盟

STEAM创客教育联盟，在政府相关部门直接指导下，由杭州图书馆科技分馆（滨江区图书馆）牵头，联盟成员运作并建立的有组织构架和办公及活动场地的联合体，秉承"大众创业、万众创新"的理念，汇聚国内外创客基地、创客教育与创客实践的资源，通过联盟成员间的信息共享、资源共享、交流活动、研究咨询与组织协调，探索和研究创客教育模式，开展和推广创意创新创业等创客教育活动，丰富和拓展创客实践领域，促进国际创客生态系统的构建和可持续发展。

联盟成员以从事或致力于创客基地建设与发展、创客教育研究与实践、创客活动推广与深化的教育机构、企业单位或学校、创客组织、文化创意公司、科技公司等为主，也包括与创客相关的个人、团体或机构、工作室等自愿组成的公益性、开放性、服务性、研究性、国际性的社会组织。

3.跨界合作创新——浙江大学医学院附属儿童医院图书室

2016年9月13日，浙江大学医学院附属儿童医院率先在国内开展儿童医疗辅助服务（Child Life），并召开项目启动发布会，杭州市滨江区社会发展局及杭州图书馆科技分馆（滨江区图书馆）相关代表出席了当天的发布会，探讨"区院合作"。双方就"文化关怀未成年人"展开合作，由杭州图书馆科技分馆（滨江区图书馆）与浙大儿院共同建设儿童游戏治疗室。该治疗室设在浙大儿院住院大楼里，由图书馆根据儿童年龄、性别、爱好等特点，精选各类绘本、童话、科学探索小百科、国学经典等方面的书籍5000余册及乐高品牌玩具为主的玩具200多种，为全省前来就医的小朋友提供阅读和玩具服务，降低儿童在院期间所经历的压力、焦虑和痛苦，保持其心理健康，让住院的孩子能徜徉在书和玩具的世界。

这次图书馆和公立医院合作，是浙江第一家开在医院里的实体书店。浙大儿院方面表示，这么做是为了解决儿童因住院或接受其他医疗服务引起的社会心理问题，以最大限度保持患儿心理健康。"我们通过这个项目，希望能改善儿童的就医体验，努力降低儿童在住院期间所经历的压力和焦虑，保持他们的心理健康。"其实，早在2年前，浙大儿院就与美国罗马琳达大学和罗马琳达大学附属儿童医院的儿童医疗辅导专家合作，每年专家团队都会来医院进行授课和实践开展，如泰迪熊门诊的游戏活动、疼痛性操作前的心理准备游戏等。目前在中国，只有北京一家私立医院引进过儿童医疗辅导项目，作为儿童专科医院，浙大儿院是最先引进该项目的。

四、问题分析与发展展望

1. 问题及解决对策

（1）人员配置问题

科技分馆是杭州图书馆的专业分馆之一，同时它也作为区级图书馆，承担辖区服务半径的公共文化服务职能，2017年被文化部评为区县级一级公共图书馆，馆藏资源数量、年度读者服务量逐年增加，服务体系建设、服务内容逐渐完善，但科技分馆（滨江区图书馆）工作人员共计14人，包括滨江区图书馆开馆时招聘临聘人员8人，滨江区图书馆馆长1人（编制归滨江区文化馆）；杭州图书馆运营管理团队5人。按照《GB/T 28220—2011　公共图书馆服务规范》的标准，科技分馆（滨江区图书馆）的人员配置数量及人才结构已然提供不了公共图书馆一级标准评级的各项服务内容，无法应对公共图书馆在总分馆制建立、法人治理结构改革、地方特色数字资源建设等方面紧跟国家公共文化服务发展战略的总体部署，以及科技创新型业务提升与拓展的需要。上级主管部门在以后的工作中应该重点加强对资源建设、人力资源配置的投入，以保证图书馆效能的更大发挥。

（2）创新实践的可持续性发展问题

创新实践如"企业书房"创新项目，大型精品活动如"为地球朗读"活动、"杭州市创客节"活动均是与社会资本合作运营的项目，由于图书馆的公益性质与社会资本的营利性之间的矛盾，合作双方自然产生博弈过程，带来项目的可持续性发展问题，这就涉及政府与社会资本合作运营的管理问题，需拓展策略、保障经费、开辟渠道，实现共赢。同时，图书馆应注重在宣传、科普、培训等活动中帮助更多的读者了解和尝试图书馆的各项服务，如图书馆的参考咨询、科技咨询服务内容等。

（3）社会化合作项目的监管问题

目前，科技分馆的科普及科技体验类活动，社会化合作率达90%以上，两个联盟成员单位的社会化合作活动或项目的监管目前按照杭州图书馆的各项规章制度执行，但对于难以覆盖的特色化内容也因按事先审批、事中监管、事后反馈的管理流程，做到监管到位、高效运转、公正透明，保障各项社会化合作项目的顺利实施，贯彻落实好公共图书馆服务"普遍均等、惠及全民"原则。

2.发展展望

杭州图书馆科技分馆（滨江区图书馆）系滨江区域性公共图书馆，同时也是杭州图书馆的专业主题图书馆之一，依靠滨江区在文化和科技方面的优势，为以滨江区为核心的广大市民和高新技术企业提供丰富的资源和服务。作为区级图书馆，具备公共图书馆功能，力争打造知识文化中心、学习教育中心、交流互动中心；作为科技分馆，兼具科技馆的功能特色，力争打造科技文献资源保障基地、科技信息服务中心、科技体验与交流展示中心。科技分馆，通过公共文化服务与科技特色服务的有效融合，树立了公共图书馆事业发展的一种新希望、新方向。

通过杭州图书馆标准化、规范化、专业化管理和业务拓展，结合科技分馆特色化办馆目标，扩大行业影响力，发挥示范效应。一是为辖区建设浙江省和全国文化先进区奠定业务基础，践行普及和推广市民文化生活的职责，打造区域公共文化空间。二是为未成年人提供公益性科学知识普及服务，为高新技术企业和科技爱好者提供科学技术展示与体验服务，打造科技体验与展示空间，发挥社会教育中心作用。三是把科技分馆打造成为能够服务高新区乃至全市高新企业和科研人员的科技文献资源基地和科技信息服务中心，逐步建设成为具有科技查新和咨询等功能的专业性、研究型、数字化、全开放的新型图书馆。

第六章　佛学分馆：最美读书地

有位读者曾在佛学分馆留言本上写下这样的文字：

> 这个静谧的地方，我心灵的花园，每次心烦意乱的时候来这里坐一坐，翻翻书，瞬间便平静很多。这里的每一本书，每一个物品，每一个桌椅仿佛都闪着光，带给我心灵的净化和沉静。坐在这里，望着窗外，那绿绿的山，青青的瓦，笔直的树干，稀松的小草，均是一剂抚慰心灵的良药。……感激世上还有一个这样的地方，可以安静的平静的纯净的看窗外的世界。

这大概就是市民心中的佛学分馆，在幽深的天竺路一隅，敞开大门，让每一位远道而来的读者在鸟语花香中品味书香，更得一瓣心香，一袭佛香。

一、产生与发展概况

杭州与佛教有着非常密切的关系，一方面，杭州山清水秀的地域环境与源远流长的历史人文，承载和滋养着杭州的佛教文化；另一方面，杭州丰富深厚的佛教文化与美丽的西湖景观文化紧密结合，是杭州成为享誉国内外的历史文化名城和国际旅游胜地的基本依托。

正是基于弘扬佛学文化、推动佛学研究、挖掘杭州地域历史文化的考虑，杭州图书馆有了创建佛学分馆的设想。考虑到佛学分馆的受众多为对佛学感兴趣的读者，而灵隐景区上香古道一线又有灵隐寺、天竺三寺和杭州佛学院，选址在此既方便读者往来，又能和周边人文氛围融为一体，相得益彰。后经多方考察、协商，选址在天竺路317号。天竺路317号，原来是村里的大礼堂，村民们会在这里炒茶叶、开大会。后来杭州市政府为了打造灵隐风景区，将这边的大部分村民都迁移到了九里松，只留下零星的几家本地农户。大礼堂归属于杭州市园林文物局灵隐管理处，基本处于荒废状态。经上级部门同意，杭州图书馆向杭州市园林文物局灵隐管理处租了大礼堂来修建佛学分馆。

佛学分馆的创建离不开社会各界的支持和帮助。馆舍的装修总经费约200万元，其中100万由杭州市图书馆基金会出资，其余费用由政府支持；每年产生的房屋租赁费用由市财政予以支持，每年支付40余万；由于佛学分馆所租赁房屋属于商用性质，租赁期间产生的税费由西泠拍卖行承担。创建之初定下的租期为十年：2009年至2018年。

2012年5月1日，杭州图书馆佛学分馆建成开放，人员包括：正式编制员工5人，保安2人，保洁1人。

佛学分馆占地400多平方米，是一座典型江南民居结构馆舍，有着东方的拙朴韵味。佛图的装修风格偏中式，仿古木制书架，木制高屋顶，博古架，搭配各种绿植，古色古香又不失灵动。透过几乎落地的玻璃窗，窗外小景尽收眼底：佛学分馆正门两边各有一株桂花树，每到秋天，桂香袭人；墙边栽植紫竹，常引来小鸟筑巢；后院是一片水杉林，林下有酢浆草，春天、晴天、雨天、雪天都呈现出不同的韵味。坐在阅览室，放下书本的间隙，抬头望向窗外，无论是绿意盎然的水杉林，还是一片红粉的酢浆草，抑或随风摇曳的紫竹林，都让人有世外桃源之感。

佛学分馆被众多网友誉为"最美读书地"。2013年7月21日，新浪网友"@hz阿杜"在微博上给大家推荐了一个看书的好去处："天竺路317号杭州图书馆佛学分馆，靠近上天竺，人少，我在那待了两小时始终只有我一个读者。环境不错，有Wi-Fi（无线网络）。可以看一天的书，午饭就在隔壁上天竺里吃斋饭，可以作为以后周末看书的基地。"这条微博引起了网友的极大关注，并经《都市快报》《钱江晚报》等多家媒体进行报道之后，"最美读书地"之名深入杭州市民心中。

二、服务与活动开展

佛学分馆的"静美"给读者创造了一个良好的阅读环境。佛学馆馆藏图书万余册，有佛教经典、学术文集，也有佛教艺术、禅茶、素食等佛学文化类图书，可满足不同读者对佛学文化相关图书资料的需求。除了图书借阅，佛学馆还以打造品牌的意识，结合馆藏主题与地域特色，通过讲座、沙龙、小型展览等形式，举办丰富多彩的读者活动，让市民在活动中得到多方位的文化熏陶和艺术浸润。

图2-6-1　佛学分馆入口

1.学者领航的文化讲座

文化讲座是学者对文化的深刻剖析和独到见解，有时候比自主阅读更能深入了解某个文化传统或者某种文化现象，是普及和传播文化的一种非常有效的方式。图书馆作为一个公益性质的文化服务单位，为公众提供免费、优质的文化讲座，是其本该承担的责任和义务。佛学分馆也不例外。

佛学分馆的开馆仪式就是以一场讲座的形式进行的。于2012年5月1日

试开放的佛学分馆，一直想找一位精通佛教的学者来做一场讲座以宣告正式
开放。经过多方面的考察和交流，佛学分馆邀请到复旦大学教授、著名学者
王雷泉老师，于9月28日开讲"法华精神与人类宗教的未来"，至此，佛学分
馆宣告正式开放。王雷泉教授从学术的角度阐释了宗教与生活之间的微妙关
系，并赞誉公共图书馆创建佛学分馆是具有大智慧的，可以被载入史册。此
次讲座反响非常大，许多读者因此而关注了佛学分馆，对其他读者活动也表
示出极大的兴趣。更有读者在讲座的第二天就发来了自己对佛学分馆的活动
建言。她希望佛学馆通过组织多形式、多层次的学习与活动，最大限度地整
合各方面资源，吸引有识之士，共同致力于净化人心、提升精神品格，搭建
一个平等、多元、开放的学习与交流平台，共同探讨佛学智慧、崇学向善，
促进社会和谐。

　　开馆讲座不仅在广大市民中引起了极大的反响，也吸引了一大批专家学
者关注和参与佛学分馆的文化传播。

　　2012年的一个冬日，浙江大学传媒与国际文化学院副院长李杰教授，中
国计量学院人文社科学院院长邱高兴教授，浙江大学人文学院哲学系张家成
教授在浙江大学传媒与国际文化学院刘云教授的力荐下来到位于上天竺附近
的杭州图书馆佛学分馆。刘云教授之前曾偶遇佛学分馆，心有所动，便打算
联络其他几位对佛学颇有研究的学者，分享这个让人清心静心的地方，也商
量着借助这个公共平台为市民做些什么。

　　在教授们的关注和推动之下，佛学分馆创立了自己的读者活动品牌——
"天竺书香"。

　　唐朝玄奘于《大唐西域记》中如此释名印度："详夫天竺之称，异议纠纷，
旧云身毒，或曰贤豆，今从正音，宜云印度。"佛法东传之后，东晋慧理法师
来到杭州，见飞来峰而叹曰："此为天竺灵鹫峰小岭，不知何代飞来？"至此
之后，灵隐一带的山由武林山更名为天竺山，亦有路随之而称天竺路。"书香"
源于为防虫蛀而用芸香草对图书的保藏，后来亦指油墨香，被引申为人们对
知识、文风、审美与精神的尊崇。

　　"天竺书香"既指佛学分馆的场所位于上天竺之地；又指其实质，乃藏书
之所；还指其内涵，具佛教意蕴，并寓诸意于一体。

　　2013年3月，"天竺书香"正式开市，教授们担任了大部分文化系列讲座
的主讲：由浙江大学张家成教授主讲"东南佛国系列"；由中国计量学院邱高

兴教授主讲"家训文化系列之《了凡四训》解读"；由天钟禅院道法法师（出家前为浙江工商大学教授）主讲"心病还需心药医之佛教心理学漫谈"；由原杭州师范大学黄公元教授主讲"杭州高僧系列"；由浙江大学李杰教授主讲"佛文化电影研讨系列"等。

张家成老师最先在佛学分馆开讲，围绕"东南佛国"主题，为听众讲述了佛教在杭州兴起、发展、全盛的各个阶段，介绍了杭州各个寺院的缘起、发展及特色，大到寺院布局，小到佛教造像，一一进行对比讲述，帮助市民从一个别开生面的角度走进杭州，熟悉、消化杭州山水及杭州佛教文化。来听讲的读者大多是佛教及中国传统文化的爱好者，有生于斯长于斯的杭州本地居民，有来杭求学的学子，也有定居杭州的外地居民，更有来杭州旅游的游客。大家都听得津津有味，对这个城市的文化内涵有了新的体会。

道法法师主讲的"心病还需心药医之佛教心理学漫谈"讲座作为"天竺书香"的常规性活动，定期在佛学分馆开讲，每月一次，围绕西方心理学和佛教心理学进行系统讲述。当代社会，一方面物质生活水平不断提高，人们对精神生活的渴求也不断提升，人们渴望了解自己的内心；另一方面，面对工作的压力，生活的烦恼，人们也在寻求解决各种心理问题的方法。而佛教向以精研心灵、擅长治心著称。西方学者普遍将佛教看作是一种具有宗教基础的心理学或"精神科学"，当代中国心理学家多视佛教为一种"文化心理学"。特别是吸收、融合了西方心理学的"佛教心理学"专题，对充斥着心理问题的当代社会中的群体，具有非常大的吸引力。道法法师出家前为浙江工商大学的哲学教授，同时担任杭州佛学院的专业课老师，出家后更加关注佛教文化对社会的影响，特别是佛教心理学对解决社会心理问题的实践。在佛学分馆开讲"心病还需心药医之佛教心理学漫谈"，正是法师的一种实践尝试。佛教心理学主题吸引了一大批年轻人的关注，特别是2013年5月25日那场活动，在豆瓣上发布活动信息后，有120人关注并表示希望参与，活动当天，超过百人来听讲座。由于场地的限制，书架间、过道，甚至地板上都坐满了人，大家聚精会神地聆听道法法师关于佛教心理学及西方心理学的种种理论，并结合自身经历举例说明，深入浅出，风趣幽默，现场不时爆发出阵阵笑声。

道法法师的"佛教心理学漫谈"持续了一年之久，因法师"闭关阅藏"而中止。之后佛学分馆又与上虞多宝讲寺的多宝图书馆合作，邀请讲寺的法师来佛学分馆开设"佛教文化分享与交流"讲座，讲座的主旨是：就日常生活中的困惑、困扰，从佛学角度，为大家提供一个解决问题的视角。"佛教文化分享与交流"讲座从2014年开始，一直延续到现在，基本每月一次，任何人在工作生活中遇到任何问题，都可以在讲座后的互动问答时间提出来，讲课的法师则从佛学的角度提出自己的解决方法，往往都会让提问者有种豁然开朗的感觉。

开馆至今，佛学分馆共组织文化讲座近200场，内容涵盖国学与佛学。渊博的学识，严密的逻辑，深入浅出的讲述及诙谐幽默的语言，一场场知识盛宴，一次次文化熏陶，由学者们领航的文化讲座让天竺路上的书香飘入杭城。

图2-6-2 "上天竺和杭州的观音信仰"讲座，主讲人是浙江大学张家成老师

2.读者体验式的沙龙活动

如果说讲座的主角是讲师，在讲师的带领下，听众们畅游知识的海洋；那么沙龙的主角就是读者们，读者们在沙龙中按照主题自由练习，通过互相的合作和交流，通过与主持老师的交流与互动，掌握知识，提升技艺。除了学者领航的文化讲座之外，佛学分馆颇有特色的是读者体验式的沙龙活动：书画沙龙和天竺茶社。

书画沙龙是佛学分馆"天竺书香"品牌下最先推出的系列活动，由佛学分馆员工主持开展，对所有读者免费开放，"零基础、零门槛"。汉代扬雄在《法言·问神卷第五》中说："言，心声也；书，心画也。"后人往往以"书为心画"为题。书画沙龙以"清心写心"为主旨，不设考级、考试等特别明确的功利目标，而是以书画为媒介，通过书画的欣赏、练习、创作，清净个人的心灵，培养个人性情，提高个人的技能，最终完善个人的人格。

书画沙龙于2012年7月开办至今，已有7年的历史，从未间断。活动由2012年的每月一次，到2013年的每周一次，至2018年底共举办300余场活动。随着参与人数的增加，每周三书画沙龙的日子，佛学分馆常常一席难求。

每周三，佛学分馆阅览室的六张大阅览桌中的四张会铺上书画用的毛毡，开放时间一到，参加活动的读者就陆陆续续赶来了。有些读者一到就铺纸、倒墨，开始写字，有些读者会取出刻刀、石头，开始篆刻；也有些读者会拿出在家写的作品让老师过目；当然也有读者会先跟同桌打个招呼，闲聊几句再开始，这是一个轻松自由的环境，也是一个书画氛围特别浓郁的环境。读者中有退休的老人，有自由职业的青年，也有年轻的全职妈妈，大家的共同爱好是书画。

书画沙龙除了日常组织读者写字、篆刻之外，还不定期开设书法、篆刻讲座，并多次组织成员参观美术馆、博物馆的书画展览，实地考察飞来峰摩崖石刻等活动。期间还和西湖印社等单位举办多次联谊活动。

书画沙龙自开办以来，虽然没有设置目标，但成果是显著的，特别是长期坚持参加的学员，从零基础到参加新年写春联活动，甚至在佛学分馆开办个人作品展，一分耕耘一分收获，在佛学分馆每周三书画氛围的熏陶之下，读者"玩"书画金石玩出了意想不到的作品。沙龙开办至今已有五位沙龙学员在佛学馆办展，分别为：2014年7月，照珺居士《心经》篆刻展；2015年2月，张瑰萍女士《二十四节气》篆刻展；2015年4月，文彬女史《心经》篆刻展；2015年8月，李蓓女士篆刻《心经》展；2018年7月，郑亚鑫女士《二十四节气》篆刻展。2018年10月，由书画沙龙成员合作完成的"百寿印"也在佛学分馆展出。小小的展板置于佛学分馆书架，长长的卷轴挂在博古架上，展览都不大，却与图书馆相得益彰，展览不仅激励了学员的学习热情，更是吸引了众多书画爱好者前来观展。随着沙龙会员水平的不断提高，从2017年开始，佛学分馆与灵隐寺云林书院等单位合作，共同举办书画活动，如2017年共同举办"第二届云林公益书画作品联展与义卖"活动。佛学分馆书画沙龙选送书画作品共16件，得到专家组的好评，并获得了金奖一名，银奖一名，铜奖两名，优秀奖五名的好成绩。

相对于每周三书画沙龙的热闹场面，佛学分馆的另一个沙龙活动则显得内敛而沉静。天竺茶社开创于2014年，该社团以茶文化为主题，社员是一群因茶结缘的茶艺爱好者，成立茶社意在闻香品茗，交流茶艺茶技，领略禅意生活，发扬中国茶文化。天竺茶社以社团的形式开展活动，茶社社员相对固定，人数也有一定的限制。

天竺茶社定期在佛学分馆举办品茗活动，提高个人修养以更好地服务大众。社员们利用这一平台，参与中高级茶艺师及评茶员培训班，并陆续获得中高级茶艺师及评茶员资格。在日常品茗训练茶艺茶技的同时，天竺茶社成员还不定期针对佛学分馆读者开展公益性质的茶文化体验活动，并积极投入到社会公益事业中。2015年11月，天竺茶社社员为崇文实验学校六年级八个班的学生上茶文化普及课；2016年4月23日图书馆之夜，佛学分馆天竺茶社为读者献上"阅读品茗禅意生活"活动，现场人气爆棚。2016年10月17日佛学分馆天竺茶社为西湖街道敬老院老人献上一席茶宴；2017年10月12日佛学分馆天竺茶社与上天竺安养堂老法师们共享茶宴。

琴棋书画诗酒茶、柴米油盐酱醋茶，茶在中国人的生活中必不可少，但要真正喝懂茶也非易事，必是一个长年久月积累的过程。喝茶、论茶、分享茶是佛学分馆成立天竺茶社的初衷，也希望小小的茶社能聚集更多的人，一起分享茶，体会禅茶一味之境。

图2-6-3　书画沙龙陈硕老师评点学生篆刻作品

3.小而雅的展览

如果有读者常来佛学分馆，或许时常会看到门口的手绘海报，书架上的小印屏，展开的册页，博古架上的立轴，与古色古香的阅览室相得益彰，更添雅致。如果这位读者恰巧是金石书画爱好者，那么，更会被展览的内容所吸引，不知不觉沉浸其中。

除了由学者领航的文化讲座，以读者体验为主的沙龙活动，小而雅的展览也是佛学分馆的特色活动。展览内容包括书籍展、书画沙龙成员作品展、金石系列展等内容。充分利用阅览室空间，展品或放置书架，或悬于博古架。阅览空间因展品的布置而愈显古雅。读者在阅读的间隙亦可享受艺术的熏陶和视觉的盛宴。

书展立足于佛学分馆馆藏，按照主题挑选相关图书布展，如：2014年4月举办了星云大师主题书展；2017年10月举办了"天心月圆"弘一大师主题书展；2018年4月举办了茶文化主题书展。

书画沙龙成员作品展至今已举办六场。以2014年7月照珺居士《心经》篆刻展为例：

《般若波罗蜜多心经》简称《般若心经》或《心经》，是般若经系列中一部言简义丰、博大精深、提纲挈领、极为重要的经典，为大乘佛教出家及在家佛教徒日常背诵的佛经。现以唐代三藏法师玄奘译本为最流行。共260字，53句。是汉传佛教中最短的经。一句一印，加上标题共54方印，内容和规模广受印人喜爱。甚至还有以全文入一印者，分句治印更是层出不穷。

照珺居士是书画沙龙较早的成员之一，一直醉心篆刻。在刀与石的碰撞中寻找到了乐趣。特别是在选定了刻《心经》以后，更是勇猛精进，克服种种困难，终于在众多成员中第一个完成了整套的刻制工作。展览从7月15日开始，到8月15日结束，展期一个月。展览一共展示了两套《心经》篆刻作品，一套是把54方印做成一个印屏，用立轴的形式展示。另一套是把《心经》按文意分成10个段落，每个段落3—8方印不等，做成各个小的镜片，以类似小镜框的形式展示在阅览室的书架上。无论形式和内容都和佛学分馆的环境相得益彰。

自此之后，又有多位沙龙学员举办了个人篆刻作品展，内容以"心经"和"二十四节气"为主。书画沙龙成员作品展中，最有意思的应该是2018年10月举办的"持山作寿——寿语印篆刻展"，此次寿语篆刻展有17人参与篆刻，最多的人篆刻12方作品，最少的篆刻1方，共完成100方寿语印的篆刻。寿语篆刻展的内容都是与寿相关的词语，比如：养性延寿、如南山寿、五岳齐寿、修身积寿、常乐长寿等。展览结束，在佛学分馆工作人员姚建平的指导下，参与者还亲手制作了印谱：裁纸、钤印、整理、装订，一本小小的原拓线装印谱制作完成。

图2-6-4　书画沙龙成员在梅家坞为村民写福字和春联

　　金石系列展是佛学分馆自办展览，有西泠印社早期社员、篆刻名家童大年先生的篆刻展，有杭州老印人钟久安先生的"万图案室"印展，有陈万奔先生的"俗语佛源"篆刻展，还有古拙质朴的汉晋古砖拓片展。展览内容以金石为主，亦相关佛教文化；展览形式以小型为主，以适应阅览室的场地和环境。

　　作为市民心中的"最美读书地"，佛学分馆本身已是杭州一个非常有特色的主题图书馆。在一个有特色的图书馆开展丰富多彩的读者活动，让更多的人参与其中，分享交流，这是佛学分馆的初衷也是一直在努力的方向。经过八年的努力，"天竺书香"以"清净心灵、沉淀文化"为主旨，形成了自己的品牌特色，服务于广大市民，不断获得好评。

三、建设与管理经验

佛学分馆这个机构不只是让图书馆管理人员去独自管理、设计，而是要让社会各界参与到公共图书馆管理和设计的业务中来，让图书馆成为真正的公共文化服务平台。人们在这里不仅可以得到文化的享受，还可以在这里得到文化的体验，得到文化创作的灵感，甚至让读者的社会阅历、知识结构也得以改善。

1.学者领跑，香飘天竺

佛学分馆的发展离不开学者们的关注和支持，学者们不仅为图书馆的发展出谋划策，更是开设了一系列讲座沙龙，借助这个公共平台，让古老的佛教服务当代普通市民，以文化服务品牌拓展杭州城市文化内涵，打造特色文化地标。

从2013年开始，佛学分馆邀请浙江大学张家成教授主讲"东南佛国系列"讲座；邀请原杭州师范大学黄公元教授主讲"杭州高僧系列"讲座；邀请杭州市诗词楹联学会会长王其煌先生主讲"杭州禅诗"；邀请黄公元老师带领读者"走读东南佛国"；邀请浙江工商大学王绪琴老师主讲国学系列讲座。除了邀请杭州本地学者开设系列文化讲座之外，还邀请国内知名学者如：复旦大学王雷泉教授、四川大学陈兵教授、香港理工大学荣休校长潘宗光教授等专家学者，来佛学分馆做佛学专题讲座。对于传播优秀的中国传统文化及佛教文化起到了一定的促进作用。至2018年底，佛学分馆共举办各类文化讲座134场。

2.整合资源，服务市民

佛学分馆读者活动的主讲、主持和召集人来自社会的各个阶层。这里既有主持书画沙龙的本馆员工；有主讲文化讲座的高校学者；也有主持佛教心理学漫谈及佛教文化分享与交流的寺院法师；当然更缺少不了来自民间，自发组织活动的民间人士。他们在佛学分馆这个交流平台上，用自己的学识和热忱服务于各类读者。

佛学分馆想要构建的是一个传播平台，此平台不同于佛教寺院经藏，不同于民间居士团体的佛教图书流通，也不同于高校教育体系的佛学馆藏，但它可以与寺院资源、民间资源、高校资源互补，为社会大众开通一条学习佛学与中国传统文化的渠道。杭州图书馆也希望借此为佛学主题图书馆的发展理清思路，促进公共图书馆事业的均衡、全面发展。

3.常态机制，逐步拓展

佛学分馆通过组建专家团队，创立读者交流群，借助微信、QQ等信息传播渠道传播活动信息，以维护分馆活动的常态运转。除此以外，培养读者的参与热情和分享精神也是佛学分馆在管理上的一个重要举措。

为了保证读者活动的质量，佛学分馆邀请曾经做过活动主讲的部分嘉宾加入天竺书香专家组，给他们颁发证书，授予"学术顾问"称号。佛学分馆召集专家组成员进行不定期聚会，群策群力，商讨天竺书香品牌活动的相关事宜。2016年5月5日，在天竺书香专家组黄公元老师的推荐下，佛学分馆与杭州师范大学政治与社会学院合作，邀请了香港理工大学前校长潘宗光教授，举办了一场题为"佛学与科学"的讲座。讲座在杭师大仓前校区举行，500人报告厅座无虚席，讲座现场热烈而温馨。专家组的建立，既有利于形成一个稳定的传播佛学与中国传统文化的团体，又保证了活动的质量。

读者群的组建和维护也是佛学分馆得以持续发展的重要保证。佛学分馆于2012年刚开馆之初就建立了读者交流QQ群，至今已有四个固定的QQ群（包括三个佛学分馆读者交流群和一个清心写心书画沙龙交流群）。读者可以在群上接收到天竺书香各类活动的活动通知，活动报道以及讲座音频等活动资料，大家也可以在群里探讨活动相关内容。2016年，佛学分馆申请了以杭州图书馆佛学分馆为主体的微信公众号，并定期在公号上发布活动信息，也已形成固定的读者群。

四、发展展望

1.打造特色文化地标，拓展杭州城市文化内涵

佛学分馆在灵山秀水的传统佛教名胜定期举办各种读者活动，让古老的佛教服务当代普通市民，努力成为杭州的特色文化地标。作为市民心中的"最美读书地"，佛学分馆本身已是杭州一个非常有特色的主题图书馆。在一个有特色的图书馆打造一个更有特色的活动品牌，让更多的人参与其中，分享交流，这是佛学分馆的初衷也是一直在努力的方向。在佛学分馆的《读者留言本》上，读者留下了对于这个图书馆以及这个城市的诸多喜爱之情。只有对一个城市，对一种城市文化感到由衷的喜爱，才会对这个城市有归属感，而这种

归属感是城市发展的核心推动力。

2.激活中国传统文化，丰富杭州城市文化底蕴

杭州有丰厚的佛教文化积淀。佛学分馆通过佛学及相关文化的讲用，赋予传统文化以时代内涵，在禅意诗性中丰富杭州的城市文化底蕴。在专家学者的解读和带领下，让中国传统文化精华以生动活泼地形式展现在市民面前，深入市民心中，提升城市在市民心中的地位。

3.促进民间信仰理性化，提高杭州特有的香道文化品位

天竺是杭州历史上著名的"香道"，至今上香的信众和游客络绎不绝。佛学分馆根据大众需求设计讲座、沙龙、展览等活动，努力提升传统香道文化的品位，促进民间信仰的理性化进程。

佛学分馆举办的各类活动，从文化的角度为市民打开一扇了解佛教以及中国传统文化的窗户，让古老的智慧再次服务于当代的人们。在学者的引导下，通过一系列的佛教文化讲座，激发起人们积极进取的精神，激励个体去面对生活中的困难和问题，创造性地去解决问题。从文化入手，促使民间信仰往理性的方向发展；挖掘佛学宝藏，让它为人民的幸福发挥建设性的作用。让杭州特有的香道文化不再局限于烧香拜佛，而是文化引领，书香远飘。

第七章　棋院分馆：黑白之间的方寸

书与棋是最风雅的组合，杭州图书馆棋院分馆即是最风雅的图书馆了。黑白方寸之间，是技艺与智慧的博弈，更是文化与知识的传承。

一、产生与发展概况

中国围棋图书馆（杭州图书馆棋院分馆）是由中国棋院杭州分院与杭州图书馆共同主办、共同管理的以棋文化、围棋项目为特色的专业图书馆。2010年10月，杭州图书馆和中国棋院杭州分院合作建立杭州图书馆棋院分馆，2011年10月正式建成并投入使用。成立伊始，棋院分馆位于天元大厦中国棋院杭州分院四楼一室，在藏书陈列和空间设计上着力营造"棋文化"的氛围。一年后院方采取馆方建议，将棋院分馆环境整体改造，打造成琴棋书画中心。200平方米的空间内，线条明快的博弈区、古典雅致的书画区，各区域功能清晰、紧密融合。2016年4月，棋院分馆整体搬迁至大厦一楼，面积有了更大拓展，经过精心设计，棋院分馆已成为集收藏、展示、服务、休闲等多种功能于一体的专业棋文化图书馆。图书馆在实现专业功能的同时，还充分发挥公共文化设施作用，热情接待国内外棋类爱好者。积极纳入"杭州市城乡区域公共图书馆服务一体化"体系，为广大读者提供"一证通用、通借通还"的一站式服务，将图书馆打造成社会大众的重要文化活动空间。"十三五"期间，中国围棋图书馆将进一步加强资源建设，努力实现"棋文化专业图书馆"向"棋琴书画专业图书馆"转型，积极参与公共文化服务体系建设，打造分院对外宣传的平台与窗口，实现良好的社会效应。

图2-7-1　棋院分馆门口

二、分馆特色

图书馆成立以来，坚持"以推动围棋事业和其他棋牌事业的发展为目标，大力普及棋文化"为工作方针，围绕中国棋院杭州分院打造"一校、二馆、三中心"，把杭州建设成为中国围棋运动、棋文化研究、棋文化传承副中心的目标努力工作，形成和开发出独具特色的馆藏资源和服务项目。棋院分馆纳入杭州地区公共图书馆"一证通"范围，已引入RFID技术，使用杭州地区公共图书馆InterLib系统进行图书借还。

1.以棋类为藏书特色，内容涵盖广

馆内所藏资源有侧重、有精品，文献类型多样，读者能系统全面了解围棋的发源、发展及现状；能为各阶段、各类型读者提供相适应的图书、期刊、报纸以便研究学习，截至目前馆藏专业棋类图书逾4000册（多语种棋类藏书2000多册），陈列报刊30余种，已初步形成以棋文化为特色的藏书体系。围棋类图书属于小众读物，全国每年出版此类新书约200余种，棋院分馆尽可能地搜集齐全。同时，还从日本、韩国等地采购原版图书，帮助专业棋手和普通棋友拓展视野。棋院分馆还建立了特色数据库——围棋信息库，供读者在

线学习，提高棋艺。2016年馆藏结构在原来棋类主题的基础上，增加琴、书、画三个主题。在棋院分馆，读者可以系统地了解围棋艺术的起源，全面把握当代围棋活动的发展现状。

2.馆内布局主题分明，雅致有序

棋类文化在中国源远流长，最早可追溯至春秋战国，方的棋盘，圆的棋子寓意天圆地方，它们纵横19条线连起361个交叉点，黑白棋子在方寸棋盘中变化莫测，演绎出一场没有硝烟的战斗。琴、棋、书、画并称中国四大传统艺术形式，成为一种具有丰富内涵的文化形态。在杭州图书馆棋院分馆，随处可见这种"天圆地方"的文化元素。区域内分为图书借阅区域和藏品展示区域，馆内图书按照象棋·国际象棋·围棋、城市学研究、少儿读物、综合类读物、音乐、书法、绘画八个主题进行排布。区域内集棋文化精品、棋文化工艺品展示，知名棋手签名盘展示、书法作品展示、城市学系列图书展示等功能于一体，藏品种类丰富，古今中外均有涉及，古有清代古籍《子仙百局》，今有棋手签名棋盘；中有金丝楠木棋罐，外有日本漆艺迷你棋墩……在棋院分馆内，不仅可以阅览图书、还能感受琴棋书画的艺术氛围，更能体会到围棋作为文化和体育结合项目的源远流长。

图2-7-2　棋院分馆的内部一角

3.棋类文化底蕴深厚，传为业界美谈

棋院分馆的"镇馆之宝"——《围棋词典》是目前为止当代围棋界最系统的资料之一，此书的获得也颇费了一些周章。提及许宛云，围棋界的人都不陌生。她的丈夫，是老棋手、作家、资深围棋记者赵之云，许宛云自己也是位棋手，他们夫妇曾合著50万字的《围棋词典》。1996年，一生研究古谱和棋史的赵之云先生因病去世，面对赵先生毕生收集的珍贵资料和围棋文物，许宛云一直为它们的出路操心。这期间，她考察联系了多家图书馆，也有同里、贵州等地的专业人士主动和她联系，许宛云始终觉得还不是最好的选择，所以一直在寻找机缘。当杭州图书馆棋院分馆联系上她时，许宛云最初也没有被打动。为此，棋院分馆的工作人员往返杭州上海数次，最后还是杭州良好的棋文化氛围让她动了心。许宛云来杭州的那天，近万册书籍和剪报、手抄本、纪念奖牌把一辆依维柯汽车塞得满满当当，直到这些贵重的书本被稳妥地放在杭州图书馆棋院分馆时，许宛云才真正放了心。对于她来讲，这些书终于有了最安全的归属。这批书，对棋文化研究工作起到了极其重要的作用，也在无形中极大地提升了杭州图书馆棋院分馆的文化底蕴。棋院分馆对赵之云先生所遗几千册期刊、图书、古籍、资料、实物进行整理、分类与鉴定，并专门设立古籍书库，之后将进行数字化加工。

4.服务读者年龄跨度大，广受欢迎

目前棋院分馆全天候开放，管理人员3人，人员均由棋院分派，负责日常的图书借还。棋院分馆虽然和藏品丰富的中国围棋博物馆建在一起，但人气丝毫不输围棋博物馆。棋院分馆服务的人群通常为中国棋院杭州分院的工作人员、来往嘉宾、围棋学校的学生及家长、酒店客人、附近居民，读者上至八旬老者，下至学龄孩童，都能在棋院分馆找到自己的乐趣所在。无论你是否是棋类爱好者，走进棋院分馆，找个位置落座，这便是惬意的一天。棋院分馆不仅是棋院文献的保存研究场所，也成为普通百姓享受公共文化服务的便利平台，更是宣传棋文化、杭州形象的重要对外窗口。

图 2-7-3   正在馆中对弈的小读者

三、问题分析与发展展望

经过多年发展，棋院分馆的运营日渐成熟，服务内容与功能日趋完善，读者群稳定，但仍存在一些问题，如单独读者活动组织较少、民众知晓度不高、与中心馆连接不够紧密等，问题的存在制约了棋院分馆的进一步发展。棋院分馆同时承担传播棋文化和提供公共图书馆服务的双重任务，如能整合现有资源，适当调整定位，进一步优化服务的方式，增强对外宣传的力度，在图书馆和中国棋院双方的努力下，棋院分馆势必在公共文化资源共享中发挥更大的作用。根据存在问题，现提出对策如下。

1. 组织读者活动，发展棋类文化

棋院分馆可与棋院内学校联合策划组织少年儿童活动，抓住低龄群体，由浅入深，让围棋文化在一代代人心中传承。另外还可以通过建立棋友社，以棋为契机，以棋会友，稳定发展棋院分馆的读者群，以读者群促活动开展，以读者群促进棋院分馆的宣传与发展。将棋文化、杭州文化融入服务中，让更多的人了解棋院分馆的服务、参与棋院分馆的建设。

2.增强宣传力度，推送公共服务

通过各种渠道宣传，让更多的人了解棋院分馆，学会利用棋院分馆的资源。宣传时可先集中展现杭州图书馆中心馆、总分馆联盟，再对各个分馆进行特色介绍，目的在于扩大受众范围，将服务推送到更多的人手中。对于棋院分馆，应突出其棋文化与众分馆不同，棋类文化资源丰富，是公共图书馆的一部分，更是公共文化服务体系的重要组成。

3.加强业务指导，构建文化有机体

通过业务指导，使棋院分馆与杭州图书馆联系的更紧密，建立棋院与中心馆的指导、沟通机制，定期总结目前存在的问题，给出解决的方案与建议，形成长效、共赢的总馆带分馆，分馆促总馆的合作机制，全面构建传播棋文化、推广阅读、展示杭州形象的文化有机体。

第八章　城市学分馆：大学里的幽静地

藏中有阅、阅中有藏、藏阅结合。杭州师范大学仓前校区幽静的校园内，诞生了一座独特的城市学图书馆。

一、产生与发展概况

杭州国际城市学研究中心（杭州城市研究院）成立于2009年，是杭州市委、市政府专门设立的城市学、杭州学研究机构。该中心在杭州师范大学仓前校区里有座办公大楼，建筑面积1.8万平方米。除3楼用于办公外，1—12楼有110个房间，其中培训教室14个，专家用房与学员宿舍75套，研讨室9个，其余的为报告厅、接待室、休息室。该大楼有别于一般意义上的办公大楼，在内装修上有意兼容图书馆、博物馆的建筑元素，110个房间全部安装了书架。杭州图书馆城市学研究中心希望杭州图书馆共同参与大楼内城市学图书馆的建设，在人员与文献资源上提供帮助，双方于2016年12月签订了共建"杭州图书馆城市学分馆"的战略合作协议书。经过合作双方的共同努力，2017年9月，杭州图书馆城市学分馆完成文献整理与上架工作，并对外公布试运营。2017年10月19日，举行揭牌仪式。市委原书记、杭州城市学研究会理事长王国平，杭州文化广电新闻出版局局长孙雍容，杭州城市学研究中心主任江山舞，杭州图书馆馆长褚树青等领导出席，杭州图书馆城市学分馆从此正式成立。

城市学分馆地处余杭区仓前街道杭州未来科技城核心地带，毗邻阿里巴巴中国总部。杭州未来科技城是中组部、国资委确定的全国4个未来科技城之一，2016年获批全国首批区域双创示范基地（浙江省唯一），并被列为杭州城西科创大走廊建设重点打造的核心区示范区引领区。整个分馆按照"一层一主题、一室一特色"的基本原则，围绕城市进行文献分类排架，并根据功能特性将整个分馆划分成开放借阅区、研修阅览区、精品收藏展示区。通过一年多时间的建设，分馆已逐步形成特色：以城市学研究中心大楼1—12楼为主体，书架（柜）散布在110余个房间中，总架位4355格，馆藏文献规模13万册，其中杭州图书馆调拨文献近6万册，城市学研究中心自有文献6万余册。

图2-8-1　城市学分馆授牌仪式

二、服务与活动开展

1.办馆宗旨

城市学分馆遵循"大综合、小专业"的建馆理念，将"大楼+图书馆""中心+图书馆"作为城市学图书馆建设范围，围绕教学、培训、展览、会议、研究为一体的兼容性图书馆建设目标，致力于服务"城市学杭州学派"和"城市学一流智库"建设，突出专业性、特色化，体现兼容性、国际化。通过馆藏文献收藏与采选、分类与布架、管理与维护，实现"藏中有阅、阅中有藏、藏阅结合"的创新模式，力求建成以文献保障中心、信息服务中心、成果展示中心、社会学习中心、学术交流中心为一体的城市学知识中心的特色图书馆。

2.服务特色

杭州图书馆城市学分馆以"城市与城市学"为馆藏特色，建设一座具有学术性、专业性、系统性、兼容性、开放性等特点的城市学图书馆。

（1）学术性

在馆藏图书文献上注重与开展的城市学研究相结合，既有研究城市的历史文献典籍，也有体现城市现实问题研究的各类文献；既注重收集已成系统、理论性强的图书文献，也注重在理论、实践上具有新科学发现、创新见解和批判精神的城市学图书文献；既有经典名人名家的图书文献专区，也有思想观点新颖利于交流的新成果文献，从而更全面地体现城市学研究的学术交流和研修价值。

（2）专业性

结合城市与城市学研究的特征，打破传统图书馆图书文献的分类方法，在馆藏图书文献的编目、分类和布架上，以城市为分类主线，突出城市主题，注重城市学"待遇"问题研究。以城市流动人口、城市教育、城市医疗卫生、城市交通、城市土地住房、城市文化遗产保护、城市环境等七大城市问题为主干彰显城市学特色，形成具有城市学研究特点的图书文献分类法。

（3）系统性

以"应收尽收、可藏全藏"为工作目标，以"城市和城市学"为主要内容，尽收包括图书文献、视频文献和图册文献，纸质文献和电子文献在内的所有文献，以科学系统的方法系统科学的开展图书文献的查找、采选、收藏、展示、借阅、检索等一系列服务，形成借、阅、研、习、藏自成体系的城市学特色图书馆。

（4）兼容性

在城市学图书馆的建设目标、功能定位和服务方式上体现兼容并蓄的特色，在图书文献上体现哲学、社会科学、自然科学之间各学科的交叉渗透，体现科学与技术、艺术的融合，体现理论与实践的结合，范围无限宽广，内容无所不包，以集成创新的方法实现学术和学科的综合发展，服务于城市学杭州学派。

（5）开放性

按照"藏阅结合、共建共享"的理念，实现从传统的以藏为主的闭架管理模式转向现代的藏阅结合的开架管理模式，在馆藏空间上走出封闭馆室的局限，将图书馆融入更大空间；在图书文献采选上，打破定点定向单一采购方式，以成果换赠售、专家推荐、研修需求和读者征集等开放形式多渠道收集；在图书文献的布架方式上，在研修区域、公共区域等一切可用空间，尽可能排架布放图书文献，为全民开放阅读模式提供实现条件。

图2-8-2　学者正在城市学分馆交流

3.服务对象及成效

城市学分馆主要的服务对象是来自国内外的访问学者及学员，对外借量与阅读推广活动没有硬性要求。城市学分馆开馆以来，月均接待人次达3000余人次，累计到馆人次为4万余人次。但外借量非常小，累计外借86人次，外借文献84册次。另外，作为大杭州公共图书馆服务体系的一个网点，还办理了405册次的还书业务。2018年主要的大型推广活动是与浙江图书馆合办的"两宋书展"，展期半年，累计参展达2678人次。城市学分馆还特设学科馆员，为城市研究中心申报各类国家级课题提供特聘专家学术成果的检索服务，累计承接30个批次1697种文献的查寻、借阅及电子文体的下载任务。

城市学分馆的成效不在于亮丽的业务数据，不借助外力，以杭州图书馆的能量要在国家级开发区觅得一块立足之地谈何容易。与高校图书馆只是一个附属教学机构不同，每一级公共图书馆都是独立的法人，与政府部门加强沟通合作几乎是每一任馆长的必修课。杭州国际城市学研究中心隶属杭州市委，是经浙江省编制委员会批准设立的"正局级（副厅级）"研究机构。前杭州市委书记，杭州城市学研究会理事长王国平对合作成功表示高度的赞赏，也肯定了分馆工作人员的专业素养与业务能力。

图2-8-3　城市学分馆中的宁波书房一角

三、建设与管理经验

1.建设模式

城市学分馆是由杭州图书馆与杭州国际城市学研究中心合作共建的专业性主题图书馆，共建双方主要的合作内容为：①根据分馆的建设规模与工作需要，双方各派工作人员参与建设与管理，人员经费由派出方承担；②杭州国际城市学研究中心负责提供分馆的馆舍设施及相关设备，杭州图书馆负责提供部分文献资源及技术支持；③双方每年均向分馆投入一定的购书经费，所购文献分属出资方；④城市学分馆实行双重领导制，人事、业务及日常管理接受杭州图书馆与杭州国际城市学研究中心的双重领导。

2.人力资源投入

按照最初的协议，杭州图书馆只承诺派驻1名工作人员，随着分馆规模的不断扩大，杭州图书馆实际派驻分馆的工作人员已多达4名，3名事业编制工作人员，1名合同制工作人员。2017年6月杭州图书馆第一批2名工作人员入驻仓前城市学分馆，2018年9月4名工作人员全部到位。截止到2019年5月，杭州图书馆的人力资源投入累计不下100万。

杭州国际城市学研究中心事业发展处负责与杭州图书馆的日常联络，有1名工作人员参与分馆的日常管理，但主体工作还在事业发展处。就合作双方的人力资源投入这一点上，杭州图书馆明显要高于杭州国际城市学研究中心。

3.运营经费投入

2017年杭州图书馆向分馆投入文献购置费110余万元，2018年50万，2019年21万。杭州国际城市学研究中心每年的购书费预算是20万，2018年新增的3.6万册城市书房文献主要是通过换赠的方式取得，没有增加新的预算。整个大楼在开馆之初就有4355节书架，后来又陆陆续续增加了1000余节。政府采购网上长度1米6节的钢制书架最低的也要855元，城市学分馆用的是内衬钢板的强化板材仿木制书架，单节85cm，据估算不下200元一节。仅此一项，杭州国际城市学研究中心便投入不下100万。在开馆之初，13万藏书里合作双方的文献基本上是各占一半，到2019年，杭州图书馆的文献因为馆藏结构调整开始大量回流，现在已不足5万册。杭州图书馆城市学研究中心自有的8万册文献是由书商代加工的，每册加工费3.5元，合计28万。还有采购自助借还机、点检仪等专用设备的费用15万。

4.双方人力资源投入不平衡问题的解决方案

杭州国际城市学研究中心主要是通过招募志愿者的方式解决双方人力资源投入不对等的问题。杭州图书馆在分馆的工作人员提出用人需求，杭州国际城市学研究中心事业发展处就会与杭州师范大学的团委与学生处联系，发布"学术助理"的招募信息。这里所说的学术助理其实就是学生志愿者，只不过与纯免费的志愿者不同的是，学术助理根据工作时长可以领取一定数额的报酬。其标准是一个小时特困生15元，非特困生13元。据不完全统计，杭州国际城市学研究中心累计在这个项目上的投入不下于30万，累计招募学生志愿者50余人次，单人累计最高工作时长100小时。

5.文献购置费投入不足的解决办法

杭州国际城市学研究中心在短短2年时间内由最初的不足5000册馆藏发展成8万册，其主要的做法或者说成功经验是在每个房间用自己出版的400余种文献重复填充，常见品种复本量高达上百个。其次，也是最重要的一点是接受全国各地政府捐赠的地方文献。2018年，城市学研究中心提出改造提升研究中心各项工作的2.0计划，其中要求城市学分馆在原有基础上承担"城市书房"建设。此项计划预计征集全国200家左右主要城市的地方文献，形成每座城市一间书房的目标。截至2018年12月，已与重庆、西安、开封等知名城市及台州、宁波等浙江省内城市共建16家"城市书房"。这些书房里的书主要是通过各地政府出资，由当地公共图书馆采购并捐赠给杭州国际城市学研究中心的地方文献，杭州国际城市学研究中心会在事后向对方捐赠等额的自有文献。

需要着重说明的是，此"城市书房"与浙江省各地正在推行的"城市书房"建设并不是一回事。首先，建设主体不同。城市学分馆内部设立的城市书房的建设主体是杭州国际城市学研究中心与各大城市地方政府，而温州市等地正在推行的城市书房的建设主体是各地政府。其次，建设目标不同。杭州国际城市学研究中心主导的城市书房是希望通过对各地的地方文献收集与展示，为进一步加强城市交流与合作，方便各地城市建设者们系统了解世界不同城市的前世今生、建设经验、未来方向，吸引学者到杭州国际城市学研究中心做相关的研究。而由各地公共图书馆具体实施的城市书房建设其实质是深化服务网络建设，在社区设立的那些城市书房可以理解为公共图书馆的分馆或基层服务点。

城市学分馆是杭州图书馆践行社会化办馆理念的一大产物，从办馆2年的经验来看，有成功的地方，自然也有不足的地方。城市学分馆成功的地方显而易见，杭州图书馆在没有政府投入的前提下，通过与社会力量合作，在未来科技城的核心地带开设一个分馆，从资本运作的角度来看，怎么都算是一个成功的范例。要拓展生存空间，公共图书馆的管理层首先要转变观念，与大变革的时代接轨，才能实现真正意义上的图书馆转型。这个是城市学分馆建设从宏观管理角度给我们的一点启示，至于社会化合作存在的问题会在下一节的问题分析部分重点阐述。

四、问题分析与发展展望

1.问题分析

（1）分馆在选址上存在先天不足

这个是社会化合作办馆的通病，杭州图书馆对分馆的地理位置、楼层分布与馆内的空间布局并没有太多的选择与发言权。从理论上来说，杭州图书馆是城市学分馆的母体，城市学分馆天然具体公共馆的属性。向全杭州市民开放，尤其是为未来科技城的科研人员服务是应有之义。但城市学分馆建在杭州师范大学校园内，一墙之隔就是杭州师范大学图书馆，从软硬件配置来看，城市学分馆都难以满足杭州师范大学师生的阅读需求。城市学分馆幽居大学校园，向公众开放存在诸多不便，其公共性无法充分发挥。一个先天存在不足，既做不到高校馆的精深，又做不到公共馆的亲民的图书馆，其核心竞争力在哪里，这个是令我们深感困惑的一个地方。

（2）双重管理体制有管理缺位的隐忧

杭州图书馆城市学分馆是由杭州图书馆与杭州国际城市学中心共建的，这就决定了城市学分馆的日常管理者需要同时对双方负责，这种有两个上级主管单位的特殊管理体制我们形象地称之为两个婆婆。多个婆婆罩着看着挺美的，其实不然。电视剧里面惯常的桥段是，强势的婆婆为争夺主导权而大打出手，好婆婆则在子女的教育问题上缩手缩脚。这个就是双重管理体制可能存在管理缺位隐忧的第一层意思。

与社会力量合作兴办主题图书馆还存在另一个方面的管理缺位隐忧，就是任何合作都要面对的一个世界性难题：充分表达利益诉求以及实现最大限度的共赢。杭州图书馆与杭州国际城市学研究中心虽然在2016年底签订了战略合作协议，但这份协议对双方权利义务的规定大多是框架性与原则性的，需要双方权利义务做出进一步的详细说明，日常运营与管理机制作也要制订一系列的配套制度。驻分馆的杭州图书馆工作人员曾参与《杭州图书馆城市学分馆领导机构与议事制度》《杭州图书馆城市学分馆建设制度》的草拟，从杭州图书馆的角度对完善沟通协商机制与分馆的发展定位等问题都提出了自己的意见，可惜的是这两份文件最终都没有成文。

（3）发展定位有较大的不确定性

从地理位置与周边的产业集群发展的情况来看，城市学分馆与未来科技城接轨，走外向型发展道路会有更广阔的发展空间。杭州图书馆与杭州图书馆城市学研究中心作为投资方在城市学分馆建设一事上是达成了高度的共识，是利益共同体，但在分馆建成后怎么用怎么发展事实上是有分歧的。

以服务对象为例，杭州图书馆肯定是希望充分体现其公共属性，尽可能地向大众开放，从而最大限度地实现公共图书馆的行业诉求，提升杭州图书馆的社会影响力。如果分馆能在开放服务的过程中为公共图书馆的转型趟出一条路来，那就更是意外之喜了。从杭州国际城市学研究中心的角度来看，作为主要投资方虽然不排斥对公众开放，但还是希望以满足本单位的需求为主，是为到访的全国各地的城市建设者与专家们服务的。这个就是我们常说的不同的价值诉求导致不同的功能定位，合作双方要实现各自的利益最大化要有博弈，更要有高度的战略眼光与专业的知识储备。

2. 发展展望

2018年杭州市常住人口980.6万，净流入人口33.8万。余杭区以160.3万的总人口取代萧山区成为全市人口最密集的建制区，人口增量达12.7万，增长点主要来自未来科技城。科技城所在的仓前街道2012年第六次人口普查官方公布的常住人口是8万，2018年未来科技城核心区3公里范围内的常住人口就达24.6万，加上辖区内未迁出的原住民，整个仓前街道常住人口约为30万，6年内人口翻了四番。2018年底科技城在杭州未来科技城注册企业突破1万家，上市企业5家，新三板挂牌企业28家。累计引进中国科学院、中国工程院等院士10名，海外院士5名，海归人才3084名，创业人才15 200名。2018年1—9月，杭州未来科技城核心区域内的企业营业收入、税收分别达到3252.2亿元、264.7亿元，比去年同期分别增长42.9%和36.6%。因而，有媒体将未来科技城称之为浙江省海外高层次人才最为密集、经济增长最快的开发区。

城市学分馆适逢其会，见证了未来科技城的发展变迁，不可避免地面临着一个重大的选择：是选择做历史的见证者与旁观者还是做建设者与参与者。以人工智能、区块链、云计算、大数据为标志的智能技术在图书馆各项业务上的应用与深度融合，是后知识服务时代图书馆实现转型的外在驱动力。城市学分馆地处未来科技城，天然就是科技城的见证者与参与者，但作为建设者与参与者，是主动参与还是被动应对，其间的差别不可以道里计。准确地说，是蜗居杭州国际城市学研究中心一室，满足于螺蛳壳里做道场的现状；还是走出资料室，探索为未来科技城重点发展的泛化人工智能、无障感知互联以及智能云、量子计算研究等领域的创业者和科研工作者服务的方式与途径，决定了城市学分馆未来的发展方向以及最终所取得的成就。及时谋篇布局，为城市学分馆确定未来的发展方向是共建双方领导要考虑的事，也是城市学分馆工作人员要认真思考的问题。

第九章　运动分馆：当阅读遇上运动

当朋友圈还在流传一句话："要么读书要么运动，身体和灵魂，总要有一个在路上"，杭州图书馆运动分馆已然实现"读书"与"运动"的有机结合，正朝着"身体与灵魂并行"的美好愿景发力前行。

一、产生与发展概况

位于杭州市余杭区未来科技城的杭州八方电信有限公司成立于1997年，连续八年被杭州市人民政府评授予"AAA级信用"的荣誉称号。公司一直热心慈善事业，十分关注公共文化事业的发展。2015年初，杭州八方电信有限公司主动联系杭州图书馆探讨在未来科技城合作建立图书馆。未来科技城毗邻杭州西溪国家湿地公园和浙江大学，集聚了阿里巴巴、浙江省海外高层次人才创新园、奥克斯研究院等高新企业中高层次年轻人才，但当时该区块没有完备的公共文化设施。

杭州八方电信有限公司最初的合作意向是希望借助杭州图书馆的平台，在小区建成一个阅览室。时任馆长褚树青认为，这种运营模式只能产生短期效应，合作共建的最终目标是持续有效地为市民提供公共文化服务。因而，希望建成主题图书馆，将其打造为该区域人群学习、休闲及娱乐的第三文化空间，这更有利于双方在合作的过程中实现共赢。双方经过深入磋商，达成建设主题图书馆的共识。

建设一个什么主题的图书馆？源于三重考虑：一是未来科技城聚集了大量的年轻人，在工作之余他们常常喜欢通过运动缓解压力。二是当时杭州正如火如荼地申办2022年亚运会，该新建主题图书馆是否可以利用专业优势，为亚运会的筹备建设提供专业知识信息的支持与文化服务？三是在2014年国务院印发《关于加快发展体育产业促进体育消费的若干意见》将全民健身上升为国家战略，在"全民健身运动已经成为民族复兴的新动力、经济转型的新趋势、民生需求的新期待"的大背景下，作为社会公共文化服务机构的图书馆应主动出击积极作为，为国家战略发展提供有力的文化支持。基于以上三点，从区域特色、群体需求，同时结合政府的城市发展规划和相关政策等综合因素考虑，合作双方决定建立以"运动"为主题的分馆。

主题确立、协议达成。经过近一年的筹建，通过社会化运作，引进杭州铭仕高尔夫俱乐部、杭州钱塘弓射、杭州哈玛尼斯家庭健身俱乐部三家社会机构，共同参与运动分馆的建设，创设体验区组织开展公益性体验式阅读模式。2015年9月19日，在2022年亚运会落户杭州的消息见诸报端后的第三天，杭州图书馆运动分馆正式对外开放。开馆当天，近千名读者参与了开幕式，授牌首批两家馆外体验点"名仕高尔夫""钱塘弓射"同时启动服务。百余名骑行及跑步爱好者沿西湖风景区绕行西溪湿地抵达运动分馆，现场成立"杭州图书馆读者酷跑队"和"杭图读者骑行队"，是为爱好相投的读者搭建的一个公共服务平台，此后又陆续成立了"读者射箭队""杭州小学生读者空竹队"。开馆当日许多摄影爱好者随行抓拍运动过程的精彩画面，定格开幕式的精彩瞬间，之后在其中挑选出50幅作品进行摄影巡回展，提升运动分馆社会知名度。

运动分馆开馆至今近4年，通过不断的探索、实践、积累与发展，其运行模式逐渐受到业内外的关注，图书馆专业服务水平及跨界跨行业社会合作能力得到显著提高，取得良好的社会成效。运动分馆将活动作为核心业务工作，以"阅读遇上运动"作为活动品牌，通过社会化运作手段，吸引社会机构、利用社会力量共同参与项目体验、人文走读、交流分享、展览展示等形式多样的主题活动的组织策划与开展，年均活动100余场次。同时将图书馆服务延伸至馆外扩大受众面，建立"滑翔伞""棒球""太极拳"等15家馆外体验点、7家馆外阅读点。

二、服务与活动开展

运动分馆在空间功能的布局与服务活动的拓展两方面，既面向大众提供图书馆专业文化服务，又突出运动主题特色的灵活性和个性化。以体验式、活动式的阅读新模式对知识信息进行多层次、立体式的传播，大力倡导全民阅读、推动全民健身，通过公共文化服务手段满足人们对美好生活的向往。突破传统图书馆的静态模式，以动静结合、动静分离的功能区域彰显主题特色，为读者提供不一样的服务体验。同时不囿现有场馆，积极与社会运动机构合作，持续不断向馆外延展服务空间，扩大服务半径。

图2-9-1　运动分馆外景

1.文献服务

运动分馆文献由杭州图书馆总馆负责提供，为兼顾读者多方面阅读需求，同时避免主题图书馆受众面窄、资源利用率不高的弊端，在馆藏配置上以体育运动类图书为主占比50%，辅以国内外文学、历史、人物传记、旅游摄影等文化休闲类图书，订购期刊近100种，其中收录体育运动类杂志40余种。杭州图书馆总馆根据主题图书馆的资源利用情况及读者需求反馈，每年对运动分馆购书经费进行适度调整，以期完善主题图书馆馆藏的科学合理配置。杭州地区公共图书馆服务网络体系的覆盖，使得运动分馆与杭州市各公共图书馆实现文献的通借通还。

数字阅读逐渐成为大众特别是年轻人热衷的阅读模式，运动分馆为此引进中国移动"咪咕阅读"共建数字阅读体验区，咪咕阅读负责提供数字阅读器及听书设备，海量数字图书丰富了读者的阅读内容与形式，这也是咪咕阅读在浙江省内首个走进公共图书馆的合作项目。

2.空间设计

开馆当日，杭州各大主流媒体以"当运动打开体验阅读的窗口""一边是万卷书香、一边是运动酷玩"等标题的报道，贴切诠释出运动分馆的主题特色。在空间设计上运动分馆采取动静分离、动静相宜的设计。一楼以动感设计为主，设有射箭、高尔夫两个运动项目的体验区、沙龙交流活动区、主题图书专架及文化展区。大开间、软隔断与时尚家具配饰的结合，营造出轻松、休闲、温馨的氛围。二楼为安静的阅读学习区，地毯铺饰吸音减噪，落地玻璃门窗采光充足，书架则以暖色灯光装饰，整体空间给人以清静平和之感。在运动分馆，读者可在学习之余体验运动的乐趣，亦可在运动之后享受阅读的静谧时光。

3. 主题活动

（1）体验式活动

运动设备的引入及体验区的设置是运动分馆独具特色的项目。运动分馆选择设立高尔夫、射箭两个体验区，以取中西合璧、古今交融之意。从最初不定期邀请持证专业教练现场指导读者参与射箭、高尔夫运动的体验，到如今已成为常态化活动，新颖的体验活动模式深受读者喜爱。读者在体验、交流的过程中收获到的不仅不会少于阅读一本专业图书，同时更高层次的心理和情感上的满足建立起读者对图书馆的信任感和归属感，使得越来越多的人，特别是年轻读者走进图书馆。

2017年杭州市射击射箭管理中心、杭州市高尔夫管理中心授予运动分馆"射箭运动项目市民体验点""高尔夫运动项目市民体验点"。2016年公开招募射箭爱好者组建"读者射箭队"，经过公益专业培训后，代表杭州图书馆参加杭州市民射箭联赛，荣获杭州市女子30米反曲弓团体第一名，图书馆首次登上体育赛事的舞台，迅速扩大了图书馆的社会影响力，特别是对其他领域的影响。

运动贵在坚持，也重在适度，不科学的运动很容易造成损伤。鉴于此，运动分馆每月组织开展公开课，以知识讲授、交流互动相结合的形式倡导科学运动理念、普及健身和养生知识。同时通过公开课的推介与展示，击剑、咏春拳、皮划艇、搏击、棒球、滑翔伞等小众冷门的运动项目走进了读者的视野，挖掘出读者潜在的兴趣爱好。

运动对现代人特别是年轻人来说不仅是一种生活方式，更是一个健康的社交平台。一些取得较高成就的"运动达人"非常乐于且善于分享与交流，为此，运动分馆设立"达人图书馆"，为达人与读者之间搭建起交流的平台。

达人将他们的经历以故事的形式呈现给读者，通过现场的交流互动、思想情感上的碰撞，读者完成对运动达人这本"书"全面生动的解读，每次交流会结束都有读者表示达人们通过展示分享其丰富而独特的人生阅历，鲜活地展现了运动的内涵与魅力，向社会传递出正能量。

图2-9-2　读者在志愿者指导下体验射箭运动

（2）主题特色品牌活动

运动分馆主动出击，另辟蹊径，创意策划"阅读遇上运动"主题品牌活动，将运动与阅读有机结合，努力实现"身体与灵魂并行"的美好愿景。"阅读遇上运动"活动主题策划围绕"三时"：时事热点、时间节点、时尚元素开展进行，以"阅读+运动""体验+分享"贴近生活、贴近群众的内容及形式，引导人们养成阅读与运动的良好习惯，不断建立起对美好生活追求的信念。

"连续21天日行万步阅读一本书，大挑战"：在行为心理学中，人们把一个人的新习惯或新理念的形成并得以巩固至少需要21天的现象，称之为21天效应。运动分馆组织策划"连续21天日行万步阅读一本书，大挑战"，将阅读与运动两者结合，倡导全民阅读、推动全民健身。要求参与者21天内持续日行万步至少读完一本书，每天分享30字以上的阅读心得和运动的愉悦，以每日微信签到、运动打卡、阅读分享等具有互联网时代特征的线下活动、线上分享的模式，在自身养成阅读和运动习惯的过程中影响更多的人参与到活动中，爱上运动和阅读。活动历时2个月，吸引了浙江、北京、上海、福建、山东等省（市）运动爱好者的参与，共建团队90个，最后顺利完成团队32个，累积发布读书心得40余万字、行走总步数102 945 167步朋友圈收获点赞数10万余次，传播力度及广度之大为"阅读遇上运动"活动品牌奠定了良好的基础。

"阅·动·历史建筑　助力文化自信"：以文化的内核、运动的气息、全民参与的活动形式，让市民读者在历史建筑内体验传统运动项目，欣赏历史建筑的不朽魅力，阅读历史建筑背后的故事与历史。太极、咏春拳、空竹等具有中国传统特色运动走进千年古刹，通过展示运动韵律之美，传播传承中国优秀传统文化，助力文化自信。该主题活动一经推出得到杭州都市快报等媒体的大力支持，参与主办并作专题宣传报道，极大程度地提升了活动品牌的社会影响力。

"运动达人朗读接力"：2017年央视节目《朗读者》在全民掀起朗读热潮，运动分馆抓住时机，在4·23世界读书日之际与杭州师范大学、咪咕阅读共同组织策划"运动达人朗读接力"主题活动，设定"赤子之声""阅动之美""书海无涯"三个分主题在三地接力开展，将一个个固定的阅读点串联起来，通过阅读与运动的融合充分展现运动群体热爱阅读、健康向上的形象，同时激发读书人运动的热情。该活动吸引到骑友网、爱动人、汤姆约客咖啡、Fresh营养运动餐、小巴保险科技等社会机构的支持，筹集活动经费2万余元，有60余位运动达人、大学生和喜欢读书的市民参加，《杭州日报》《每日商报》、杭州在线等多家主流媒体进行了报道。

"人文走读"："读万卷书，行万里路"，为了让市民读者在运动的同时，能够对杭州的历史文化获得更为全面深入的了解，进一步鼓舞草根作家的文学创作热情，先后组织开展"遇见春天——凤凰山寻古""诗意诵读、徒步问茶""放飞六月、亲子走读"等主题系列活动，将阅读、运动与文学创作有机结合在一起，精选古迹众多、人文荟萃的路线，邀请"老杭州"沿途讲解历史典故、风物传说，引领读者在行走西湖山水之间体会"诗意的栖居"、书写胸臆情怀。

图2-9-3   人文走读活动现场

4.馆外延伸服务

跨界、跨行业地将社会运动机构纳入运动分馆服务网络中，与社会运动场馆合作，建立运动分馆"馆外体验点"，统一标识、统一挂牌、统一服务，有力地拓宽了图书馆服务空间，服务半径不断延伸，运动分馆社会知名度得到迅速提升。目前在杭州不同城区已建有咏春拳馆、击剑馆、滑翔伞基地等15家馆外体验点，体验点为读者提供运动项目的免费体验，同时根据运动分馆需要协助组织开展公益性主题活动。馆外体验点打破了运动分馆场馆固化的局限性，为读者提供更多的服务选择，同时因图书馆的介入增加了体验点的文化元素而深受合作方的欢迎，社会合作多方受益的模式得以充分体现。在体验点建设取得初效的基础上，为了激活馆藏资源、推广阅读，运动分馆在15家馆外体验点选取7家条件相对优越、服务有保障的场馆建立"馆外阅读点"，由运动分馆集中提供图书配送，馆外阅读点俨然成了一个个小微型运动分馆，这种以点带面的形式很好地推动运动分馆的服务建设与发展。

5.文化遗产推广

公共图书馆有"加强文化遗产意识""提供接触各种表演艺术文化展示的机会""为社团群体提供充足的信息服务"的服务使命。运动分馆以图书为媒介、以活动为载体，致力于运动项目的推广、运动文化的传承、运动理念的传播。在普及推广的运动项目中，抖空竹是我国独有的中国体育运动之一，是中国传统文化苑中一株灿烂的花朵，作为我国第一批国家级非物质文化遗产需要得以继承与发展，但在杭州乃至中国，抖空竹运动并不为大众所熟知。运动分馆发挥自身资源优势和平台良好的公众性，联合空竹协会，重点帮扶空竹运动以多元方式推广发展。通过面向读者开设"空竹公开课"，与空竹协会共同组织举办"华东地区空竹表演展示交流会"，对空竹运动历史发展的解读，并结合现场的体验互动，使读者对抖空竹有全面直观感性的认识。同时积极创造机会，为空竹运动提供面向大众展示的广阔平台，在2015年中图年会展会、2016年4·23图书馆之夜、2017年市民射箭联赛场上抖空竹的精彩表演扩大了这项运动的社会影响力，也展示了图书馆跨界跨行业的服务创新能力。2017年初运动分馆将空竹运动带进学校，与杭州市三墩小学分校、杭州市空竹协会共同组建"杭州小学生读者空竹队"，经过近半年不间断训练，"杭州小学生读者空竹队"登上了IDF国际空竹联盟国际赛事的舞台，并取得团队表演金奖的好成绩。运动分馆联手社会力量，共同为推动杭州地区空竹运动的发展，传承中华民族优秀传统文化做出努力。

三、建设与管理经验

运动分馆在建立之初确立了"运动健身、运动养生、读书改变人生"的服务理念，"体验感受、交流互动、知识传播"的服务手段，在服务建设过程中始终围绕服务宗旨，坚持走社会化办馆之路，创新服务模式，深化和拓展服务内涵与外延，打造主题特色服务空间，2018年运动分馆荣获"发现图书馆阅读推广特色人文空间"全国一等奖。

1.社会合作

2015年1月中共中央办公厅、国务院办公厅联合印发了《关于加快构建现代公共文化服务体系的意见》，其中明确提出"鼓励和支持社会力量通过投资或捐助设施设备、兴办实体、资助项目、赞助活动、提供产品和服务等方式参与公共文化服务体系建设"，这为公共文化服务事业社会化提供了有力的政策依据和广阔的发展之路。

"开放、共享、共赢"的平台思维是社会化合作持续有效发展的基本保证，运用到图书馆领域，可以理解为既要坚持图书馆公共文化资源面向全社会开放，又要广泛利用社会各方资源；既要搭建好自身公益性服务平台，又要走出去融入社会各行业平台。基于图书馆信誉互惠、美誉共享、专业高效的优势与自身价值，运动分馆以开放的姿态寻求"合作互惠、共享共赢"的机会，跨界、跨行业吸引社会各界力量参与，多方平台交融形成合力共同推动图书馆事业发展。总面积1000平方米的运动分馆场馆由合作公司杭州八方电信有限公司提供免费使用，同时该公司全面承担场馆装修、设备设施、日常办公及物业运行等费用，此举在一定程度上弥补了政府公共文化事业经费紧缺问题，也进一步宣扬了企业热心参与公益慈善事业，积极承担社会责任的良好社会形象。名仕高尔夫、钱塘弓射等社会机构捐赠总价25万元的专业设备在运动分馆场馆设立运动体验区、建立15家馆外体验点等，通过这一合作模式，合作方可借助杭州图书馆公众平台宣传自身，推广运动项目，市民读者从中享受到更多元的图书馆服务。"阅读遇上运动"主题特色品牌活动先后吸引20余家社会机构参与组织策划，既提升了活动的品质、内涵与专业性，参与活动的各机构通过在自媒体平台上的信息发布，吸引不同圈子的关注参与，公共文化资源得以最大化利用。

2.主导地位

李超平在《社会合作：双赢的选择》中指出"从选址、馆舍大小、装修风格与品质、馆藏量、服务规模、服务内容、管理模式等等，但凡图书馆能在上述问题上起主导作用的，所建成的分支机构往往能取得很好的社会效益；如果不能，所建成的分支机构，要么服务水准低下民众不待见，要么就不具备图书馆应有的功能"。主题图书馆在建设实践中能否达到预期目标，能否持续有效地发展下去，关键取决于图书馆在整个建设发展过程中是否始终处于主导地位。

杭州图书馆在与企业合作过程中始终把握"主导性、专业性"原则。从运动分馆的设计装修到施工落成，杭州图书馆始终介入其中，不断与合作方沟通磨合，将专业及主题特色元素较好地融入布局中，形成目前动静分离、动静结合的风格特色空间。杭州图书馆派遣工作人员开展专业性服务工作，全权负责分馆的业务管理，以确保主题图书馆全开放、公益性的服务理念，规章制度、管理流程、服务方式、服务内容乃至各种基础设施、形象标志等基本沿用总馆的做法，总馆对运动分馆进行定期的工作检查与绩效考核。

社会合作模式降低了活动开展的风险及专业资源的投入成本，但要防止合作中出现的"去图书馆化"现象，图书馆在读者活动组织策划实施过程中的主导地位显得尤为重要。《国际图书馆统计》中对"图书馆读者活动"明确定义"只有图书馆自己或与其他机构合作安排的活动，无论是在图书馆内部还是外部。由图书馆以外的机构组织的没有图书馆合作的在图书馆内的活动被排除在外。"运动分馆80%以上的读者活动是借助社会力量开展实施的，在活动主题设计上牢牢把握图书馆专业性和主题图书馆的特色性，围绕"阅读遇上运动"品牌活动规划进行组织策划，根据不同活动特点、通过不同渠道选择性地引进社会资源共同参与开展实施。活动实施过程中每一个环节严格按照总馆标准执行，确保了运动分馆活读者动系列化、主题化、品牌化的发展和持续不断的创意创新。

3.志愿者服务

运动分馆仅有三名工作人员，日常工作繁重。因此，运动分馆积极借助志愿者的力量促进自身发展。目前志愿者队伍分为普通者、专业者两类，其中普通志愿者协助日常书籍的整理、读者咨询解答、服务区域的管理等工作，按照《杭州图书馆志愿者服务须知》，通过"志愿汇"平台发布招募信息，由运动分馆负责对志愿者进行上岗前培训。专业志愿队伍由馆外体验点负责人及资深教练为主要成员组成，协助开展体验活动、公开课及主题活动等。长效的合作、相互信任与支持，一方面保证了专业志愿者队伍的稳定性，弥补了图书馆运动专业资源缺失的短板，另一方面专业志愿队伍又成为社会力量参与图书馆事业发展的标榜示范。

四、问题分析与发展展望

如果说图书馆总分馆服务体系建设的初衷是实现公共图书馆的普遍均等服务，那么杭州图书馆主题图书馆正是在细化知识信息、细分服务对象的基础上，将专业化特色化的优质服务带给更广大的群体。以运动分馆的探索实践经验来看，展望主题图书馆的建设，可归纳以下三点：一是丰富了图书馆总分馆服务特色与内涵，提升分馆品质；二是有利于吸纳社会丰富的专业资源，实现跨界跨行业的社会合作，充分利用社会力量办馆，扩大图书馆社会影响力；三是既面向普通公众服务，又为以往鲜少走进图书馆的专业领域群体提供专业化服务，为促进公共图书馆普遍均等服务做出努力。

运动分馆作为杭州图书馆主题图书馆建设体系中的一员，"馆外馆"的社会化办馆模式给予了它相对较大的发展空间，使主观能动性充分的发挥，但与公司的合作为契约式，合同在一年后即将到期，是否续约取决于合作双方的意愿，这也是每一个馆外分馆都要面临的问题。二是运动分馆的场馆一直以来是与八方城售楼部合用的一个空间，开馆前期因地理位置偏僻，社会认知度低，读者到馆量不高，空间的不和谐性未完全显现出来，发展至今，运动分馆周边配套设施齐全、交通便利、社会影响力大，读者愈日增多，空间愈显拥挤嘈杂，"读者利用"与"销售利用"两者矛盾冲突也愈发突显，不管是"图书馆里的售楼部"还是"售楼部里的图书馆"，图书馆的特质均被弱化。三是运动分馆建在八方城小区内，该小区目前为封闭式管理，小区居民是图书馆应该服务的对象，但从主题图书馆体系建设的主旨目标及标准化规范化考量，这一情况使得图书馆面向大众的服务性受到一定的限制。

第十章　茶文化分馆：湖山望境，慈母书香

象山旁，芦花香，茶园开满花。之江畔，慈母桥，杭图绘彩画。杭州市西湖区龙坞茶镇慈母桥村，久负盛名的"梅龙—九曲红梅"的出产地，一座昔日的小作坊——梅龙茶社，摇身一变，成了杭州图书馆茶文化分馆。

一、产生与发展概况

随着时间的推移，昔日的小作坊成了现在的杭州梅龙茶文化有限公司。经杭州图书馆与企业协商，决定携手共建杭州图书馆茶文化分馆。杭州图书馆为茶文化分馆的文化性和主题性确定了建设思路，依托梅龙特色文脉，通过发掘茶文化主题特性，彰显图书馆主题特色服务。

2018年10月12日，杭州图书馆茶文化分馆正式开馆。这是国内首家市级茶文化图书馆，也是杭州图书馆旗下的第16家主题图书馆。慈母桥村南靠象山、北邻午潮山、西接白龙潭、东临大清谷，地理位置优越。茶文化分馆坐落于此得天地之精华，是雅集、阅读、吟文、修身、研学的理想之去处。

茶文化分馆自筹建以来，一直积极与市政府、各区政府以及各级妇联联系开展各项图书馆活动。杭州图书馆除承担主题图书馆的主要建设任务外，还为工作人员提供各项管理、服务培训。杭州梅龙茶文化有限公司则负责支持和确保茶文化分馆的日常运作。经过大家的共同努力，参与分馆建设的工作人员都深深体会到了"建设茶文化分馆有酸甜也有苦辣，其中个味是一笔宝贵财富"的精神价值。

二、服务与活动开展

目前，茶文化分馆配有3名全职管理员，负责读者接待和日常管理服务工作。日常服务的内容有文献服务、用户服务、团队服务、培训服务等，并推出精细化服务、标准化服务和个性化服务"三重奏"。精细化服务是以周、

月为单位的图书资料及文献阅读时空服务。当读者走进茶文化分馆时,精细化服务就开始启动。工作人员会了解读者的日常饮水、休息和阅读时长情况,分类安排制定合宜窗口或座位,提供读者文献以外的"特别"服务。标准化服务则适用于全体读者,包含安全服务、文献咨询服务、信息传递服务等,与杭州市图书馆总馆的服务宗旨一致。个性化服务体现了茶文化分馆的特色性,特别新增了村社儿童放学学习园地、儿童照料服务等,为常日班的家长免去接送之困苦。

图2-10-1　茶文化分馆外景

　　为积极营造一流的山景风光和人文气息的茶文化分馆阅读新风尚,该馆积极提出文献配备的需求:结合茶文化的特色,积极采访合乎主题建设的相关书目,做有品质的文化传播者。"品质"一词,用在茶文化分馆是合适的。业内普遍认同"饮茶不是一般人"的观点。也就是说,来到茶文化分馆无论是饮茶还是看书,都是有品位的读者。茶阅修身,说的是对茶文化的敬畏之心、感恩之情。与茶文化的对话就是读者之间对爱的传递和影响。

　　茶文化分馆除了对读者服务组织的规范化、合理化外,还设计丰富多彩的活动服务,为广大读者提供高品质的特色服务,提升公共文化主题专业性服务效能的发挥。依据我国茶文化对历史所生产的重大影响,制定特色活动服务主要有学习读书会、茶工艺研究和茶学核心思政教育三大类。

学习读书会以"亲子读书会"命名，体现了慈母桥村"慈母手中线"的母爱。目前开设的有"梅龙亲子读书会"和"家庭亲子读书会"，梅龙亲子读书会是由本村两夫妻为主讲人的读书分享会，内容涵盖人文教育方法和道德教育。由于这对夫妻在育儿方面做有较为成功的经验，所以该分享会以公益形式开展，每学期开讲两次。家庭亲子读书会的主讲人是周浦小学星级家庭，他们轮流争当主讲人，把慈母桥村的孝文化和茶文化在读书会中传播，受到了周边学校、家庭及社会机构的广泛关注。茶文化分馆不定期开展各种茶文化雅集、西湖文学社沙龙、荣宝斋书法讲习会等活动，让市民沉浸在茶文化分馆文化育人的第五文化空间中。

与此同时，茶文化分馆积极做强文创产品开发，把读者需求与社会需求结合起来，在活动中丰富道德素养的培育。茶文化分馆走亲民的高品质活动服务，通过一系列读者及用户体验达到思政教育的目的，但过程无比轻松、舒适。

外化于形，内化于心。茶文化分馆积极申报省市重点课题项目，让茶文化课题回归慈母桥村，让接地气的中华文化传统在茶文化分馆延续。目前，已开始运作的是"梅龙茶文化工坊系列"，下设"茶食工坊""茶染工坊""茶皂工坊"和"国学讲堂"。

图2-10-2　茶艺讲座

"茶食工坊"主厨麦兜妈妈，将慈母桥荷花酥的小食制作工艺奉献给各位读者。采荷幼儿园、机关幼儿园的小朋友和各城区中小学生在参与茶食制作活动的过程中既学会了独立动手的本领，又体会到了感恩与回报的传统体验，把慈母桥的"孝、俭、德"传统精神全新演绎为"孝为当先，师学本领"。这一活动得到了日本京都市亲善大使木下进先生的称赞。

"茶染工坊"带头人叶丹老师将传统的植物染色工艺运用在布匹上，染出来的布匹透着淡淡的茶香，散发出厚重的历史文化气息。茶染工艺是茶文化分馆民间手工艺的代表。

"茶皂工坊"带头人蔡燕航博士和夫人高晓虹，他们把从澳洲留学学习到的技术与古老的茶叶文化结合，集中体现了茶与生活用品结合的科技之美。

"国学讲堂"主讲人陈应祥老师原是安徽省阜阳市汇贤小学的支教员，如今是茶文化分馆国学亲子讲堂的主讲教师，每周六如约在茶文化分馆向社会推广国学知识。慈母桥村千年的历史底蕴与国学结合，茶文化分馆茶香意浓，经典永流传。

所有的工坊活动都是对传统文化的重视，在吃穿住行方面，无不体现出人民对美好生活的品质需求。茶文化分馆不但是在九曲红梅中有所追求，在龙井茗茶、本地绿茶和花茶果茶等方面亦准备有所拓展。

接下来，茶文化分馆充分利用地缘资源优势，与浙江大学、中国美术学院等名校合作对接，走品牌化阅读推广战略模式，把产学研真正落地。

三、建设与管理经验

有效的公共文化管理模式是共性与个性相结合设计的管理模式。茶文化分馆的接待服务管理是让工作人员熟悉线路，设计接待版本，提高"听、说、读"的能力。茶文化分馆狠抓工作人员现场服务的能力，如外埠团队到访时的接待、讲解；特殊节假日的临时接待服务等。工作人员会在日常服务之外的空闲时间开展接待服务和文献服务的情景模拟训练。由茶文化分馆领导担任读者角色，在培训过程中及时发现问题、解决问题。通过一系列的培训和管理座谈，让全体工作人员在语言和解说方面的能力有大幅度提升，更好地让读者体验图书馆的服务。

在人员配备方面，茶文化分馆的日常管理及服务人员由普通工作人员、义工和志愿者组成。普通工作人员是馆内开展读者服务的主力军，负责全馆的日常综合服务。义工是茶文化分馆的特殊付费工作人员，由一批有能量、有担当的社会人士组成，接受茶文化分馆领导的面试考核。志愿者由周边村社的学生或家长担任，是纯义务型的服务人员，主要负责在馆读者的文献服务。所有人员的管理规则均按照杭州图书馆总馆的规章制度执行，受杭州图书馆的领导和监督。

茶文化分馆由杭州梅龙茶文化有限公司负责场地运行。杭州图书馆提供图书资料、文化项目及业务培训指导。

茶文化分馆汇集了杭州图书馆总馆、西泠印社、浙江省博物馆、西湖区图书馆、西湖区朗诵曲艺协会、非遗大讲堂、浙江大学城市学院、桐庐县莪山畲族乡等各方资源，建立并挂牌杭州·畲乡茶文化产业基地、西湖区作家协会创作基地、西湖区朗诵曲艺协会基地以及浙江大学城市学院传媒书香驿站。通过内部环境和外部力量的合作，让图书资料、茶品茶艺、茶学茶研等丰富资源在多渠道的广泛交流合作中融会贯通，实现多方共赢，茶文化分馆将成为一座功能齐全的市民文化休闲的好去处。

图2-10-3 茶文化分馆的阅览区

争创一流的特色主题图书馆，需要一流的管理积淀。茶文化分馆秉承美院百年传承，打通管理脉络和管理情怀，在"茶、艺、品、人"四大文化主题中发掘管理智慧，把包容、开放、通达、和顺写入日常管理中，形成了特色的管理艺术。在茶文化分馆管理团队中，大多数成员从小接受传统茶文化的熏陶，今日得以学以致用。茶文化分馆在探索服务开展的过程中不忘初心，努力将自己建设成为一座有责任有担当的现代化主题图书馆。

四、问题分析与发展展望

在全国众多的主题图书馆中发声，是茶文化分馆近期的发展目标。茶文化分馆在增加图书数量的同时，也会考虑到图书借入他馆的需求，尽量把不平衡的流通调拨理顺平衡，统一补充专门保障茶文化分馆的专有文献，丰富馆藏文献的保有量。进一步对主题类图书开展特殊加工，扩大社会力量参与采访途径的新运营方法。对合作品牌采取资金补助分享的方法，既节省运行成本，又可为后期的文献管理维护注入新鲜"血液"。

对于茶文化分馆建设的展望，是茶文化学者、茶文化爱好者、茶专业用户及读者共同关心的话题。我们要重新梳理茶文化的本质内涵，在"茶都国饮"的大概念中找到发展出路。与茶博物馆、茶文化馆等兄弟馆建立合作交流机制，设计"茶图书馆+"的业务模式，从内而外折射出茶文化分馆的品质内涵，在学术沉淀中增加项目的厚度，努力把管理和服务双效提升。

茶文化分馆作为杭州图书馆分馆战略的重要组成部分，应采用切实的服务以获得读者的重视和信任。加大茶文化分馆公共文化服务的宣传力度，打造成为市民喜爱、读者满意的市级公共文化地标。

在下一个五年规划中，茶文化分馆依托慈母桥地域优势，要跻身成为国际茶博览中心的优质文化项目，以高标准的国际视野服务全球读者及用户。茶文化分馆未来几年还会开展多项项目，包括全球读者服务培训项目、茶国家文化交流基地、茶文化国际品牌平台等。茶文化分馆努力为工作人员提供国际经营性管理进修的机会，扩大读者服务的影响力。

基于茶博览园区的辐射力，茶文化分馆将分三步走：第一阶段是采用非物质文化遗产的平台，把传统茶文化传播出去，形成广泛的知名度。第二阶段是结合在中国举办的各类博览赛事，把茶文化分馆的价值内涵提炼出来，做好文化接待工作，让优质的管理经验和管理方法引入茶文化分馆。第三阶段是利用好园区平台，提高茶文化分馆的知名度。创作积极可观的项目研发，让茶文化分馆的产品进入品牌化、系列化的高层次市场外销水平，加快文创产业的覆盖面。

最后，茶文化分馆的初心仍是回归慈母桥的历史本源，嫁接好对中华优良传统文化的萃取，如"宫廷绣、五花衣"的手工艺传承。积极利用现代传媒数字技术，做好茶文化分馆的宣传教育普及工作，把茶文化分馆作为高校师生的教学基地和企业的创意孵化地，开展多种形式的技能比赛、朗读会和沙龙，也让茶文化分馆成为影片摄制的网红地，立足当下的图书馆教育与服务，慈母桥青龙山1号将恪守"传承、传播、匠人、匠心"的时代印记。

第十一章　盲文分馆：黑暗世界的多彩悦读

在我们身边，有一个群体，上帝在他们的眼前放下了帘子却忘了再揭开，于是他们不能清晰地感知这个世界的缤纷色彩，也难以感受文字带来的无穷魅力。"让我成为你的眼，带你畅游浩瀚的书海"，正是每个杭州图书馆人想做也正在践行的事情。

一、产生背景

杭州图书馆一直秉承着"平等、免费、无障碍"的服务理念，努力拓展服务渠道，尽可能地将公共图书馆的服务功能辐射到社会的各个角落，服务惠及所有人群。2007年6月，时任省委书记赵洪祝在浙江省第十二次党代会报告中明确指出，要加快发展包括残疾人事业在内的公益事业发展，全面建设惠及全省人民的小康社会。杭州图书馆积极响应报告精神，紧跟国家文化事业发展的步伐，努力全面落实公共文化服务体系的普惠、便捷、公益的精神。

《公共图书馆宣言》指出：公共图书馆应向所有人提供平等服务；对于那些由于种种原因不能利用其正常服务和资料的用户，公共图书馆应提供特殊的服务和资料。因此，为盲人读者提供阅读服务，是公共图书馆义不容辞的责任和义务，同时也是一项光荣而自豪的事业。

不仅如此，国家的相关法律法规，如《中华人民共和国残疾人保障法》《浙江省残疾人事业发展"十三五"规划》，都对残疾人文化事业服务做出部署，并具体提出公共图书馆建设盲人阅览室的要求。这些法律法规从法律层面保障盲人享受普遍均等的公共文化服务的权利，也为公共图书馆开展盲人阅览服务提供了制度保障。

根据中国残联的官方数据，中国是全世界盲人最多的国家，目前约有1700多万人，浙江省的视障人士超40万人，仅杭州市就有6万余人。这样一个特殊而庞大的群体，他们对文献信息的需求非常强烈，特别是一些年轻的视障人士，渴望能和普通人一样享受数字化、网络化时代的知识信息服务，渴望能更直观地感受这个时刻变动的世界，但是受客观因素限制，在盲人阅读方面还存在巨大的障碍。

杭州图书馆曾设立盲文书籍的专门阅览区，但是从实际效果看，乏善可陈。因此，杭州图书馆人一直在思考：如何实现图书馆"为书找人，为人找书"的理念？如何最大限度地发挥盲文图书馆的功效，为盲人营造无障碍、轻松、和谐的阅读氛围？机缘巧合，杭州图书

图2-11-1　盲文分馆的入口

馆在富阳图书馆的帮助下，获悉位于杭州市富阳区的浙江省盲人学校是浙江省盲人教育资源中心，该校面向全省的视障人士进行培训指导，帮助他们的生涯发展。经过实际调研，杭州图书馆认为若将盲文图书馆建在此，能让盲文图书馆起到更大的辐射作用。之后，双方签订了合作协议，打破了单独建馆的模式，共同管理建设盲人图书馆。

二、建设概况

设立于浙江省盲人学校内的杭州图书馆西子盲文分馆，于2007年6月正式挂牌成立，读者对象主要为全省的视障人群，这是浙江省首家盲文主题图书馆。借助浙江省盲人学校这一平台，杭州图书馆在盲人集中的场所建立了盲文图书馆，并利用本身丰富的馆藏和专业的服务，面对面地为全省视障人群提供知识服务，这也将图书馆"平等、免费、无障碍"的服务理念进行了落实与拓展。

目前，盲文分馆配有3名专职工作人员，其中由杭州图书馆选派一名责任心强、经验丰富的业务骨干长驻盲文分馆，对其他工作人员进行专业技术辅导，指导开展读者服务工作，共同为全省6万多盲人和其他视障人群提供文献信息服务。

1.完善的设备设施

盲文分馆设在浙江省盲人学校实践楼的二楼，该楼全面覆盖感应语音播报系统，能够实时告知视障人士自己的所在位置，方便其出入。随着图书馆的不断发展，盲文分馆的面积由最初的100平方米，发展到现在的300平方米，另加一个200平方米的辅助书库，馆舍面积达500平方米。馆内设置阅览、外借、多媒体阅览区域，全部实施计算机联网管理。同时还配备有视障人士专用电脑、盲文刻印机、盲文点显器（连接电脑，用于汉文转换盲文的资料摸读和网上摸读）、供视弱人员使用的放大器、盲人听书机等先进的专业设备。

在这一无障碍环境里，视障读者可以与普通读者一样，自由地享受图书馆提供的阅读、休闲、教育等功能，切实感受到来自社会与政府的温暖与关爱。

2.丰富的馆藏资源

盲文分馆着力强化多种形态的资源建设，现有盲文资源、有声读物资源、大字本读物资源等不同载体形式馆藏，其中普通中文图书12 000余册，盲文书籍8000册，音像资料3000种（包括口述电影100种），主要是文艺、推拿、内科、中医药等方面的内容，以满足不同年龄、不同层次读者的需求。

为了满足盲人读者日益增长的阅读需求，让其适应信息技术迅猛发展的新形势，盲文分馆工作人员经常会运用盲人刻印机打印一些社会热点、流行文学的篇章供盲人学生阅读。除了提供丰富的纸质资源，还有不少电子资源供盲人读者使用，例如：15TB视听数据库，400册龙源期刊视听读物，配备24台电脑以及有声阅读软件、盲文点字显示器，方便在校学生"网上冲浪"。除此之外，2018年盲文分馆还新增了700台智能听书机，方便盲人读者在家听书学习，感受"阅读魅力"。

同时，盲文分馆纳入了杭州图书馆的"图书信息服务一证通工程"管理系统，建立有独立的盲文书目数据库，与杭州地区各家县（市、区）级图书馆书目数据共建共享，还可以利用杭州图书馆音乐分馆的影像数据库联网

图2-11-2　盲文分馆的书架

检索。

这些图书、电子资源和上网设备，给了盲人读者更多触摸世界的机会，以帮助他们增强独立生活的能力，养成自信豁达的态度，从而丰富自己的多彩人生。多元化、多载体、多层次的文献信息资源为盲人获取知识、利用知识、创造知识提供不竭的源泉，消除知识贫困以填弥社会的"知识鸿沟"，提高盲人的人力资本，实现盲人的全面发展。

三、服务与活动开展

1.远程借阅服务，助力视障读者

盲文分馆实行计算机自动化管理，提供全部免费服务。在开馆之际，面向全校师生免费办理借书证，可免费借阅书籍。

盲文分馆虽然设立于盲人学校，但不仅仅为盲校学生服务，作为一家公共图书馆，它还承担着为大众服务的职责。为此，盲文分馆根据盲校提供的档案信息，向已踏入社会的校友和全省其他视障人员派发信件和《读者证办理登记表》，介绍盲文图书馆的服务内容，并免费办证，至今已有乐清、湖州、台州等地的盲人读者办理了借书证。盲文分馆为他们提供邮寄借阅方式，读者只需将需求以来函、来电或传真的方式告知，即可收到图书馆通过邮局投递的图书。

鉴于视障人士的特点，盲文分馆还提供免费邮寄借书、电话借书、上门送书等特殊服务。一系列公益服务，颇受视障读者的欢迎。

2."点菜式"问需，凸显人性化服务

盲文分馆建成后，一直以"提升盲人群体的文化生活质量，提高其就业技能水平"为工作出发点，以"读者第一、服务至上"为服务宗旨，以人性化的服务方式为视障人士提供优质服务，取得了良好的社会效益。

杭州图书馆对所有盲文图书进行分类编目，编印盲文目录，建成盲文书目数据库，作为杭州图书馆书目数据资源库的一部分，保证读者随时随地可以通过网络检索到这些文献资源。

图书馆的借阅由工作人员提供全程协助与指导。盲文分馆提供一套专用目录，用盲人刻印机打印了20本《盲文文献目录》，盲人读者通过触摸盲文目录选择自己需要的书籍，由工作人员上架找书并完成后续借阅手续，方便查找与借阅。

视障者在信息的获得和使用上存在着很大障碍，无法享受现代信息的高效和便利，不易获取正常的就业机会。杭州图书馆利用总馆丰富的信息资源、专业的信息检索技能等优势，为盲人免费提供包括就业、培训、学习、生活在内的多方面信息咨询服务。配备相关专业咨询员，咨询员手机24小时开机，接受盲人朋友的随时咨询，并以最快速度以口头或书面的形式回复，为盲人读者创造与明眼人一样参与社会的公平竞争、取得成功的机会。

盲人群体是个比较笼统的概念，在实际生活中因年龄、文化程度、技能水平等因素的不同，盲人朋友对文化的需求也会不同。因此，必须着眼于服务实效和满意度，采取分层施策，有针对性地进行需求调查，制定接地气的服务方案，有针对性地配置相关要素，积极提供各种分类服务。比如，对盲人儿童的服务，就要体现儿童的特点；对有一定技能的盲人朋友，就要满足他们对相关技术知识的渴望，提供点对点服务；对因灾致残心理压力大的成年盲人朋友，就要给予一定的精神抚慰读物。

实行这种"点菜式"的信息服务，能有效深入了解盲人朋友所需，倾听他们的愿望和意见，更能契合视障者的需求，精准提供服务。

图2-11-3　盲童们正在阅读盲书

3.集合社会公益力量，开展多元特色服务

盲文分馆还积极组织盲人学生艺术团参与社会各界的文艺活动，定期举办故事会、报告会、讲座等形式多样的活动。同时，引入社会力量参与，引导大众将公益慈善视为一种生活姿态和生活习惯，帮助他人快乐自己，共同营造社会大爱的氛围。

2015年世界读书日，杭州图书馆盲文分馆、浙江省盲人学校携手举办的"多彩朗诵"活动，以班级为单位组织节目，输送了个人朗读、小组朗读、集体朗读等丰富多彩的节目。

2015年10月15日第32届国际盲人节，由杭州市图书馆事业基金会主办，杭州图书馆、区县（市）图书馆、杭州图书馆盲文分馆协办的以"关爱盲童，让爱流动"为主题的杭州地区少儿绘画作品征集及义卖活动开启。本次活动共征集到955幅绘画作品，近97 640位市民参观了绘画作品展览活动，并有417幅作品被认领，义卖善款总计约24 000元。

2018年世界读书日，杭州电视台西湖明珠频道《财经家》栏目联合杭州图书馆、浙江省盲人学校及钱保姆·宝护爱公益组织共同举办了"用声音传递爱"世界读书日公益活动，邀请到主持人、文化名人及热心市民等社会各界人士为浙江省盲人学校的孩子们录制一到六年级的语文课本，并制成有声课本上传至喜马拉雅专属账号。

四、问题分析与发展展望

1.存在问题

盲文分馆开馆至今取得了一定成果，但仍存在着不少问题。

（1）到馆读者偏少

据统计，我国目前的盲人人数超千万。但是，真正上过盲人学校接受正规教育，能够到图书馆"读"懂盲文图书的盲人读者只有四分之一左右；有些盲人往往在其心理上有些阴影，他们既不愿意承认自己是盲人的事实，也害怕别人知道自己是盲人从而歧视他们，进而造成了他们心理的"残疾"，他们怕接触陌生人，同时也拒绝接受外界的新事物；以上的种种原因导致盲人难以到盲文分馆或者不愿意到盲分馆"读"书。

（2）图书资源匮乏

盲文分馆的盲人图书的数量不够多，种类不够丰富。目前，我国仅有一个盲文图书出版社，每年出版盲文图书约有150余种6万册左右，全国平均每6万人1种，每150人1册，盲文图书的出版量少之又少。再有，盲文图书出版的成本高、技术要求高，所以盲文图书定价远远高于普通图书，虽然有国家资金支持，盲文出版社在图书出版方面仍然面临着严重的收支失衡。同时，盲文分馆所收藏的资料中音像资料占大部分，且大都以推拿、按摩、音乐和电视剧为主，文学作品书籍、自然科学书籍以及社会科学方面的书籍藏量非常少，信息技术、经济类等时效性强的图书更是凤毛麟角。

2.发展展望

想要更好地帮助盲人这类弱势群体，需要进一步提高服务质量，丰富盲人精神生活，切实帮助盲人提高知识水平和就业能力。

现阶段盲人图书馆（室）为盲人读者提供的延伸服务，主要从以下几方面着手：

（1）拓宽服务渠道，开展面对面朗读服务

对于盲人读者的阅读需求，除了送书上门，还应指导、帮助他们阅读，可以学习日本大阪府立中央图书馆开展的"面对面"朗读服务。我国盲人读物的种类没有普通人读物的种类繁多，盲文分馆延伸服务可以做到在盲文分馆为盲人朗读除盲人读物以外的正常读物，使盲人读者能够更多地了解社会，让盲人读者充分体会到图书馆工作人员的一片爱心和社会对盲人读者的关爱。

（2）争取社会力量，开展志愿者服务

盲人因生理条件的局限，又属社会的弱势群体，他们所面临的就业压力比普通人更大。盲文分馆可以通过争取社会各界的支持和协助，发展志愿者为盲人提供延伸服务。志愿者可以向盲人教授自身所学的专业知识和职业技能，使他们开阔视野，掌握更多、更新的信息和技能，以提高自身发展，提高进入社会就业的竞争能力。

（3）借助宣传平台，提升盲文分馆知名度

盲文分馆可以用下列形式加强宣传：①充分利用各种媒体对盲文分馆进行宣传，如在电台、电视台中做公益广告；②利用公共图书馆服务宣传周进行宣传，发放宣传单、宣传画；③与残疾人联合会、街道办事处合作，利用图书馆报告厅、阅览室等场地，有计划地举办演讲会、座谈会，介绍盲文分馆的服务，让盲人读者更多地了解盲文分馆，使盲文分馆的服务能够更多地贴近盲人读者，提高盲人读者的阅读兴趣。

第十二章　李白诗词文化分馆：杜甫村里读李白

"李杜文章在，光焰万丈长。"李白和杜甫，是唐诗天空中两颗最璀璨的明星。公元744年，李白和杜甫初次相逢在洛阳，闻一多先生说他们的相遇是"青天里太阳和月亮碰了头"。遗憾的是，这次会面也是他们此生唯一的一次会面。然而在千年之后，两个人却再次相遇在了杭州，这是怎么回事呢？

"嗨，我在杜甫村里，读李白！"2019年3月8日，这样一条新闻被登载在杭城的本地报纸和各类新媒体公众号上。这是李白与杜甫穿越时空后的一次"另类相遇"，就在这天上午，杭州图书馆的第18家主题图书馆李白诗词文化分馆正式开馆。巧的是，它坐落于杭州市余杭区良渚街道杜甫村的李白餐厅一楼，穿过大堂，图书馆就隐藏在吧台身后，由此进入了另一片书香天地。

一、产生与发展概况

2019年是文旅融合的开局之年，经过2018年文化事业、文化产业和旅游业融合发展的统筹推进，新时代文旅融合的发展踏上了新征程。文化和旅游在技术、产品、市场等方面有明确的边界，但又常常相互渗透、交叉、融合。用文化的理念发展旅游，用旅游的方式传播文化，有助于提高国家文化软实力和中华文化影响力。杭州图书馆围绕"融合发展"的主线，坚持"宜融则融、能融尽融、以文促旅、以旅彰文"的理念，依托自身文化资源优势，携手浙江书苑酒店管理有限公司旗下李白餐厅，合力打造的李白诗词文化分馆在2019年3月8日正式开馆，成为杭州图书馆的第18家主题图书馆，也是杭州图书馆首家入驻酒店的主题图书馆。李白诗词文化分馆实现了在文旅融合主题图书馆建设方面的首次实践探索，这是一次基于杭州本地特色的公共文化服务创新，对于进一步丰富杭州市文化旅游产品供给方式、供给渠道、供给类型、进一步推动文化和旅游多角度、全链条的深度融合，具有十分重要的实践意义。当日上午，杭州市文化广电旅游局局长张鸿斌、副局长陆小龙、余杭区文化和广电旅游体育局局长何军芳、良渚街道人大工委主任马伟忠等领导及嘉宾媒体近百余人共同出席了开馆仪式，纪念这一文旅融合的重要时刻。张鸿斌局长在参观过程中肯定了该主题图书馆的做法，认为这种模式能够进一步推动文化和旅游多角度、全链条的深度融合，开启了文旅融合背景下"图书馆+"的新模式，具有十分重要的实践意义，希望杭州图书馆下一步继续深化李白诗词文化分馆的功能布局，提升亮点特色，营造浓厚的文化氛围，真正把李白诗词文化分馆打造成"图书馆+酒店"的样板模式。

图2-12-1　李白诗词文化分馆的服务台

　　文化和旅游密不可分，中华民族自古以来就把旅游和读书结合在一起，崇尚"读万卷书、行万里路"，诗仙李白更是游遍天下。据考证，大唐开元二十七年（739年），38岁的李白第一次来到杭州，在樟楼观赏完天下闻名的钱塘江潮后，与他的族侄杭州刺史李良乘坐五马大车，一路奔向西湖群山，寻访当年印度和尚慧理创立的天竺寺（今下天竺"法镜寺"）。天竺寺深藏于林间山谷，拾阶而上，山岚云影，泉声松籁，蔚为壮丽。挥毫写下《与从侄杭州刺史良游天竺寺》："挂席凌蓬丘，观涛憩樟楼。三山动逸兴，五马同遨游。天竺森在眼，松风飒惊秋。"55岁时李白第二次来杭州，主要是为朋友装大泽送行。李白在杭州从夏天一直待到秋天，至少写了六首诗，其中有"好风吹落日，流水引长吟"等名句。在2019年3月8日，诗仙李白再次"来到"杭州，"走进"良渚——杭州图书馆第18家主题图书馆李白诗词文化分馆在良渚杜甫村正式开馆。

李白诗词文化分馆成立的具体动因和杭州图书馆一直探索的总分馆体系建设，以及皇逸良渚文化酒店总经理徐肖辉的积极推动有很大的关系。正如杭州图书馆馆长应晖女士所说："一直以来，整个杭州地区的图书馆依靠政府财政拨款，形成了非常成熟的总分馆体系。然而随着老百姓对图书馆的需求不断提升，仅依靠政府来办馆能做到的程度是十分有限的。而主题图书馆的建设，事实上就是社会化办馆的一种模式，它与我们现有的总分馆体系就像是双驾马车，可以共同推动图书馆更好地向前发展。"基于上述原因，从2018年开始，杭州图书馆已经着手全面重新梳理现有的分馆建设，并做出了一个重要的决定。"我们要放开这个渠道，通过和社会办馆这样的形式，把图书馆这个市民们需要的公共空间更广泛地营造起来。只是，在这个过程中，和谁合作？准入标准、建设标准以及建成后的考核标准是什么？这些才是问题的关键。"浙江书苑酒店管理有限公司旗下的皇逸良渚文化酒店总经理徐肖辉正是在这样的节骨眼，和杭州图书馆达成了合作。

笔者第一次走进李白餐厅的时候，便看见一位中年男人穿着衬衫、挽起裤腿，站在餐厅前的喷水池里，正在一颗一颗摆放鹅卵石，水池里还开着几朵睡莲，大大的荷叶青翠可爱。直到听见旁边的工作人员喊他"徐总"，我才恍然这就是皇逸良渚文化酒店的总经理徐肖辉。因为李白号"青莲居士"，徐肖辉就在大厅入口的喷水池里种了几朵睡莲，并且亲自设计亲自种植，连鹅卵石的摆放也要亲力亲为，他说这是对李白的尊重和敬仰。

作为李白的忠实粉丝，徐肖辉开的餐厅名字便是"李白餐厅"，李白诗词文化分馆的所在地其实就是酒店的一楼大厅，三楼便是李白餐厅。从杭州图书馆的角度考虑，这无疑是给分馆选址加了分。"我们打开了一个新思路，杭州图书馆是否也可以找到一个文化和旅游结合的落脚点？首先，李白作为我国著名的诗人，以其为名的企业文化本身就带着文化色彩，其理念与我们是趋同的；其次，酒店里有非常多的旅客，他们都可以成为我们的读者，而且以此为原点，对附近的居民也会产生强大的文化辐射；最后，酒店是24小时营业的，这就相当于是一个全年24小时开放的大书房，且因为在酒店内，读者也不用担心夜间安全问题。"

近年来，杭州图书馆深入贯彻落实习近平总书记关于公共文化服务的重要论述精神，秉持"政府主导、社会参与、重心下移、共建共享"发展理念，充分发挥杭州深厚人文底蕴的独特优势，持续推动图书馆在公共文化服务中的覆盖面和实效性。尤其是在图书馆的主题图书馆集群建设，以开放融合的思维，先后建成了棋文化、佛学、茶文化、健康、运动、盲文等主题图书馆，以文化特色服务增添了城市的人文韵味，增强了城市的温度和温情，成为市民游客学习知识、品味文化、了解杭州的好去处，成为杭州公共文化服务体系中不可或缺的新高地。关于杭州图书馆主题图书馆的拓展建设，应晖指出："我们的主题图书馆从来不是为建而建，而是要让它在真正能够发挥作用的地方发光发热。合作主题图书馆，合作方必须是有情怀、有真正回馈社会的想法的，同样还要有责任心，承诺纳入图书馆体系，并配合馆内的业务管理。"应馆长还透露，除了基本的文献建构以外，李白诗词文化分馆的活动服务也会跟上标准。"今后李白诗词文化分馆将会举办很多传统文化类的活动，如国学培训、诗词赏析、茶道表演等，借此让更多人真正领略到李白诗词的魅力。"

李白诗词文化分馆目前已收藏有各类书籍杂志3万余册，其中仅李白的诗词作品就有一千多册，诗词类书目的数量占到了藏书总量的30%以上。馆内藏书以诗词文献为主，配以旅游、艺术、文学、亲子类图书。基于全市公共图书馆四级服务体系，李白诗词文化分馆所有图书均可通借通还，且享有和杭州图书馆中心馆同样的借阅服务及待遇，即每人每证最高可借20册图书，借期40天，可续借1次，借期15天。分馆的数字资源与杭州图书馆总馆的百万藏书全部打通，读者通过扫描机器还可获得更多的阅读资源。李白诗词文化分馆以"一馆一特色、一馆一主题"方式，整合资源，助推文旅融合发展，将打造成一个集诗词阅读欣赏、区域文化服务、旅游休闲餐饮三位一体的人文式文化场所。

二、主要特色

1.真正全年无休且24小时开放的图书馆

李白诗词文化分馆位于李白餐厅（杜甫店）内，而李白餐厅又属于皇逸良渚文化酒店的一部分，得益于酒店常年24小时开放的特性，李白诗词文化分馆也全年365天全天24小时对读者开放。

图2-12-2　阅览室一角

2.以旅游服务行业的优势为读者提供个性化服务

李白餐厅和皇逸良渚文化酒店的员工作为旅游服务行业的从业人员，都经过长期专业的服务培训，且有着丰富服务接待经验，他们在回答读者咨询提供服务时，能充分发挥自身特长，以热情周到细致为特色，为读者提供多样性、个性化服务。图书馆书香氛围的熏陶和诗词文化的陶冶，又能让他们为用餐客人和住店客人提供更多有价值有内涵的定制性专业化服务。服务人员综合素质的提高，是文旅深层次融合的一个重要表现。

3.充分发挥服务行业人员密集的优势

服务行业尤其是酒店餐饮行业，人员密集是其主要特征之一。李白诗词文化分馆能充分利用餐厅和酒店服务人员众多的优势。杭州图书馆派出专业人员对上述员工进行了集中培训，做到了人人能上手、个个会服务，在书籍的整理、分类、上架以及为读者提供咨询解答服务方面，随时有一批熟练的服务人员可以投入工作，不但解决了很多图书馆面临的人手不足问题，也不需要面向社会招募志愿者，做到了自给自足。轮岗休息的服务人员、客情不忙时的服务人员、餐厅和酒店的前台服务人员完全可以游刃有余地做好图书馆的基本日常工作。

4.将图书馆的特色服务扩展到全国范围内

由于餐厅特别是酒店的客人乃是全国范围内的商旅客人，李白诗词文化分馆丰富的藏书和杂志资源为他们提供了一个在旅途中阅读休闲的机会，也成为他们了解杭州的一扇窗口。针对有些客人想读完手中未看完的书籍杂志的需求，李白诗词文化分馆主动向他们推荐杭州图书馆开展的信用借阅服务，引导他们通过支付宝注册成为杭州图书馆的读者，且提供代还书服务，他们可以把未读完的书籍带至任何一个地方，读完之后只需把书籍邮寄至酒店即可，这又是文旅融合后方便读者和客人的一个典型服务案例。

5.弥补周边图书馆资源的不足

作为公共图书馆，李白诗词文化分馆针对的读者不仅是用餐客人和住店客人，由于周边没有大型公共图书馆，它的出现更是为周边居民提供了阅读的便利。据初步统计，开馆三个月时间内，李白诗词文化分馆已接待读者4300余人，借还书籍2400册左右，借阅人次1300余人，这其中很大一部分读者为酒店周边的居民和住户，估计随着图书馆知名度的进一步提高，借阅人数和到馆读者还将进一步增加。

6.利用餐厅和酒店资源开展特色活动

李白诗词文化分馆开馆三个月，已经举办了5场特色活动，参与人数达120余人。图书馆充分利用酒店和餐厅在糕点和手工制作、插花花艺等方面的资源优势，针对节假日开展特色活动，比如在清明节制作青团、母亲节制作玫瑰花、端午节制作风筝和粽子、父亲节用折纸折叠西装领带等，酒店专业的师傅和齐全的工具材料，受到参加活动的家长和小朋友的一致好评。

7.特色布置和设施精心服务特别受众群

针对到店客人和周边居民中小朋友较多的特点，李白诗词文化分馆不但在酒店大堂放置了可以提供儿童阅读视频游戏等功能的多媒体大屏幕，还在餐厅内设置了儿童阅读区，为小读者们准备了适合儿童使用的桌椅。

8.李白诗词特色主题布置打造网红打卡点

李白诗词文化分馆的场景布置和装置摆放都以李白诗词为主题，充满诗情画意和书香氛围，李白餐厅和包厢的装饰布置同样将李白诗词的主题创意发挥到极致，因此也引得客人和读者频频拍照发朋友圈，有效提高李白诗词文化分馆的知名度，吸引更多人来到这座特色鲜明的图书馆。

9.充分发挥公共图书馆的联动优势

从图书资源电子文献资源的提供，到服务人员的培训，再到各类活动资源的共享，李白诗词文化分馆充分享受到了作为杭州图书馆主题图书馆之一的集群优势，在馆内举办的几次活动都得到了杭州图书馆总馆的大力支持，尤其是杭州图书馆环保分馆为其提供了活动组织的经验和培训资源。

图2-12-3　世界读书日活动

三、问题分析与发展展望

1.主题图书馆特色有待进一步总结提炼

李白诗词文化分馆目前正在采购更多的有关李白诗词的文献资源，作为一家与餐厅酒店有机结合的主题图书馆，李白诗词文化分馆除发挥公共图书馆的作用外，更应该结合餐厅和酒店的资源，在文献资源、读者服务、场馆布置、活动开展等方面不断发展自身的主题特色，将其打造成为李白诗词爱好者打卡的圣地。

2.解决读者和客人的互相干扰冲突

李白诗词文化分馆作为一家公共图书馆，在周边图书馆资源缺乏的情况下，需要满足众多居民用户的阅读服务需求，相信随着它被更多的人熟知，到馆人数和借还书数量都会有一个很大的提升，但是由于其坐落于餐厅和酒店，在读者数量激增的情况下，不可避免地会造成顾客和读者在空间资源利用等方面的矛盾冲突，如何解决这个问题值得我们提前深思。

3.客情繁忙时如何保证服务质量

由于李白诗词文化分馆并无专职工作人员，主要靠酒店和餐厅的服务人员维持图书馆的日常运转，随着图书馆的知名度一步步提高，读者数量和图书借还量会大幅度提升，读者的咨询服务和要求也会进一步提升，而周末、节假日、黄金周等时间段同时又是图书馆和酒店餐厅最繁忙的时候，酒店服务人员如何在客情繁忙的情况下兼顾读者服务，是不是需要引进志愿者服务，也成为一个亟须研究的问题。

4.更便利地满足外地读者的需求

虽然现在已经开展了代还书服务，但是由于邮寄手续烦琐和需要快递费用，且存在丢失的风险，外地客人借阅图书的积极性不是很高，如何通过更方便更快捷的手段让外地读者也享受到杭州图书馆的人性化服务，还需要我们进一步研究探索。

5.进一步加深文旅融合的深度

文旅融合，不但是地点的融合、人员的融合，更需要观念的融合、服务的融合、特色的融合，乃至企业效益和社会效益的融合，作为首家文旅融合的试点图书馆，李白诗词文化分馆还需要进行不断的探索和尝试。

第十三章 诗歌空间分馆：书写诗意生活

杭州图书馆诗歌空间被外界誉为最浪漫最诗意的图书馆。"生活不只是眼前的苟且，还有诗和远方。"诗和远方描绘了人们对美好生活的向往，诗歌空间正是希望将诗意的生活带给每一个人。

一、产生与发展概况

杭州图书馆诗歌空间坐落于良渚文化村玉鸟流苏创意街区，诗歌空间所在的杭州良渚文化村，被誉为中国最美小镇，它紧靠蕴含五千年文明的世界遗产良渚古城遗址，倚山面水，生态环境优越，区域内集中了"良渚圣地"美丽洲公园、五星级度假酒店——良渚君澜酒店、乡村高尔夫俱乐部、水上乐园等多元丰富的旅游休闲内容。同时，良渚又是工信部和浙江省政府共建的设计小镇——梦栖小镇的所在地，其区位优势明显。

诗歌空间由杭州图书馆与杭州我们读诗文化传播有限公司合作建立。两者的合作最早始于2014年，2014年杭州我们读诗文化传播有限公司创始人张海龙先生联合杭州图书馆等单位组织共同发起"我们读诗"品牌活动，名家与市民广泛参与，鼓励吟诵经典，弘扬社会主义核心价值观，产生积极的社会影响力，获得社会普遍赞誉。2018年，杭州图书馆诗歌空间正式挂牌，诗歌空间面积约400平方米，目前拥有座席25个，馆藏700余册次。

诗歌空间将自己定义为诗外空间，包含功夫在诗外、资源在诗外、生活在诗外等方面的内容。功夫在诗外，所指这里是诗人、作家及纪录片制作人张海龙先生的工作室，也是杭州文化金名片"我们读诗"的线下空间。其以图书、影像、诗酒、客栈、工作坊等多元素混搭构建文化空间；资源在诗外，指纪录中国、人民摄影、读者（杂志）杭州工作站都设在诗歌空间，钱塘文化良渚分部、特美刻生活空间、新假日传媒也在此挂牌，诗歌空间的影响力在不断扩大；生活在诗外，希望借此能够表达人们对诗意生活的向往，而其正与梦栖小镇的工业设计定位以及生活美学品位不谋而合。

杭州图书馆诗歌空间，以"开放、原创、分享"为宗旨，希望通过空间内诗歌类文献及举办诗歌类相关文化活动，为杭州市民打造一个传统广播与新媒体双重传播媒介平台，从而营造良好的城市文化氛围，将杭州还原为一座"诗意城市"。诗歌空间的信条："所有的努力，就是让Living poetry（像诗一样活着）的愿景成为美好现实。"诗歌空间内设有录音室，每当遇到活动，普通的读者、市民也可以录上一段属于自己的诗篇。让诗歌走进人们的心里，让诗歌融入每个人的生活，诗与生活，美好的让人心醉。诗歌空间让诗歌有了烟火气息，让诗歌走进普通人的生活，让生活变得诗意盎然。

图2-13-1　诗歌空间分馆外景

二、服务与活动开展

杭州图书馆诗歌空间的活动开展围绕诗外影像、诗和远方、诗意生活、诗外现场、诗外阅读等主题进行。诗外影像以"文字和影像在此汇集成为一场流动的盛宴"为宗旨拍摄纪录片及形象宣传片等，目前已为杭州图书馆拍摄宣传片。诗和远方是诗歌空间的文化旅游模块，意图带着各界诗友去远方旅行，去探索不一样的世界。诗外现场指组织策划的线下诗歌活动，诗外空间每年组织大型诗歌活动，诗内诗外精彩纷呈。2017年和2018年已组织富阳春诵、罗隐故里春诵活动、"2018书香良渚、全民阅读"等活动。诗外阅读指进行图书和诗集的出版，目前已结集出版，其中《我们读诗·少年派》是为少年儿童专门制作的诗集，不拘泥于儿童题材，也选取了适合儿童阅读的成人诗；不拘泥于名人名家，普通的小朋友的诗篇也位列其中，意在用诗歌打开小朋友认识世界的另一扇窗。

图2-13-2　诗歌朗诵活动

三、分馆特色

杭州图书馆诗歌空间基本为独立运行，有一个专人负责日常工作，定期上传服务数据，与杭州图书馆在诸多领域均有合作。因为地处良渚文化村区域，环境幽静，附近有数家度假酒店，平日空间内图书以阅览为主，服务对象大多为游客和附近居民。诗歌空间目前运营"我们读诗""诗外空间"两个微信公众号，粉丝人数众多。微信内容不定期更新，活动信息通过微信公众号进行发布。

1.文旅融合的新样本

良渚文化村在良渚古城申遗成功前，因其优美的自然环境，慢节奏生活，已经是杭州市民和外地游客休闲度假的胜地。在市民和游客饱览旖旎的自然风光的同时，如何丰富旅游之外的文化生活，让旅游生活变得有静有动。杭州图书馆诗歌文化空间的出现，让旅行又多了一分文化的色彩。每当游客走进创意街区，看到诗歌空间的别致建筑都想走进来看一看，当走进来看到满眼的书籍，都忍不住坐下来读一读，翻到喜欢的诗篇不禁读出声来，这就是旅行中的小确幸吧。此时的杭州图书馆诗歌文化空间更像是游客文化心灵的驿站，触动内心而温暖无比。

2.拓展杭州图书馆的服务空间

作为杭州图书馆分馆之一的诗歌文化空间，拓展了杭州图书馆服务的物理半径，将杭州图书馆的免费服务集于一室，将读者和潜在读者吸引于此。诗歌空间所处区域，建有养老服务机构和居民生活区，需要公共图书馆提供免费的文化服务。诗歌空间为附近居民提供了图书借阅、免费讲座、阅览座位、业务咨询等服务，让居民不必舟车劳顿就能享受到杭州图书馆的服务。杭州图书馆诗歌空间不仅拓展了杭州图书馆的物理空间，更是让杭州图书馆"平等、免费、无障碍"的服务理念深入人心。

3.传播阅读理念，拓展阅读推广形式

杭州图书馆诗歌文化空间自建立以来组织过各类形式的阅读活动，每年4月的读书节更是少不了它的身影，作为良渚地区的品牌活动"书香良渚"的组织者，杭州图书馆诗歌空间以诗作为媒介，将阅读的理念进行深入推广，将诗化为阅读的种子在人们心中生根发芽。阅读推广工作更多时候要靠日积月累，相信在诗歌文化空间润物无声的努力下，定能结出丰硕的果实。

4.完善杭州公共文化服务体系

杭州图书馆诗歌文化空间原为自媒体形式，与杭州图书馆合作后，成为公共文化服务体系的一部分，完善了杭州公共文化服务的形式，为公共文化服务体系注入了新活力。诗歌空间在杭州图书馆原有分馆模式中进行创新，彼此不但保有各自原有的属性，更将合作推向了更高的层次，诗歌空间创造活力无限、在纪录片制作等方面均具有专业水准；杭州图书馆读者群体广泛，馆藏资源丰富，两者间取长补短，双方互相促进。

四、发展展望

今后的努力方向在于双方合作的进一步深化，增加合作广度与深度。增加合作广度，多领域拓展合作空间：

图 2-13-3　读者与诗人交流

一是在诗歌空间内增设杭州图书馆服务设施，杭州图书馆对诗歌空间加强业务指导。空间内增加对杭州图书馆的宣传，如设置杭州图书馆微信二维码、宣传册等；增加电子阅览屏幕、增设自助借还设备（考虑到场地限制，可在诗歌空间试用新技术新型设备），进一步增强诗歌空间的服务功能。也可以联动良渚区域内的杭州图书馆其他分馆，优势互补，形成合力，构建良渚地区的图书馆服务网络。

二是在组织活动方面，加强诗歌空间与杭州图书馆的合作。杭州图书馆可将读者活动的地点设置在诗歌空间（或者设置活动分场地），不断增加空间人气与知名度，打造杭州图书馆的诗意网红分馆。充分发挥诗歌空间在创作方面的优势、组织大型活动方面的经验，杭州图书馆与诗歌空间联合组织一些大型活动，扩大活动的社会影响力。制作杭州图书馆系列宣传片，推广图书馆的服务理念与内容。

三是双方可在良渚地方文献的收集、出版、内容挖掘等方面进行合作，完成中国诗人声音档案库建立等工作。随着良渚古城的申遗成功，围绕古城的过往、现实与未来，可开展系列活动，用诗歌记叙良渚文化的绚烂，用诗歌表达人们的喜悦，或结集成册或制作数据库。加强良渚地区地方文献的收集工作。

四是增加合作的深度，在文旅融合的语境下，将图书馆与诗歌空间紧密的联合起来，以诗歌空间作为中心点，向附近酒店、民宿、住宅辐射，以诗歌为媒介形成集文化、旅游、创作为一体的全新平台，以诗歌作为杭州向世界表达情感的语言。

第十四章　东洲国际港分馆：码头上的图书馆

2017年的夏天，时任杭州东洲内河国际港有限公司副总经理的周斌，望着窗外来来往往的港口工作人员和船舶公司的船员，心里思索着：在这忙碌的办公楼内，能不能有一间宽敞明亮的阅览室，面朝着美丽的富春江，让港口工作者和周边的居民闲暇时间来到这里，捧一本好书，品一杯清茶呢？于是，他拨通了杭州图书馆的电话。这一通电话，让国际港办公室的3个年轻人忙碌了起来，从布置场地到整理图书，短短一个月的时间，一个以航海水运和跨境电商为主要馆藏的图书馆建成了，从此，这座杭州唯一的国际港有了图书馆的温度。

一、产生与发展概况

杭州图书馆东洲国际港分馆是杭州图书馆与杭州市交通投资集团有限公司东洲国际港合作，共同打造的杭州市第一家且唯一一家专门收藏航海类、物流水运类、跨境电商类文献的主题图书馆。不同于传统的主题图书馆的是，它位处于富阳三江（富春江、浦阳江、钱塘江）交汇处东洲岛内河码头，设立在东洲国际港办公大楼一层，面积约480平方米，于2017年8月正式开馆。

随意漫步穿梭在这座图书馆里，明亮的落地窗，整齐排列的书架，恰到好处的绿植，安静的阅读环境构成了一幅和谐的画面。放眼向窗外望去，可以看见错落有致的集装箱和忙忙碌碌的港口工作人员，不时从远处传来的汽笛声营造出了这座图书馆独特的主题氛围。东洲国际港分馆在地理位置和功能布局等方面都有所突破创新，因此它又被称为"建在码头上的图书馆"。

二、服务与活动开展

东洲国际港分馆藏书近20 000册，设置读者座席70个，有3名图书管理员轮流管理图书，每个工作日的12：00—13：30面向公司员工、入驻企业、

图2-14-1　2018年6月28日，东洲国际港"水上图书馆"起航

业务伙伴以及驻地社区居民开放，提供文献借阅、阅读推广和咨询等服务。目前东洲国际港分馆与杭州图书馆同步使用借还书系统，开馆至今到馆读者共1200余人次，借阅量达7500余册。活动方面，定期举办"智慧与分享——读书引领我成长"交流、展评活动，以征文、演讲、朗读和好书推荐为主要内容的读书月活动及读客沙龙分享活动。2018年6月28日，东洲国际港"水上图书馆"正式挂牌起航。

1.图书馆活动带动企业文化发展

为更好承担并发挥公共图书馆的文化职能，提升图书馆辐射区内读者的文化素养，推动全民阅读的风尚，东洲国际港依托图书馆分馆开展的各类文化活动带动企业文化发展。分馆在杭州图书馆总馆的指导与支持下，组织开办了"智慧与分享——读书引领我成长"读客沙龙系列活动，定期开展阅读交流分享活动。沙龙采取会员制，入会不需要缴纳任何会费，无论是东洲国际港内的员工，还是周边的居民百姓，只要喜欢看书愿意聆听分享阅读故事的读者都可以加入，一旦入会，会员需要定期参加图书馆组织的各类活动，目前稳定参与活动的会员共有18名。

同时，东洲国际港分馆为进一步融合图书馆与企业文化，营造积极浓厚的文化氛围，在开馆之初，通过层层选拔成立了一支青年宣讲队，并为宣讲员统一配备了服装、扩音器等设备，宣讲队定期开展宣讲和好书推荐活动，吸引不同年龄、不同职业的市民来到图书馆，享受公共文化服务，也大大提升了这座码头图书馆的文艺气息与阅读温度。

2019年6月，在传统的阅读推广活动基础上，这支年轻的图书管理团队策划组织了"欢乐童年逐梦起航"为主题的亲自活动，通过参观码头、运动比拼、乘坐游轮等动静结合的方式，为即将迎来暑假的小朋友增加了一次课外实践游览的机会，同时也增进了职工及周边居民的亲子情感交流。

截至2019年7月底，东洲国际港分馆共开展各类活动12场，参与人数达550人次。

2.服务辐射"三江两岸"的水上图书馆

东洲内河国际港作为杭州地区规模最大的内陆型集装箱作业港口，每天都有许多来来往往的船舶在港区停靠。当看到很多船员在船舶停靠后，省下自己的午休时间到图书馆来匆忙的借几本书，再匆忙离开的背影时，东洲国际港分馆的图书管理员开始思考：我们能不能送一些书给他们读，打发船上无聊的时间，丰富他们的业余生活呢？这个设想很快得到了一个落实的契机。2017年6月，杭州市政府成立东洲水运口岸领导小组，给东洲国际港提出了对接"一带一路"倡议、融入"拥江发展"战略、建设"生态型、智能化、

图2-14-2 全民阅读 筑梦远航"送书上船"活动

美丽港"的目标。借此背景，杭州市交通投资集团有限公司与杭州图书馆、富阳港航管理处联合举办了"全民阅读　筑梦远航"活动，在杭州图书馆设立捐书点，向社会募集图书。通过附近有爱心的企业和市民的积极参与，共募集涵盖休闲娱乐、养生保健、机械维修、水上法律法规等多个种类的图书500余册，并将这批爱心图书以"送书上船"的形式送到船员手中。这一举措为流动性较大的船员提供了一处精神栖息地，受到货代、船运公司以及广大船员的广泛好评。

2018年6月28日，东洲国际港第二次联合杭州图书馆、富阳港航管理处，在送书上船活动的基础上，设立"水上图书馆"。同样以募集的形式将涵盖休闲娱乐、养生保健、机械维修、水上法律法规等多个种类的600余册图书，分设到两艘航线稳定的集装箱船上并授予"东洲国际港水上图书馆"牌匾，与此同时给2位船长颁发图书馆管理员聘书。这是东洲国际港联合杭州图书馆、富阳港航管理处专门为改善船员业余生活而设立的浙江省首个"水上图书馆"，也是东洲国际港建设"生态型、智能化、美丽港"的具体举措。它不仅积极响应"全民阅读"号召，营造良好的文化氛围和社会氛围，同时也是杭州图书馆推动文化服务全面发展，促进发展平衡，提升全民阅读的一次具体实践。以后杭州图书馆每年都会定期会为水上流动图书馆的书籍进行补充和更新，不仅是这两艘集装箱船上的船员可以看书，往来东洲港的船员可以看，锚泊区其他船运公司的船员也可以借阅。水上图书馆的设立，不仅能挖掘水运文化、加强港航文化建设，同时也为往来船员提供了便民文化服务，极大改善丰富了船员的业余文化生活。

三、建设与管理经验

1.特殊的地理位置与定位

东洲国际港分馆位于港口内，图书馆外就是集装箱和码头，图书馆主要服务于特殊群体，读者主要以港口入驻企业员工为主，周边居民为辅。无论从地理位置、专业文献或是人才资源来说都极有优势，便于开展与航海有关的文化研究与交流，打造一个独具特色的主题图书馆，成为杭州市文化品位又一重要象征。

2.不断完善的服务与功能

一只年轻的志愿者团队：为更好地服务读者，推动志愿者工作健康持续发展，在杭州图书馆的指导下，东洲国际港团总支特地成立了一支图书馆青年志愿队，每个工作日的中午义务服务一小时来保障图书馆的书籍上架、整理、借阅和咨询服务等相关工作，定期策划并组织召开各类文化活动，同时保持与杭州图书馆的联络，实现东洲国际港分馆与杭州图书馆的通借通还。

水上图书馆"送书上船"的募捐模式：水上图书馆"送书上船"的募捐活动已经进行了两个年头，每年都是提前策划，在固定时间段于杭州图书馆总馆设置募捐点，通过多个渠道发布募捐信息，将募捐收集来的图补充到水上图书馆的船只上。因为水上图书馆流动性较强，导致书籍遗失和损坏的概率非常高，募捐书籍可以比较好的解决这个问题。

多样化的活动：杭州图书馆东洲国际港分馆举办的各类活动的参与人群主要为东洲国际港员工、海上船员以及工作人员的家属，所以图书管理员针对受众人群的需求来策划各类文化活动，这精准地提高了读者的参与度，同时也极大地丰富了参与读者的精神文化。接下去，东洲国际港分馆也将积极利用本馆的地理位置和专业性知识的特色，举办各类有特色的文化活动。

图2-14-3 "欢乐童年　逐梦起航"亲子活动

四、问题分析与发展展望

1.水上图书馆：随时按读者需求调整服务

水上图书馆的运行受船舶出海的工作方式影响，船上图书的流动性非常强，书籍的借还几乎全靠着船员们的自觉，所以书籍难以管理，遗失与损坏的概率非常高。因此，杭州图书馆应根据不同的情况和读者的变化，随时调整服务，有针对性地提供书籍，保障水上图书馆的正常运行。

2.国际港分馆：服务方式单一，需进一步拓展服务内容

由于东洲国际港分馆地理位置和服务人群的特殊性，到馆读者和借阅量并不高，因此可以利用文化场地的优势，进一步提升图书馆分馆的文化内涵。如在图书馆阅览大厅设置一块文化墙，墙上定期做一些展览；与杭州图书馆紧密联系并邀请专业的图书馆员开展业务培训，提升图书馆员的服务水平和业务能力；在阅览厅设置一个"茶水娱乐角"，提供自助茶水、咖啡，并配备音响和音乐，给读者营造一个舒适的阅读氛围。

第十五章　南宋序集（艺术）分馆：因分享而温暖

"喏，就是羊汤饭店斜对面那个！门牌都看不到的，但是小年轻、小情侣逛进去很多嘞。"

南宋御街上一天能售卖出几百件"光头强"玩具的小贩早对那座有些"高冷"的建筑熟门熟路。

门牌看不到照样受到年轻人的热捧。它是繁华御街上的高冷建筑，但它又是有着人间烟火味的市井小铺。在这里，艺术不排斥市井；在这里，书籍是予取予求的，免费的！接地气的服务让它受到附近居民和游走在御街上游客们的喜欢。它的门牌号是中山中路56—59号。这就是杭州图书馆设在南宋御街上的另一个主题图书馆——南宋序集（艺术）分馆（以下称艺术分馆）。

一、产生背景

杭州图书馆艺术分馆的产生是由其所在地区的特色、城市人文、环境、产业以及服务的定位所决定的。

近年来，随着《文化部关于鼓励和引导民间资本进入文化领域的实施意见》《关于做好政府向社会力量购买公共文化服务工作的意见》《关于在公共服务领域推广政府和社会资本合作模式指导意见的通知》等政策文件的颁布实施，图书馆公共文化服务供给主体开始向多元化发展。与此同时，为响应中央"文化产业要大发展大繁荣"的精神，2017年《都市快报》围绕杭州市委市政府争创全国文化创意中心的目标，整合资源，打造了名为"南宋序集"的综合体项目。这也是杭州图书馆艺术分馆产生的政策背景。

2017年，清河坊·南宋御街招商会想通过优化现有业态，让南宋御街的每一段定位更为清晰，着力打造一条24小时全时段可体验消费的街区，使南宋御街的业态格局与邻街——河坊街的市井民俗韵味形成差异化。通过把南宋御街打造成具有吴山宋韵小镇特色的商业板块，让南宋御街成为城市文化名片，契合杭州"东方独特韵味文化名城"发展方向。因此，杭州图书馆艺术分馆的建立是杭州城市的人文环境和产业街区发展的必然要求。

　　分馆主题选择上，南宋序集作为一个独特而有趣的文化分享空间，在2000平方米的空间内涵盖了艺术展览、美学生活创意表现、杭州本土文创手作、影视鉴赏等集商业性与公益性为一体的文化空间。无论是从空间设计还是从商业背景上，南宋序集都有着良好的艺术氛围，突出这一带街区的文化定位。这是杭州图书馆艺术分馆主题确定的由来。2017年，杭州图书馆与都市快报集团正式合作创建杭州图书馆艺术分馆，进一步加强了公共文化服务手段，得到社会的广泛认可和赞誉。因此，杭州图书馆艺术分馆也被称作南宋序集（艺术）分馆。

图2-15-1　南宋序集（艺术）分馆高低交错的阶梯设计

二、发展概况

　　开馆至今，杭州图书馆艺术分馆以文化创意为核心，以文创手作和艺术熏陶为主要服务内容，融合图书馆服务、公益文化分享活动、艺术展览、创意旅游纪念品销售、市民普及艺术教育等，常年举办各类艺术展览，包括城际展、联展、综合展、个展、艺术主题学术展等。此外，还不定期举办公益分享会、艺术课堂、学术讲座、画家雅集、鉴赏收藏沙龙、市民艺术体验等各项艺术活动。

分馆每天10:00—21:30免费对外开放，主要为市民提供图书借还、在馆阅览及各类文化艺术活动服务，免费提供政府信息公开读物。截至2019年7月，艺术分馆共对外借还文献11 588册次。艺术分馆馆藏共5946册，以艺术为主，兼涉历史地理、哲学、饮食文化、文学等学科内容。建馆至今共举办97场活动，包含27场展览、64场分享会、6场手工课等各类活动。作为城市艺术休闲消费的据点，以及面向来杭游客的对外窗口，多元丰富的系列讲座、阅读分享、公共文化空间策划、创意策展和多元传播路径，将它的无形空间提升至公共艺术、文化地标及精神家园的另一维度。

三、服务与活动开展

1.打造分享一切美好事物的平台

2012年以来，国家一直积极推动公共文化服务体系建设，鼓励社会力量积极参与进来，并且出台了各类政策文件。公共图书馆也响应号召，积极尝试寻找资源，探索合作方式。2017年，杭州图书馆尝试与南宋序集经营方在城市街道建设新型公共阅读空间，将一个充满商业气息的营业场所变身成为城市居民一个独特有趣的文化与商业分享空间，以文化创意为驱动力，意图打造一个能分享一切美好事物的平台。

为了与周边建筑环境融合，杭州图书馆艺术分馆的建筑外观采用金属蚀锈质感的做旧处理，使这座当代范儿艺术空间与周边环境和街区环境不显得那么突兀。艺术分馆努力打造一个动静相宜、公益与商业有机结合的艺术学习氛围。场馆分为上下两层：一层以艺术品出售为主，是美学生活类商铺的聚集地。内建空间由若干个虚虚实实的格子构成，分别"藏着"艺术、书籍、文创小品，营造了沉浸式的文化体验氛围，捧一杯咖啡，在那里，给了你消磨时光的理由。负一层为图书阅读区域和文化展览，入口楼梯做中空处理，特意模糊了交互空间之间明确的界限，从手工艺渐进，过渡到文化阅读和艺术展。阅读区域内高低交错的阶梯设计，营造一种随意舒适的文化气息，既可闲庭漫步席地闲坐，也可抽出一本书信手阅读。

软装设计以原木色及黑白两色为主，简洁明快，交错的流线贯穿于各层各个区域，进入空间可以体会到不同文化的表现形式，也可在空间中自由分享交流。

作为杭州图书馆结合地方文化特色、产业特色以及市民的文化需求而创建的公益与商业有机结合的主题图书馆，艺术分馆既面向公众提供图书馆专业文化服务，又突出艺术主题特色的灵活性和个性化。通过沉浸式艺术熏染的文化阅读新模式，对大众艺术审美感知进行润物无声式的传播，倡导阅读和艺术，满足人们对美好生活的向往和追求。

如今，杭州图书馆艺术分馆与其所在街区内的其它业态串珠成链，成为以杭州吴山为中心的南宋皇城小镇的重要内容。自开放以来艺术分馆承办了64场分享会、讲座、雅集，每个来访的公民都对其极富美感的空间设计留下深刻印象。针对一些特殊的读者和艺术爱好者要求，分馆还开放了会晤分享的空间使用功能：根据面积划分，按活动人数，灵活组织U型会议式、中空围合式、岛屿式、自由式、会谈式等各类活动。活动配有音响、话筒、小型投影仪等基础设备，也可提供茶饮、水果及小型冷餐的订制服务，为城市里各类艺术爱好者提供了一个可交流又放松的公共文化阅读交流空间。

图2-15-2　读者在面积不大的阅览区域自由交流

2.特色服务介绍

（1）独特的品牌分享活动：愈分享，愈热爱

杭州图书馆艺术分馆无论是作为公共阅读空间的形式，还是公共图书馆的特色主题图书馆的形式，都具备了公益性、知识性特质，同时它又是开放的。艺术分馆的负责人表示："愈分享，才会愈热爱"。"分享"是分馆存在的意义和理由，而分享的内核是开放、多元和融合。在这种氛围中，分馆会定期组织分享活动。在艺术分馆有一种活动叫"爱说·分享也是一种公益"，由都市快报快公益联合阿里巴巴"天天正能量"共同推出，每周或每两周举办一次。参加分享的既有政界人士、专家学者、公益组织召集人、主持人、文化人等志愿者，也有学生和外国友人。参与者中有知名公益人邓飞、公羊会创始人何军、杭州市杨绫子学校校长俞林亚、浙江省妇女儿童基金会秘书长邱哲等等公益大咖，活动主题从公益慈善到社会养老，到文化交流，到知识传播，到法规解读，到互联网，等等不一而足，涉及内容包罗万象，观点丰富，精彩碰撞，广受读者喜爱。

2017年4月22日，艺术分馆举办了老树二十四节气诗画分享会。老树是中央财经大学文化与传媒学院的教授。老树的诗画和他身上那种"与其与人纠结，不如与花缠绵"的旷达洒脱，很受人们喜欢和赏识。当天的分享会吸引了300多名读者到场，有些还是从北京、广州专程赶来的。更多的读者则是通过新媒体平台围观了此次盛会。快直播"红尘做事心中看花——老树与你有约"在网易、腾讯、北京时间等平台上的浏览总量达到10多万；快报官微、快报官博、快报旗下的快抱团微信公众号等也都做了相关推送，其中快报官博的推送阅读量达到20.5万。

2017年8月30日至9月3日，艺术分馆举行了一场"你一定要好好的——中国乡村儿童大病医保公益基金五周年慈善义卖展"。展会征集了来自宝龙文化集团、都市版画公社、观颐斋、北京彩翼儿童美术馆等爱心企业、爱心机构和爱心人士捐赠的书法、绘画、瓷器共149件作品，还展示有来自"大病医保"合作试点县——湖北省鹤峰县的蜂蜜和茶叶。

中国乡村儿童大病医保公益基金的初衷是希望通过向社会筹集善款，为试点地区的儿童购买一份商业医疗补充保险，让儿童病有所医。艺术与公益的碰撞，产生了耀眼的火花。众多公益人士、艺术家齐集于南宋序集（艺术）分馆，为让乡村儿童有尊严地病有所医贡献力量。热心的读者现场认购爱心艺术品，

而所有的善款都用于助力"大病医保"，让阳光照亮乡村儿童的健康和未来。

　　2018年8月"公益，也是生活的一部分"，是一群外国人在杭州公益实践的分享活动。分享者是来自不同国家的留学生和国外友人。这支外国志愿者团队，他们有的是在杭州工作，有的在杭州留学，有的在杭州创业。但他们做志愿者的初衷都是为了缩小人和人之间的距离。这群"歪果仁"进社区、进家庭、进校园、进楼宇，带着孩子们阅读，去看望孤寡老人，都是些微小但温暖的事情。麦穗儿中外文化交流中心负责人陈美选说，之所以让人感动，是因为"公益无国界，不管你来自哪里，每个人都是天生的公益人"。

　　许多读书会开展线下活动的场所之所以选择书店、图书馆，是因为相对教室、会议室、咖啡馆、茶室而言，有书的环境才最适合成为交流读书心得的场所。正是基于这样的原因，艺术分馆还开展过很多这样的分享活动。从开馆至今，64场精彩的分享活动借助这个文化与艺术空间搭建起来的平台，让所有对公益有着独特理解、启发的观点通过这里传播出去。《杭州日报》首席评论员、著名杂文家、作家徐迅雷在这些分享活动中表示："要将公益作为一种生活方式，做文化公益，更需要一种'居下临高'的态度。"

图2-15-3　"愈分享　愈热爱"品牌活动

（2）都市文化生活新地标：生活因温暖而美好

艺术分馆这个集艺术、分享、会客、休闲、阅读、文创等于一体的城市公共文化空间，秉承着"生活因温暖而美好"的理念，传递爱与正能量，逐渐成为以吴山为中心街区的都市文化生活新地标。为此，《都市快报》还特别开辟"南宋序集"专版，通过APP客户端、官微、官博等新媒体平台，立体互动，深入城市为人们打开了"悦享生活"的新空间，将艺术分馆打造为都市文化生活新地标，成为杭州市民城市客厅及精神家园。

在杭州人心里，南宋御街是中山路的"精华段"，两侧满满的杭州市井味，有故事也充满文化的气息；而在外地游客心里，南宋御街是杭州游夜市必到之一处，这里有的逛也有的买。小青瓦铺设的建筑，白墙灰瓦里"上演"着一幕幕沉淀着历史与文化的黑白映画，踏在南宋御街的石板小道上，总能勾起人们对南宋时期人间烟火味的诸多想象。这些充满文化意味的坊巷特色，早已成为杭州这座休闲城市的象征。而坊巷深处，迎面扑来的艺术气息则让城市和人们的生活变得愈加精致而富有魅力。

2018年2月9日的《都市快报》"南宋序集"专版中这么写道："忙碌有况味的生活从逛一场艺术展开始的。"确实，在艺术分馆你可以欣赏到世界级顶尖艺术品，比如那件来自加拿大超现实主义代表艺术家的陶塑"皮衣"；或者假装孤独的"佛系少年"，交杯幻盏，感知各种传统文化的力量。

在整个2017年里，艺术分馆共举办了15场展览，32场分享会，参与观众达40多万。非遗铜炉制作技艺传承人陈巧生带着"巧生炉"来空间普及香炉的前世今生；继传统"千杯展"后，"壶田日月"百壶展开始了；8月中，"皮休的爱情宣言"台湾艺术家叶至伟油画作品展萌点十足，"皮休"陪着大家度过了难忘的七夕。

10月13日，艺术分馆又举办了一场别开生面的"诗画南宋——中国画手卷展"。展览汇集了中国美术学院中国画与书法艺术学院的艺术家手卷小品20余件，包括中国画、书法、篆刻等，构成了一期诗画相融的传统雅集。绘画内容围绕南宋"大文化"展开，如诗词文学、园林文化、佛教文化、市井文化等，通过作品呈现出当时南宋"偏安江南"的社会状态。为了让读者和市民更好更深入地欣赏展览，分馆内还专门组织了一场分享会，特邀中国美术学院中国画与书法艺术学院的潘汶汛副教授主讲，畅谈"艺术贵有天真，灵气落于万物间"这一主题。

　　10月18日，艺术分馆推出了首个国际化大展——"缘·陶"京畿世界陶瓷双年展·中国展，展览囊括了中国、韩国、日本、加拿大、瑞典、丹麦、拉脱维亚等16个国家近百件陶瓷艺术精品，其中不乏京畿陶瓷双年展国际竞赛中的获奖作品。其中，一件陶瓷做的棕色皮衣让观众大开眼界。这是超现实主义雕塑领域的代表人物、加拿大女艺术家玛丽莲·莱文的作品。这件用肉眼无法辨出真伪的陶瓷"皮夹克"，当年第一次在美国纽约展出时曾引起轰动。这次展览呈现了当代陶艺的多样性与艺术性。开展第一周，就有不少陶艺设计专业的学生、对陶艺有兴趣的爱好者等，从全国各地赶来参观、学习。中国美术学院手工艺术学院院长周武说，这次展出的作品，代表了目前各个国家陶艺的最高水平。

　　艺术分馆这个空间，还承担起城市客厅的功用：6月2日，杭州迎来了一个特殊的节日——62节。从"书簏"到"簏儿"再到"62"，一个方言词汇在历史的长河中逐渐演化，从骂人、到自嘲，逐渐演化成承载杭州人积极豁达人生态度的数字符号。这一天，南宋序集（艺术）分馆邀请"阿六头"安峰等曾经的《杭州佬》剧组主演们，在艺术分馆这个优雅的城市客厅中，畅谈"62"这一话题。《快报》报道了这次有趣的聚会，并以《我们杭州人看来真想把62玩成一个节》为题，采访杭州市民、方言研究专家、大学教授及申遗专家等，梳理和分析方言的演化及其变迁中蕴含的时代精神。生动的讨论活动和富有层次的报道，交相辉映，折射出杭州这座城市丰富的文化内涵和历史积淀。

　　在艺术分馆还有一个延续了七年的展览——"交杯幻盏"南宋序集千杯展。杯盏，生活中再寻常不过的小器物。在中国传统的茶、酒文化中，杯盏一般都是配角，一壶可配两杯、三杯，甚至十杯，为什么要选择杯子作为展览的主角？千杯展创始人、艺术家刘正这样解释："杯子虽然身份低微，但是日常生活中最常见而且必不可少之物。杯子是用器，也是伙伴。人们择杯如择友，不仅选杯、用杯，而且攒杯、藏杯，杯子之积聚如佳友之会和，其乐自在其中。"几年来，千杯展将"小物大美，微而不卑"的展览精神发挥到极致，不仅受到观众的追捧，而且得到全国各地及国际艺术家的支持。

四、建设与管理经验

　　杭州图书馆艺术分馆以其极具艺术氛围的文化特色吸引了一批又一批都

市艺术、文化爱好者的青睐。选址位置布点在人群聚集、人流密集的旅游街区，深受本地市民和外地来杭游客的喜爱，进一步充实了城市公共文化服务体系的内容，扩大服务半径和覆盖面积。"唯美+生态+体验"的空间设计，形式新颖、环境优雅，高端又有艺术感，丰富的公益分享活动和开放多元的艺术展览对每一位进馆的读者进行沉浸式的艺术阅读熏陶，满足了都市读者更高层次的心理和情感满足。

杭州图书馆艺术分馆的创建主体是杭州图书馆和都市快报集团，其建设采取的是"民办官助"模式。整个运营过程中，都市快报集团提供场地，并且进行场所空间设计和人员管理，而杭州图书馆仅提供本馆馆藏资源。作为城市公共文化服务体系的一种基本形式，艺术分馆基本具备了"公益性""知识性""开放性"等性质，也发挥了"知识传播""终身教育""休闲娱乐""社会包容"等社会效能。还有一点独特之处，在于艺术分馆从创建和运营过程中又体现出"跨界组合"和"业务混搭"的特点。

跨界组合。杭州图书馆艺术分馆是在政府鼓励民间社会资本积极参与公共文化服务体系建设的政策背景下，城市公共图书馆与传媒行业的一次跨界联合。这次合作确实提高了主题图书馆建设效率，节省了成本。与此同时，这种合作模式也带来了运营管理上的"业务混搭"。艺术分馆除去公共文化服务的文献借阅、文化分享、知识沙龙等功能外，最主要的经营项目是零售，是"美学生活商铺聚集地"——"沐妆"原创首饰、国风服饰、艺术鉴赏和培训、独立出版物限量艺术品售卖以及各类大品牌手作茶具等。公益性与经营性并存的经营方式，可以看作是主题图书馆业务边界的延伸，是一次探索。

由于是主题图书馆建设初期探索模式，杭州图书馆艺术分馆的人员并不是由公共图书馆派遣专门馆员驻点服务和运营，而是由都市快报集团全权管理。销售人员兼顾图书借还服务，不仅是工作人员对公共文化服务内容了解不够全面、政策理解不够透彻，也会造成业务服务的诸多疏漏和缺失。中心馆与主题图书馆的联系不够紧密，使得中心馆对分馆的管理也就相对松散，规章制度的执行上也显得相对弱化。最明显的表现是：一方面，文献借阅服务非常被动，存在图书整理上的混乱和借阅系统使用中的漏借、漏还现象；另一方面，分享活动、文化展览在宣传上与公共图书馆似乎并没有多大关系，不能够体现公共图书馆的社会文化效益。

五、发展展望

对于杭州图书馆艺术分馆建设运营中出现的问题，我们应保持一个理性的态度：尊重社会资本经营性的生存需求；正视社会资本与公共文化服务之间的差异性；在公益性和经营性之间寻找平衡之处。公共图书馆不能完全包揽主题图书馆建设的所有建设与发展事务，解决这些问题首先在主题图书馆建设程序上要做到规范化、科学化，制定科学合理的主题图书馆准入机制十分有必要，后期配套的管理制度和绩效考核也是工作重点。在建设过程中，还要遵循平台思维，同时也不能放弃公共图书馆的主导地位，尤其在公共图书馆的基础业务服务和内容提供方面发挥主导作用。

我们希望艺术分馆在未来的发展中，能加强工作人员的业务培训，增强工作人员的基础业务能力和公共服务意识，更好地整合场馆空间以提高到馆读者的阅读舒适度，充分利用馆舍，将之建设成为无与伦比的阅读体验最优之场所，提高图书获取的方便程度。同时举办更多优质的活动，越分享，才会越热爱。期许更多的人才和创意、产品和设计、思想与观点，通过这个空间和平台，得到更多人的关注，相互欣赏，彼此热爱。

第十六章　宪法和法律分馆：闹市中的小众专业地

宪法是国家的根本法，是治国安邦的总章程，是党和人民意志的集中体现。承担着普及宪法知识、增强宪法意识、弘扬宪法精神的"五四宪法"历史资料陈列馆就隐藏在西湖之畔的闹市中，作为杭州图书馆宪法和法律分馆，这一小众的专业地将趁着文旅融合的东风，开启全民"尊法、学法、守法、用法"的新篇章。

一、产生与发展概况

"五四宪法"历史资料陈列馆是杭州市人大办公厅下属的事业单位，承担"五四宪法"历史资料的征集、保护、展览及宣传教育等工作。为进一步拓展陈列馆宪法宣传教育的阵地作用，充分发挥全国唯一宪法类纪念场馆的独特资源优势，"五四宪法"历史资料陈列馆栖霞岭馆区与杭州图书馆合作，设置环境优美，集藏书、阅览、报告厅于一体的图书馆。从重建筹备起，就已明确要在陈列馆内开设图书馆，但由于馆舍条件限制，加之陈列馆以现行宪法宣传教育为主要内容，后经过研究探讨，将图书馆作为杭州图书馆的主题图书馆来运行，在馆内开辟了专门区域，专人管理，借阅服务实现与杭州图书馆通借通还。经过近一年的基本建设、设施设备安装调试、图书上架等工作，该主题图书馆于2017年12月4日正式开放。场地、人员、服务、管理均由"五四宪法"历史资料陈列馆负责开展，杭州图书馆提供业务指导。

图2-16-1　宪法和法律分馆外景

开馆以来，陈列馆大力开展宪法宣传教育，截至2019年5月，共接待观众60.5万人次，其中副省级以上领导干部500余人次、来自世界五大洲20多个国家和地区的境外观众5300多人次。陈列馆被命名为全国爱国主义教育示范基地、全国法治宣传教育基地、全国青少年教育基地等，已成为展示社会主义宪法和社会主义法治文化的重要窗口。

二、服务与活动开展

杭州图书馆宪法和法律分馆位于"五四宪法"历史资料陈列馆栖霞岭馆区内，建筑面积400余平方米，馆藏宪法和法律类图书一万余册，涵盖宪法、法学各部门、行政法、财政法、金融法、各国法律等图书门类。馆区内展示了包括1954年《中华人民共和国宪法》、1982年《中华人民共和国宪法》、"五四宪法"等部分珍贵文献资料。

图书馆配备有书目检索系统、自助借还系统、图书定位系统等较先进的图书馆自助服务系统，同时提供近百个阅览席位，供读者阅览自习。图书馆内还设有报告厅，每月举办一次高规格的"法治大讲堂"，开放以来组织开展"法治大讲堂"讲座26场，听众超过2500人次，市民反响良好。

宪法和法律分馆提供免费开放借阅服务，自开馆至今，进馆人数即将破百万。该馆专题性强，具有权威，受众针对性强，吸引了大批法律界专业人士及法律爱好者前来查阅和参与。

宪法和法律分馆设置了《宪法就在我们身边》主题展览，主要讲述什么是宪法、宪法规定了什么、宪法如何实施等问题。以宪法主题展为阵地，发挥资源优势，积极探索相关主题文化活动的开展。2018年9月至10月末，宪法和法律分馆联合杭州市普法办、杭州市文明办、杭州市教育局、共青团杭州市委、杭州市关心下一代工作委员会、杭州日报报业集团等举办了面向全市中小学生的《宪法就在我们身边》读书征文活动，并以征文活动为引，开展了一系列法律相关的主题活动，如参观五四宪法起草地旧址、观看宪法诞生纪录片、体验宪法宣誓等，同时邀请法律专家开展宪法知识专题讲座。学生们的参与热情比预想的高很多，他们以自己的视角把身边的小事与宪法知识相结合，用具有创意和灵性的笔墨，写出一篇篇别具特色的作品，仅仅一个半月就收到投稿2000多篇，最后经过激烈的评比，选出金、银、铜奖52名和优秀奖48名，该活动得到学校和社会的高度好评。

图2-16-2   在报告厅开展普法学习

　　2018年4月2日，正值一年一度的国际儿童图书节。由人民日报《环球人物》杂志社编辑出版的宪法少儿图书新书《熊猫欢乐谷系列绘本》发布会暨图书发行协议签订仪式在杭州五四宪法历史资料陈列馆成功举办。据《环球人物》杂志社总编谢湘介绍，《熊猫欢乐谷系列绘本》是国内首套原创宪法少儿图书。它巧妙将宪法知识融入熊猫一家日常生活中的趣事，图文并茂，用讲故事的形式跟孩子讲宪法。绘本共五册，每册讲述一个独立的故事，故事中融入宪法知识点，故事后还设置了熊猫宪法小课堂，让小朋友在轻松活泼的故事中了解自己的权利和义务，从小就做一个知法懂法守法的好公民。《熊猫欢乐谷系列绘本》既履行了宪法宣传的义务，又给儿童宪法教育提供了很好的读物，填补了目前缺少少儿普法读物的空白。

　　发布会特邀上海复旦大学法学院教授朱淑娣做了《新时代儿童权利的宪法保护》的主题讲座。朱教授充满了互动性和趣味性的讲座让大家深入浅出地讲解了宪法对儿童权利的保护和今后青少年普法教育的重点。参会人员表示，广大青少年是国家的未来，少儿宪法图书的出版很及时，对提高青少年的法律素养，培养青少年"知法、懂法、学法"帮助很大，今后可以通过像《熊猫欢乐谷系列绘本》的少儿图书，更有效地做好青少年普法教育工作。发布会上向学校和学生代表赠送了图书，与会代表还参观了陈列馆的基本陈列，接受了一次生动的宪法教育。

2019年4月23日世界读书日，作为杭州图书馆的主题图书馆，宪法和法律分馆积极参与杭州图书馆《我和我的祖国》主题快闪活动的拍摄，分馆精选了宪法有关的诗歌，组织人员进行现场朗诵，体现宪法和法律分馆的主题特色，进一步提升形象宣传。

图2-16-3　书架和阅览区

三、建设与管理经验

1.陈列馆与图书馆结合，充分利用空间，打造环境优美、设施齐全、服务规范的多功能馆区

宪法和法律分馆由专业公共文化设计公司设计，结合西湖边得天独厚、闹中取静的环境优势，内设图书馆区域，既有借阅空间，也有交流空间，既是阅览室，也是讲座区，又是报告厅，这一多功能区体现了图书馆与陈列馆的融合服务，用户在参观学习现行宪法之时，还能坐下来查阅、交流。

2.积极开展宪法宣传教育活动，提升分馆影响力

宪法和法律分馆自开放以来，通过各种渠道积极开展宪法宣传教育活动，开放以来，进馆人数即将破百万，开展"法治大讲堂"讲座26场，听众超过2500人次。另外，还合作举办大型活动数场，如《宪法就在我们身边》读书征文活动、少儿宪法图书《熊猫欢乐谷系列绘本》发布会等，有效提升分馆影响力。

3.主题展览和主题图书馆有机融合，最大限度发挥宣传教育的作用

陈列馆栖霞岭馆区内设置了《宪法就在我们身边》主题展览，讲述现行宪法故事，从宪法的定位、内容、架构等方面做主题展示。通过主题展览，加上内设主题图书馆，提供宪法和法律相关文献借阅服务、咨询服务，同时设置档案史料展品和影视报告厅，将主题图书馆巧妙作为陈列馆整个展览的重要组成，一方面将静态的陈列展示与动态的图书、文化活动有机融合，另一方面相互促进，互相深入，更好地发挥宣传教育作用。

四、问题分析与发展展望

1.存在问题

到馆人数不少，但借阅量少，由于主题图书馆内藏书专业性强，专程来查阅法律书籍的读者本身是小众人群，如何进一步提高分馆的流通量与借阅量，发挥图书馆的自身优势，有待研究。

宪法和法律分馆作为杭州图书馆开设的主题图书馆之一，开馆时间并不长，在文化活动开展方面尚未形成相对深入的合作，"五四宪法"历史资料陈列馆和杭州图书馆的合作深度有待进一步探索。

馆藏文献的相对固化，由于法律书籍本身更新频率不高，加之分馆馆舍空间有限，馆藏文献的流动性和更新度较弱，文献服务开展的较少。

2.发展展望

宪法和法律分馆作为杭州图书馆的主题图书馆，主题特色鲜明，专题性强，目前重点不在文献服务和文化活动这块，未来可能会与陈列馆更深入合作，提升分馆在陈列馆中的宣传和影响力。

宪法和法律分馆地处西湖边，闹中取静，环境优雅，在地理位置和空间上可以说有着独一无二的优势，但作为宪法和法律这么专业性强又小众的专业主题范畴，未来的发展是坚持专业化还是走多元化发展？一方面以宪法宣传教育为主，面向全体市民；一方面提供专业文献服务，面向有法律知识需求的专业读者，两者该如何协调或更好兼顾？这些都是宪法和法律分馆在未来发展中需要思索的问题。

第十七章　江南健康分馆：最养生的图书馆

一园清水，一沓书籍，一染朝霞，置身在半山半水的养生福地——杭州图书馆江南健康分馆带领读者走近健康，以健康重构生活，实现美好生命价值。这里，离健康很近……

一、产生与发展概况

2017年，杭州市提出了以"健康杭州"建设助力高水平全面建成小康社会，全力打造"健康浙江新标杆"和"健康中国示范区"的城市发展战略。另一方面，杭州图书馆经过城市生活、运动、科技等分馆建设，积累了丰富的主题图书馆打造经验。这十余个分馆各具特色，在社会上的影响力越来越大，众多企业和单位慕名前来谈合作，江南养生文化村开发有限公司便是其中之一，其是一个将中医"治未病"理念与健康管理科学体系有机结合，并实现持续健康管理的落地服务项目，项目设有江南·青蜓菁舍度假中心、江南·友伴长住颐养公寓、江南国医馆等版块。杭州图书馆看中其强大且专业的健康服务能力，在众多申请者中挑选其作为主题图书馆建设的合作伙伴之一。经过近半年的酝酿，2017年8月杭州图书馆携手江南养生文化村开发有限公司共同打造的杭州图书馆江南健康分馆正式开放。除建设以中医医疗、养生、健康管理等健康主题文献为主的特色馆藏外，该馆也持续关注社会健康热点，传播健康生活方式，提供健康生活教育服务，着力打造以健康主题文献服务为基础，融健康检测、营养咨询、疾病评估、健康知识普及等内容的公益健康服务平台，助力市民品质生活。围绕这一目标，杭州图书馆江南健康分馆在服务理念、服务方式、配套设备等方面进行了一系列创新探索，创造了健康体验式服务的新模式，该馆在开放当日吸引了十余家媒体跟踪报道，受到读者的热烈欢迎和广泛好评。随后即获杭州副市长批示表扬："健康主题分馆的开设，是一种探索，望在"健康杭州"建设中有更多惠民、利民、便民的主题分馆让群众共享。"

杭州图书馆江南健康分馆位于浙江省首个健康小镇核心项目——江南养生文化村内,其充分利用园区自然山水环境,打造极其优越的阅读环境,室内通透明亮,室外则是鲤鱼山与青龙湖的优美风光。其面积有116平方米,开放时间为早上8:30—11:30,下午1:00—5:30,全年开放(除特殊情况外)。分馆配有近万册涵盖环境、饮食、运动、心理、医疗、生活习惯孝义文化、城市概况等内容的文献。馆藏建设中突出"健康"主题内容,力求在文献服务方面满足读者多方面健康知识阅读需求,截至目前借阅文献近千册。

杭州图书馆江南健康分馆在建设过程中推崇"共建共享共赢"的思维,利用杭州图书馆品牌优势,吸引社会力量参与图书馆建设,以联建形式推进健康主题图书馆打造。在建设过程中,杭州图书馆负责输出文献、技术、业务指导及培训、品牌等,江南养生文化村负责输出场地及装修、设施设备、人员、经费、后勤保障等。在日常运营管理中,由江南养生文化村负责健康分馆正常运行,包括文献服务、健康主题阅读推广活动的策划与组织等,杭州图书馆则提供全程业务指导、文献资源更新、活动资源共享等日常运营支持。

图2-17-1　江南健康分馆馆舍

二、服务与活动开展

现代都市人工作繁忙、压力大,往往忽略了对自身健康的重视。一方面,人们对于健康关注和讨论的热情持续高涨,另一方面,肥胖、高血压、心脏血管病等疾病的发病率持续增长。江南健康分馆除传统读者服务以外，最大的特色服务是在"健康，送送给自己和家人最好的礼物"的活动品牌下，围绕"健康工作、快乐生活"这个主题，完成了近200场的各类公益养生体验活动，涵盖瑜伽团队习练体验、营养美食之搭配体验、中草药之初识体验、健康科普沙龙体验、读书会、书画沙龙等活动，分不同时段展开，融入了环境、饮食、运动、心理、医疗、生活习惯六大生活元素，为全年龄段市民呈上一份以"体验"为主的健康盛宴，引领市民踏上一段追寻"健康之旅"。

1.健康评估服务：循科学而进

杭州图书馆江南健康分馆提倡科学养生，有章可循，一方面通过举办专家高峰论坛提升健康服务的专业度，探讨健康养生的路径，另一方面分馆在阅览室之外引进了十数种高端的检测设备，分别针对读者个人体质、身体机能、动脉健康状况和骨密度等健康指数进行全面检测、系统评估，借助数据给予科学指导。

2.健康咨询服务：因服务而坚

读者可在开放、自然的环境里，与专业健康医生、健康管家、健康助理等专业服务团队探讨及实践健康检测、营养咨询、疾病评估、营养配餐、运动指导、主题健康活动等健康管理内容，还定期邀请中国中医科学院广安门医院的专家、杭州市中医院的专家，全国基层名老中医来定期坐诊，进而提供无微不至的专业服务。

3.健康体验服务：享参与之美

健康更看重是生活方式，杭州图书馆江南健康分馆从尊重生命本源和自然法则的理念出发，以培养健康理念和生活方式教育为起点，开展太极、舞蹈、剪纸、音乐、书法、瑜伽、国学、手工、古琴、形象设计、主题派对等丰富体验式的互动活动，推出"愿你好眠""四季流淌""冬病夏治""蜻蜓瑜伽""童年有趣，健康有礼""江南24小时生活轴"等主题系列活动，为不同健康需求定制对应健康处方，进而让优质的服务更有温度。

此外，江南健康分馆还积极倡导孝文化的传播与分享，推出"实践性"阅读方式，将传统阅读与实践服务有机结合，让读者在时间中了解、传承孝文化理念和方式，至今已开展弟子规、三字经、青少年教育、重阳登高、中秋礼遇、端午传承等30余个主题系列的实践性活动，极大地丰富和提升了市民的文化生活。

图2-17-2 江南健康分馆的书架

三、建设与管理经验

江南健康分馆的建成是杭州图书馆社会化合作再一次的创新实践，它紧贴时代需求，在理念、服务、机制上均做出了转变。

杭州图书馆江南健康分馆吸引社会力量，以联建方式低成本构建阅读空间，同时充分发挥社会力量的特长，使图书馆提供的服务呈现主题化、社会化、专业化的特点。除此之外，健康分馆亦是"图书馆+"的创新实践，它借文化和阅读之力，为群众所关心的养生健康等问题提供支持。

杭州图书馆江南健康分馆的建设是品牌输出的有益尝试，其充分利用杭州图书馆的公众知名度和社会美誉度，以输出业务、服务、技术的形式拓展了公共文化服务的阵地。

杭州图书馆江南健康分馆服务引入"社区"服务概念，还利用短信、QQ、微信等即时通信技术平台，为读者提供"用户在哪里，服务就在哪里"的泛在服务体验，除此之外，亦一直在关注读者的参与度，真正实现为读者提供贴身的、个性化的服务。

四、问题分析与发展展望

1.选址有利有弊

杭州图书馆健康江南分馆坐落于浙江省首个健康小镇——桐庐县富春山

健康城核心区块，毗邻大奇山国家森林公园环境优美，一年中空气质量优良天数优于二级标准有340天以上，与健康主题非常契合。但弊端也很明显，虽然该馆向社会开放，因地理位置与外界隔离，目前仍以服务园区读者为主，服务辐射力非常有限，后续还有待加强宣传，提升社会认知力，借助总馆之力拓宽服务半径。

2.合作稳定性有待提升

与社会机构合作，特别是企业合作，合作对象的选择尤为重要。在合作过程，合作主体由于经营权的变更将对合作可持续性带来巨大影响，今后建馆可将此项纳入合同契约中。

第十八章　环保分馆：垃圾山上的众筹图书馆

2016 年，一条标题为"我们想在垃圾山上造一座图书馆"的众筹微信被朋友圈刷屏了。文章里说，6 月 5 日是世界环境日，这一天一座环保图书馆即将诞生，这座图书馆将是从"垃圾"山上生长出来的，对环境破坏要做到最小，对资源和能源的消耗也要最低。垃圾山上能建图书馆？这勾起了不少人的好奇心。其实，这是杭州图书馆与杭州市环境集团共同牵手合作，在杭州半山镇天子岭静脉小镇开设的以环保为主题的图书馆。由于它的地理位置离天子岭垃圾处理和填埋中心近在咫尺，因此它被称为全球首座建在"垃圾场上的环保图书馆"。

一、产生与发展概况

"垃圾分类"成了 2019 年最热门的词汇，而"环保"也已经成了当今社会必不可少的话题。不仅仅是政府积极引导，社会各界积极参与环保事业是社会发展的必然趋势，而公共图书馆作为公共文化服务体系的重要组成部分，在社会导向引导上发挥着至关重要的作用。

杭州图书馆环保分馆是杭州图书馆第 11 家主题图书馆，于 2016 年 6 月 5 日第 45 个世界环境日正式开馆。由杭州市环境集团有限公司提供办馆场地，负责场馆装修和开馆运营后强弱电、用水、物业、安保等工作；由杭州图书馆负责环保分馆专业文献的筹集与配置，提供图书馆业务操作系统、自助借还机、门禁系统等与服务相关的设施设备，同时派遣具备图情专业知识和活动策划能力的专职工作人员，负责分馆的馆藏资源建设和日常管理，为市民读者、环保行业从业者提供图书阅读、文化活动、信息咨询等服务。"杭州图书馆环保分馆开馆意味着公共图书馆将进一步承担履行社会教育责任，推广环保理念，未来这里将和杭州图书馆同步不定期举办各种环保主题的体验、互动活动，实现周边资源共荣、回馈社会。"杭州图书馆馆长说："这座图书馆将是天子岭静脉小镇的眼睛、城北社区的书房，同时还是环保故事的工厂。"

图2-18-1 环保分馆外景

二、服务与活动开展

杭州图书馆环保分馆面积约1000平方米，藏书10万余册（含8万余册过刊），涵盖自然科学、人文历史、生态环保、天文科学、旅行游览等内容，其中一部分文献来源于市民环保众筹，设置阅览席位约40席，截至2019年7月底，接待读者14万余人次，借阅量近17 000册次，举办各类活动214场，活动参与91万余人次。现有志愿者200多名，已全面参与文献整理、咨询导读、服务设计、活动组织等日常维护和业务运作中。

除了传统的借阅与咨询服务，环保分馆围绕环保理念和文化体验为宗旨，积极与社会各界团体、社会机构合作，开展多种多样的公益活动，尤其是着重开展针对青少年通过亲眼参观、亲手制作、亲身实验等环保主题的实践活动。围绕"YUE杭州图书馆"品牌，近年来环保分馆策划了"环保公益课堂"系列、"我为杭州量体温"系列、"环保公益绘画大赛"系列等品牌活动，活动类型涵盖了参观、讲座、手工课、比赛等。同时，分馆还与社区、学校合作，将各类活动送进社区、送进校园，让低碳节俭、循环利用、废物再生的绿色生活方式和环保消费理念融入小读者的学习和生活中去。目前，环保分馆已成为杭州市中小学环保教育基地。

1."环保公益课堂"系列活动

由环保分馆、每日商报和浙江理工大学理学院联合推出了"绿色在浙理"科普之旅活动，由大学生利用浙江理工大学理学院的物理学、心理学、数学、化学等学科资源来设计六场活动，包含带领小学生参观实验室、科普游戏互动、科技小制作、科普小实验等，吸引了近300名小朋友报名参加，得到了家长和孩子的一致好评。家长表示，这样的活动可以激发孩子们对科学的兴趣，提高他们的科学素质和环保意识。

2.水环境科普之旅活动

环保分馆与江河美海洋公园、每日商报合作，以"游园体验＋科普环保知识讲座"的形式设计了三场活动，吸引近400名小读者参加。这一主题的活动旨在呼吁小读者爱护海洋呵护蔚蓝从自身做起，唤起杭城人民共同关爱杭州的水环境，同时引导公众人人都能投身"五水共治"，携手共创美好家园的美好愿望。

图2-18-2　环保公益课堂——2019水环境科普之旅系列活动

3.做好垃圾分类、争当时尚先锋活动

通过微信公众号的宣传预告，招募了共75名小学生参加活动。培养孩子学会垃圾分类，做好垃圾分类进行宣传，懂得垃圾分类的重要及对环境保护起到的作用，并以孩子带动家庭向全社会推广，倡导市民垃圾分类从自身做起，助力"杭州生态文明建设，维护清洁美丽杭城"。

4."我为杭州量体温"系列活动

为倡导节能，培养市民的环保意识、节约意识和责任意识，宣传合理控制空调温度的科学道理，活动共招募30户家庭参与，通过学习温度计校准、温度测量等一系列的科普与实践，"26℃空调节能行动"使孩子们懂得夏季写字楼、商场等公共场所的空调温度应该调至26℃以上，不仅可以降低能耗、保护环境，还能让人们远离"空调病"。

5.环保公益绘画大赛

在中华人民共和国成立70周年之际，结合6月5日第48个世界环境日，聚焦"空气污染"主题，以环保公益绘画大赛活动推动公众关注环保。本次活动意在发挥青少儿特长，展现青少儿风采，培养高尚的艺术情趣和环保意识，也希望全社会积极参与生态环境事务，尊重自然，顺应自然，保护自然。比赛主题紧扣"空气污染"，以"打赢蓝天保卫战"为总体思路进行创作征集，在作品征集阶段共收到投稿1878幅，绘画形式有国画、水彩、素描、水粉等。比赛分为幼儿组、少儿组、少年组，每组分别设一等奖一名、二等奖五名、三等奖十名。获奖作品在杭州图书馆李白诗词文化分馆、拱墅区图书馆等11家单位巡展。

6.户外环保主题活动

以"跟着垃圾去旅游，书香一路来相伴"为主题，利用天子岭生态公园图书漂流亭，开展体验、阅读、展览等多种形式的环保主题活动，如"路乞"活动、低碳出行环游活动、参观环保设施设备等。同时整合天子岭环境教育基地、138创意空间、环保宣传站等现有资源，进一步实现环保体验活动、图书漂流与阅读文化传播无缝结合，丰富和拓展生态环保教育的内涵。

7.环保系列讲座

开展垃圾分分乐、无痕森林、资源再生、家庭节约小常识等活动，通过面向青少年的活动，间接带动家庭和广大市民传播节能减排、生态环保理念和知识，引导人们从小事做起、从自身做起，增强了群众爱护环境、爱护生态的自觉性。

三、建设与管理经验

杭州图书馆环保分馆的建立，是环保事业与公共文化事业的一次成功合作，也是将"众筹"的形式植入公共图书馆建设管理的深入探索。

1.众筹理念：资源循环利用与文化创意相结合的图书馆

杭州图书馆环保分馆有别于其他主题图书馆，筹建时征集社会各界的环保创意，挑选一部分融入环保馆的建设中，开馆后又通过分享环保经验、读者反馈表等形式收集建议、意见，为今后活动的策划提供参考。比如环保分馆内一个吸引眼球、别具造型的沙发，由杭州市环境集团的史盈楠、吴玉玲、方轶等8名志愿者花费一个晚上用3万册旧杂志堆叠而成，它的产生涵盖了三层意思：一是代表了环保艺术品，意在让旧物焕发新生；二是形状寓意知识的海洋，从上向下看，像是一点水滴到海洋上泛起的涟漪；三是体现环保兼实用功能，旧杂志搭成的沙发可以作为阅览座位的补充。

图2-18-3　由三万册旧杂志堆叠而成的环保沙发

2.众筹图书：环保类书籍、科普信息较为集中的图书馆

环保分馆在杭州市首次采用众筹书籍的方式补充馆藏文献，变"闲书"为"藏书"。在开馆之初，杭州图书馆通过各个媒体向市民发出"邀请"：如果你有闲置的环保、文学、旅游、文化、自然等方面书籍以及杂志，欢迎捐赠到环保分馆。该馆共接收社会捐赠众筹书籍近3000册，加上杭州图书馆中心馆的文

献采购补充输入，环保分馆形成了以环保书籍为主、科普信息较为集中的主题图书馆。

3.众筹服务：以志愿者管理为主的图书馆

环保分馆是杭州图书馆第一次尝试将志愿者服务作为日常管理图书馆和服务读者的主要力量。开馆初期，环保分馆通过微信公众号、志愿汇等平台，招募志愿者近200人，并设立分组机制，成立日常管理组和活动组，有针对性地对志愿者进行培训；管理方面，设立图书馆员—每日负责志愿者—每日参与志愿者三层框架管理体系，通过志愿者管理志愿者，将工作分配给每名志愿者，这很好地解决了日常管理和活动实施方面的问题，使图书馆业务顺利开展。志愿者的日常管理组主要负责图书管理、读者咨询、图书推荐、场地管理；活动组分设活动策划岗、文字编辑岗、主持岗、公益老师岗、海报设计岗、摄影摄像岗、活动实施岗七个岗位，通过志愿者的详细分工，有效保障了分馆各项活动的进行。同时与高校合作，使大学生团体融入管理及活动中来，通过大学生志愿者队伍的参与，进一步提升了活动的影响力和效率。志愿者全面参与图书馆的日常管理与运行，使环保分馆成为杭州市探索公共文化服务与社会志愿服务充分融合、互促互进的典范，是展现城市文明的一道亮丽风景。

图2-18-4　环保分馆绿色风行志愿者服务队

四、发展展望

1.打造品牌活动，提升活动影响力

目前，环保分馆开展的活动虽然非常丰富，但还缺乏一定的品牌影响力。接下去，环保分馆将进一步发挥环保图书馆的公共文化职能和环保主题影响力，吸引更多社会优质资源及资金参与活动，扩大活动的受众群体，打造具有一定影响力的品牌性活动。

2.提升志愿者服务水平，增强志愿者团队凝聚力

为了发挥志愿者的能力，做好图书馆的管理，更好地服务读者，应利用好公共图书馆的平台和优势，多组织一些志愿者的培训和团建活动。在志愿者的积极参与中，让他们有一些表达自我和互相交流的机会，通过知识提升、增加沟通、游戏互动等方式，提升志愿者管理和服务水平，挖掘志愿者团队的文化，增强志愿者团队的凝聚力。

3.进一步丰富分馆的活动和服务

环保分馆的地理位置较偏远，这一点成为吸引读者来访的劣势。除了将活动送出去以外，环保分馆应进一步丰富分馆的服务和活动，做一个主动的公共文化服务者，去服务更多的市民，吸引更多的读者。

环保分馆开馆至今已三个年头，它的意义已经不仅仅是一个单体图书馆，它已成为整个城市公共图书馆服务体系一个重要环节，成为一个环保理念宣传、普及、推广和实践的重要平台。环保分馆已然成为城市环保理念的传播者、绿色生活的倡导者、绿色环保信息的分享者，并助力杭州及其市民成为真正的"绿色城市与绿色使者"。